IN HIGH HEELS UM DIE WELT

Liebe [illegible]!

Dieses Buch habe
ich für Dich schon
mal zur Probe
gelesen und für
gut befunden :)

Viel Spaß
wünscht
Ilona

KATJA HENTSCHEL (HRSG.)

IN HIGH HEELS UM DIE WELT

20 Weltenbummlerinnen erzählen von ihren aufregendsten, schönsten und skurrilsten Abenteuern

EIN TRAVELETTES-BUCH

SCHWARZKOPF & SCHWARZKOPF

INHALT

BACKPACKING IN HEELS

Vorwort

In Paris an der Seine entlangschlendern, in Rom dem Kellner schöne Augen machen oder sich in Japan mit Händen und Füßen den Weg erklären lassen – das ist Reisen. Das Gefühl, in einer neuen Stadt zu sein und eine neue Kultur zu entdecken, ist unbeschreiblich. Wie schmeckt wohl der Kaffee hier? Wie sind die Einheimischen so? Ist wirklich alles anders als zu Hause oder gibt es Gemeinsamkeiten? Wenn ich in einem Wort beschreiben müsste, wie es sich anfühlt, zum ersten Mal am Ziel einer Reise anzukommen, dann wäre es *Erwartung*. Im besten Falle ist diese Erwartung eher eine Vorfreude, denn eine Reise birgt so einiges an Magie. Sie wird den Reisenden so verändern, dass er nie wieder genau derselbe Mensch sein wird wie zuvor.

Als ich mit 23 endlich die Weltreise antrat, von der ich zuvor so viele Jahre geträumt hatte, loderten in mir ebendiese Erwartung und Vorfreude, aber ich hatte mindestens genauso viel Angst. Bei dem Gedanken daran, ein ganzes Jahr lang allein durch fremde, weit entfernte Länder zu reisen, wurde mir ganz anders. Wenn andere das schaffen, schaffe ich das auch, sagte ich mir damals, las in Büchern und Foren, interviewte jeden, der auch nur einmal in die Nähe von Asien und Südamerika gekommen war, und tat alles Erdenkliche, um mich gut vorzubereiten – so ein Backpackerdasein will schließlich gelernt sein, dachte ich. Backpacker waren für mich Helden, moderne Nomaden, die auszogen, die Welt zu erobern, um sich ein Wissen anzueignen, das alle Enzyklopädien der Erde nicht liefern könnten. In meiner Vorstellung trugen Backpackerinnen Wickelhosen aus Baumwolle, dazu Leinenhemden oder Trägertops und Ledersandalen.

Pluspunkte gab es für Dreadlocks und Nasenpiercings. Sie gingen in Tempel, aßen einheimisches Essen, lasen Bücher über das jeweilige Land und seine Kultur und praktizierten täglich Yoga. Zudem lebten sie sparsam, steckten bescheidene Herbergen, große Insekten und schmutzige Gemeinschaftsduschen mit links weg, verbrachten ihre Tage damit, kulturell wertvolle Sehenswürdigkeiten zu erkunden, und in den Nächten schrieben sie auf, was sie gesehen hatten, um am Ende der Reise ihre Erlebnisse zu einem Roman verarbeiten zu können.

Als ich erst mal unterwegs war, änderte sich dieses Bild jedoch sehr schnell. Den Laptop, den ich mitgebracht hatte, schickte ich bereits nach der ersten Woche zurück nach Deutschland, musste ich mir doch eingestehen, dass mein Vorhaben, einen Roman zu schreiben, mehr Wunschdenken als Realität war. Auch die einschlägigen Bücher wichen schnell amüsanteren Frauenromanen von Autorinnen wie Marian Keyes oder Emily Barr, die mich mit ihren Dramen und Affären in ihren Bann zogen. Für Yoga und Tempelbesuche blieb sowieso keine Zeit – war ich doch viel zu beschäftigt damit, zu planen, wo ich den besten Banana Pancake zum Frühstück und die leckersten Mojitos zur Happy Hour bekommen würde.

Wer jetzt meint, ich wäre ignorant gewesen, der liegt falsch – ich hatte lediglich andere Prioritäten gesetzt. Ich irrte lieber über chaotische Märkte, fuhr mit klapprigen Bussen umher, wanderte stundenlang durch winzige Gassen oder machte Fotos von spielenden Kindern, Wäscheleinen, auf denen Klamotten trockneten, Marktständen, Graffiti und Palmen.

Ich lief, bis ich nicht mehr konnte, um abends bei einem kühlen Getränk die Füße hochzulegen und mit anderen Backpackern das Erlebte zu bequatschen.

Nach drei Monaten kam schließlich die Wende. Nachdem ich fast jedes Land in Südostasien bereist hatte, landete ich in Sydney, der modernen, aufregenden und modebewussten Hauptstadt Australiens. Auf einmal wurde mir klar – ich hatte nichts anzuziehen! Während am Strand von Ko Tao mein Wickelhosen-T-Shirt-Look noch dem Trend entsprach, war Sydney auf ganz andere modische Normen eingestellt. Meine gesamte bisherige Reisegarderobe musste feinsten Vintagekleidern, Röcken, Blusen und – natürlich – High Heels weichen und plötzlich war ich die einzige Backpackerin an der australischen Ostküste, die abends beim Grillen in Pumps und mit knallrotem Lippenstift ihre Bratwurst aß.

Ab diesem Zeitpunkt war ich … ich selbst. Und ich war endlich bereit, auch unterwegs dazu zu stehen. Ich mochte nun mal schicke Kleider und Schuhe mit hohen Absätzen. Ich fand Museen langweilig, Tempel erst recht und 99 Prozent aller sogenannten Sehenswürdigkeiten sowieso. Das ist bis heute so geblieben.

Auf Reisen gibt es kein Richtig oder Falsch, kein »du musst dies und jenes tun«. Stattdessen sind Reisen die perfekte Gelegenheit, dich neu zu entdecken, herauszufinden, wer du wirklich bist, was dich glücklich macht und was traurig. Genau hier liegt auch der Grundgedanke von »Backpacking in Heels«, dem Motto und Leitfaden der Travelettes. Diese Gruppe junger Frauen aus der ganzen Welt haben sich im Netz zusammengefunden, um auf Travelettes.net über ihre Reisen zu berichten, andere zu informieren, zu beraten und vor allem, um sie dazu zu inspirieren, selbst mehr und vielleicht auch anders zu reisen.

Die Travelettes sind Studentinnen, Grafikerinnen, Redakteurinnen … aber eben auch Abenteurerinnen, Chaotinnen und Heldinnen ihrer Zeit, denen kein Dschungel zu dicht, kein Sonnenaufgang zu früh und kein Lippenstift zu rot ist. In diesem Buch erzählen sie und ihre Freundinnen ihre 33 wildesten, romantischsten, verrücktesten und schönsten Reisegeschichten.

Eine von ihnen bangt in Mexiko um ihr Leben, eine andere wird versehentlich Teil einer Whirlpool-Orgie in Guatemala und wieder eine fährt für ein gutes Essen drei Tage lang mit einem schäbigen Motorrad durch Italien. Jede von ihnen erobert auf ihre ganz eigene Weise die Welt, doch sie alle haben eines gemeinsam: Kein Vorurteil, kein Stereotyp und vor allem keine schlecht sitzende Garderobe stehen zwischen ihnen und dem ganz großen Abenteuer.

Ob ihr, liebe Leserinnen und Leser, nun selbst gerade eine bevorstehende Reise plant, ob ihr bereits am Strand liegt und mit einer Hand den Cocktail umrührt, während ihr mit der anderen die Seiten dieses Buches umblättert, oder ob ihr euch einfach zu etwas Fernweh verleiten lassen wollt: Ich wünsche euch in jedem Fall viel Spaß bei der Lektüre und hoffe, dass sie euch zumindest in Gedanken davontragen wird in ferne Länder und durch fremde Kulturen – auf High Heels, versteht sich.

Katja Hentschel
www.travelettes.net

1.

GO WEST!

Mit dem Jeep entlang der Goldküste Australiens

VON GESA NEITZEL

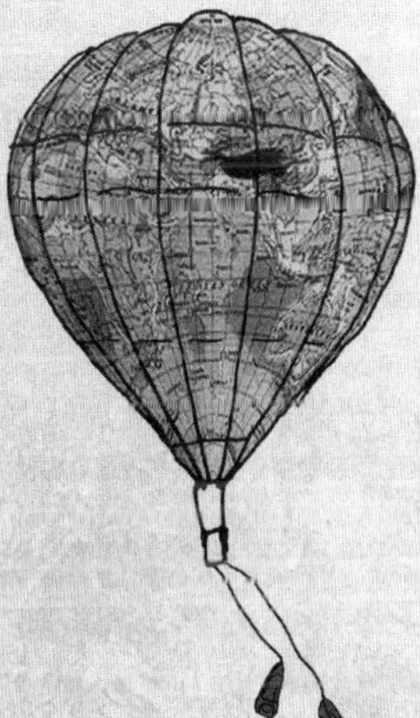

Was war das?!«, rufen wir fast alle gleichzeitig, obwohl jeder bereits weiß, was der laute Knall von vorn links zu bedeuten hat. Reifen geplatzt! Mein weißer Geländewagen, mein gutmütiger Trecker, mein Schatz, den ich eben noch lässig mit zwei Fingern gelenkt habe, bricht abrupt nach links aus. Instinktiv packe ich das Lenkrad fester und reiße es ruckartig nach rechts. Scheiße, war das richtig? Wie war das noch mal in der Fahrschule? Sofort auf die Bremse treten? Soll ich jetzt noch? Oder geht Trecker dann kopfüber? Okay ... Okay ... OKAY! Jetzt einfach cool bleiben. Ganz cool bleiben!

Die folgenden zehn Sekunden nehme ich in Zeitlupe wahr. Australien. Das Outback. Eine endlose Sandstraße mitten im Nirgendwo. Ein rostiger, weißer Geländewagen schlittert mit neunzig Sachen im Kreis über eine Schotterpiste aus rotem Sand und Geröll. In dem Auto vier Backpacker. Auf dem Rücksitz Matteo und Hanne. Matteos Dreadlocks wippen auf und ab und passen sich nahezu synchron den Bewegungen meines außer Kontrolle geratenen Wagens an, er selbst hingegen klammert sich mit einem zum »O« geformten Mund am Türgriff fest. Hanne ist von dem Knall anscheinend wach geworden, in ihrem rechten Mundwinkel klebt getrockneter weißlicher Sabber und sie hat noch Schlaf in den Augen, die versuchen, die sich schnell im Kreis drehende Landschaft irgendwie scharf zu stellen. Pete, der an diesem Tag den stets heiß begehrten Beifahrersitz links neben mir ergattert hat, meint wohl, er säße in der Achterbahn; aus den Augenwinkeln nehme ich wahr, wie er sich mit beiden Händen am Armaturenbrett festhält, fast so, als warte er auf den ultimativen Kick. Er hat tatsächlich ein Grinsen im Gesicht. Fehlt nur noch, dass er vor Begeisterung gleich losbrüllt. Hinter dem Steuer sitze ich fest in den Sitz gedrückt und starre verblüfft, fast abwesend durch die Windschutzscheibe. Die Szene vor mir verschwimmt zu einem Farbenmeer aus Rot- und Gelbtönen, während sich das Auto immer schneller um die eigene Achse dreht und in meinem Kopf nur noch eine einzige Frage kreist: Wie um alles in der Welt bin ich hier gelandet?

Vier Monate vorher: Mit einem Rucksack, einem *Lonely Planet* und einem Working-Holiday-Visum fliege ich von Deutschland ans andere Ende der Welt. Mein Jahr in Australien soll anders als bei all den anderen werden, mein Australienjahr ist komplett durchgeplant. Zwölf Monate habe ich Zeit, um die Ostküste unsicher zu machen, einen Job auf einer der Inseln zu finden und unverschämt braun zu werden.

Dreieinhalb Monate später: Alle Punkte auf meiner Liste sind abgehakt. Ich habe per Greyhound-Bus die komplette Ostküste abgegrast, auf Fraser Island, der größten Sandinsel der Welt, in einer Beachbar gearbeitet und eine Hautfarbe bekommen, die stark an einen Brownie bei Starbucks erinnert.

Die Ostküste nervt! Überall deutsche Backpacker und mein Englisch ist kaum besser als damals in der Schule. Aber trinken kann ich mittlerweile echt gut. Fast jede der unzähligen Backpackerbars bietet jeden Abend Sex on the beach während der Happy Hour, aber ich bin dabei alles andere als happy. Da nehme ich extra den weiten Weg ans andere Ende der Welt auf mich und bin vom echten Australien trotzdem genauso weit entfernt wie zu Hause. Das kann so nicht weitergehen! Aber nur, weil ich im Osten gelandet bin, heißt das ja noch lange nicht, dass ich auch im Osten bleiben muss – das hier ist ja schließlich nicht die DDR.

Theoretisch ist der Plan genial, praktisch hat er noch einen Haken: Um von Ost nach West zu gelangen, werde ich zwar nicht über eine Mauer klettern, aber dafür den gesamten roten Kontinent einmal komplett durchqueren müssen. Klar könnte ich dafür den Bus nehmen, aber für meinen ganz eigenen »Walk on the wild side« wäre das einfach zu langweilig. Das einzig Spannende bei einer Busfahrt scheint mir das latente Thrombose-Risiko zu sein. Doch beim Kellnern auf Fraser Island habe ich genug Trinkgeld abgestaubt, um auf ein aufregenderes, teureres Transportmittel umzusteigen.

Ein paar Tage vor dem Einsetzen meiner Go-West-Sehnsucht traf ich im Hostel auf zwei Holländer, die mir schon vorher ein paar Mal auf meinem Weg gen Norden willkommene Gesellschaft geleistet hatten. Meine besten Freunde quasi, obwohl ich nicht mal ihre Nachnamen kenne. Wie es der Zufall will, sind die beiden im Besitz eines komplett ausgestatteten Geländewagens und stehen kurz vor dem Ende ihrer Reise. Da gibts nur eins: KAUFEN! Ich gebe zu, dass ich etwas naiv an den Autokauf herangehe: Ich vertraue den Jungs blind. Ich vergleiche keine Preise, bringe das Auto nicht zur Inspektion und eine Probefahrt mache ich schon gar nicht. Das Kassettendeck mit MP3-Player-Anschluss lasse ich mir dafür aber genauestens erklären. Ehe ich mich versehe, besitze ich ein Auto mitsamt Campingausrüstung und Kassettendeck, die Holländer befinden sich auf dem Rückflug nach Amsterdam, ich bin pleite und allein in Cairns mit einem Geländewagen mit den Ausmaßen eines Treckers.

Die ersten Testfahrten im australischen Linksverkehr verlaufen problemlos. Wenn du das größte Auto auf der Straße hast, machen die anderen ganz automatisch Platz. Es kann also losgehen. Allein will ich die Reise aber nicht antreten. Zu gefährlich, zu teuer und auch wenn ich mittlerweile weiß, wie ich die Musik von meinem iPod über das Kassettendeck abspiele, höchstwahrscheinlich viel zu langweilig. Ich hänge Flyer mit meinem Vorhaben an sämtlichen schwarzen Brettern der Hostels in Cairns aus und rechne mit einem Ansturm, der einem Aufruf von *Deutschland sucht den Superstar* gleichkommt. Fünf Tage später dann die Ernüchterung: Genau drei Leute sind es, die sich melden. Mein geplantes Backpacker-Casting wird ins Wasser fallen. Andererseits brauche ich genau drei Leute, um alle Plätze auf dieser Wahnsinnsfahrt besetzen zu können. Ich tanke den Wagen, kaufe Proviant und sammle meine Mitreisenden am Straßenrand ein. Gutes Timing im Übrigen: Von Neuseeland aus donnert ein Orkan direkt auf die Küste zu und wird die Straßen von Cairns für die nächsten Wochen in reißende Flüsse verwandeln. Froh darüber, die Ostküste endlich hinter mir zu lassen, steuere ich meinen Trecker in Townsville auf den Flinders Highway. Hinter uns ziehen pechschwarze Gewitterwolken auf, vor uns liegt nichts weiter als eine schier endlose Straße. Wir kennen nur ein Ziel: den Westen!

Die australische Wüste ist ganz anders, als ich sie mir vorgestellt habe, von wegen karg und trostlos. Gegen Ende der Regenzeit säumen Gräser und Sträucher in satten Grüntönen die Straße, durch das offene Fenster atme ich mit dem Fahrtwind den Geruch nach frisch gemähtem Getreide ein, alle paar Minuten fliegt mir ein verirrter Grashüpfer in den Mund. Hin und wieder kommt mir ein Auto entgegen, jeder Fahrer grüßt mich lässig mit dem rechten Zeigefinger winkend – der typische Outbackgruß zwischen zwei Abenteurern, den ich kurzerhand nachahme, als wäre ich im australischen Busch aufgewachsen.

Links neben mir auf dem Beifahrersitz sitzt Pete aus Toronto. Pete hat vor seinem Australientrip beim kanadischen Fernsehen gearbeitet. Klingt toll, war es aber nicht. Die letzten drei Jahre hockte er einfach nur jeden Tag in einem dunklen Raum, um auf einem Dutzend Bildschirmen den reibungslosen Ablauf der Sendungen zu überwachen. Muss wohl ziemlich langweilig gewesen sein, denn Pete kündigte spontan und begab sich auf den Weg in sonnigere Gefilde. Hinter ihm sitzt Matteo, ein quirliger Schweizer, der gerade sein Musikstudium beendet hat und mit dieser Reise das Erwachsenenleben noch für eine Weile hinauszögern möchte. Er hat kurzerhand die Schirmherrschaft des Kassettendecks an sich gerissen und wechselt im Zehn-Sekunden-Takt die Musik, um uns sein komplettes Bob-Marley-Repertoire näherzubringen. Hinter mir Hanne, 19 Jahre jung, soeben fertig mit der Schule und aus Belgien. Sie tritt mit den Füßen permanent gegen meine Sitzlehne und geht mir damit jetzt schon gewaltig auf den Keks.

»Ich muss mal«, stammelt sie. Schon wieder?, denke ich, sage aber nichts. Auf den letzten sechshundert Kilometern haben wir bereits vier Mal gehalten, weil Hanne offenbar zu den Mädchen gehört, deren Blase automatisch nach einer Stunde wieder voll ist. Es ist später Nachmittag. Wir beenden unsere erste Etappe in Prairie, einem Ort im Outback, der nur aus ein paar schlichten Häusern besteht, die sich links und rechts des Highways aneinanderreihen. Wir schlagen unser Camp im Garten der einzigen Kneipe des Ortes auf und mischen uns am Abend unter die Locals im Pub, trinken Bier in Pints und lauschen Geschichten von giftigen Schlangen, sintflutartigen Regenfällen und lebensgefährlichen Unfällen mit Lkw-Zügen. Später am Abend sitze ich mit Tom, dem Barbesitzer, am Tresen. Er erzählt mir aus seinem Leben im Nirgendwo und ich beobachte ihn dabei, wie er seiner hübschen Frau, die die schlafende Tochter Lilly auf dem Arm trägt, einen Blick zuwirft. Ein kleines Lächeln fliegt über sein Gesicht, er sieht mich an und zuckt nur leicht mit den Schultern, als wolle er sagen: Was will ich mehr vom Leben? Ich habe doch alles.

Die nächsten zwei Tage fahren wir weiter über den langen Barkley Highway bis nach Mount Isa, der flächenmäßig drittgrößten Stadt der Welt. Hier können wir endlich wieder tanken und Lebensmittel kaufen, um dann weiter auf einer rostroten, steinigen Straße unseren Weg zu finden. Wir fahren durch Matsch und tiefe Flüsse und haben jedes Mal Mordsschiss, dass wir stecken bleiben, danach allerdings umso mehr Adrenalin im Blut. Der einst weiße Geländewagen sieht mittlerweile aus wie Sau, ich fahre barfuß, meine Füße sind dreckig, roter Sand überall. Trecker, eine riesige Staubwolke hinter sich her ziehend, ist buchstäblich für mehrere Stunden das einzige Auto auf diesem Acker, der sich Straße nennt. Wir hören *Porcelain* von Moby. Ich singe laut mit und erfülle in diesem Moment jedes Klischee eines typischen Backpackers, über das ich mich vorher beklagt habe. Es ist mir egal. Das hier ist pure Freiheit! Das hier ist Leben! Das hier ist … KNALL!

Wir drehen uns noch immer in Zeitlupe im Kreis. So langsam habe ich genug von der Karussellfahrt. Mit voller Wucht trete ich die Bremse und Trecker kommt ohne Weiteres zum Stehen. Pete steigt in aller Seelenruhe aus und geht zur Vorderseite des Wagens, um sich den Schaden anzusehen. Ich atme zweimal zischend durch die Vorderzähne ein und aus, bevor ich es ihm gleichtue. Treckers linker Vorderreifen sieht aus, als hätte ein Löwe die Hälfte davon abgebissen und ordentlich darauf rumgekaut. Mit einem Mal wird mir ganz anders. In meinem Kopf nimmt schlagartig ein Szenario von vier panischen Backpackern Form an, die in der Wüste verzweifelt auf ein anderes Auto warten und anfangen, ihr Wasser zu rationieren. Doch nichts dergleichen passiert. Ich hole kommentarlos den Wagenheber, Matteo den Ersatzreifen. Pete entfernt den vom Löwen zerfetzten Reifen, Matteo und ich befestigen den neuen und Hanne beklagt sich über die Fliegen, die auf unseren schweißnassen Gesichtern etwas Abkühlung suchen. Eine gute Viertelstunde später fahren wir weiter. Doch jetzt ist die Lage ernst: Vor uns liegen noch immer dreihundert Kilometer der von spitzen Steinen übersäten Schotterpiste. Der Tank ist fast leer. Nicht mehr lange und die stockfinstere Nacht bricht herein. Schneller fahren? Geht nicht! Noch ein platter Reifen und wir sind verloren. Unser Ziel: ein Ort namens Jervois Station. Hier soll es laut der fünf Jahre alten Karte im Handschuhfach eine Tankstelle geben.

Die Dämmerung ist hereingebrochen und taucht den weiten Himmel in ein Farbenmeer aus Rottönen, die am Horizont bereits in ein dunkles Blau übergehen. Unter anderen Umständen wäre das genau die Kulisse, die ich mir für mein Abenteuer ausgemalt habe. Wildromantische Natur. Eine endlose Sandstraße ins Nirgendwo. In der Luft eine leichte Brise und der süße Duft der Freiheit. Das Einzige, was aber tatsächlich in der Luft liegt, ist der Geruch nach Schweiß. Angstschweiß. Meinem Angstschweiß. Ich fühle mich wie der Kapitän der »Titanic« nach der Kollision mit dem Eisberg. Meine drei Mitreisenden erinnern mich an die Passagiere der ersten Klasse, die immer noch an ihrem Brandy nippen und der Kapelle lauschen, als der Hintern des Schiffes bereits steil in den Sternenhimmel ragt. Nein, die drei sitzen ganz sicher nicht im selben Boot wie ich! Pete, Hanne und Matteo beobachten nur fasziniert die vorbeiziehende Landschaft und posten in Gedanken wahrscheinlich schon die Fotos ihres Outbackabenteuers auf Facebook.

Mittlerweile ist es stockdunkel. Seit ein paar Minuten sendet das Reservelicht der Tankanzeige kontinuierlich Leuchtsignale in die Dunkelheit. Die anderen schlafen. Ich habe jegliches Gefühl für Zeit und Raum verloren, weiß weder, wie spät es ist, noch wo ich bin. Es gibt nur noch mich, die endlose Straße und ein Ziel namens Jervois. Jervois! Mekka der Verirrten! Oase voller Tankzapfsäulen! Licht am Ende des Tunnels! Moment mal, Licht? Kann das sein? Ich wage kaum, meinen Augen zu trauen, als ich auf der endlosen Geradeaus-Straße eine Biegung ausmache und Glühbirnenlicht sehe. Christoph Kolumbus muss sich ähnlich gefühlt haben wie ich in diesem Moment. In der Ferne nun deutlich erkennbar tauchen ein paar vereinzelte Häuser aus der Dunkelheit auf, die Fenster sind hell erleuchtet und ich brülle »Licht! Da ist Licht!« in Richtung der anderen. Ich habe soeben nach einer wochenlangen Schiffsreise die Küste Amerikas entdeckt.

Ich parke Trecker auf dem Campingplatz von Jervois, der eigentlich nicht mehr ist als ein weites Feld mit einem Plumpsklo. Erst jetzt fällt sämtliche Anspannung von mir ab und ich nehme zum ersten Mal seit Stunden die Hände vom Lenkrad. Sie sind schweißnass, zittern unkontrolliert. Wir haben es geschafft! Hanne schnappt sich eine Rolle Klopapier und rennt zur Toilette,

Matteo baut den Grill auf und mariniert ein paar alte Steaks, die ich zu Beginn der Reise in Cairns gekauft habe. Wahrscheinlich werden wir alle an einer Lebensmittelvergiftung sterben. Und wenn schon, denke ich, klettere aufs Auto und lege mich auf das immer noch warme Blechdach. Morgen erreichen wir den Stuart Highway und fahren weiter Richtung Broome. In ein paar Tagen werden wir am Strand zum ersten Mal die Sonne über dem Meer untergehen sehen und wer weiß, was noch alles passieren wird. Doch für heute ist es genug. Mir ächzen die Knochen, in der Ferne heult ein Dingo. Über mir leuchtet der schier unendliche Sternenhimmel. In der Luft liegen eine leichte Brise und der süße Duft der Freiheit.

Langweilig ist mir nicht mehr.

2.

MEXIKO UND DIE SÜSSE GEFAHR

Von Räubern, Banditen und Supermärkten

VON KATJA HENTSCHEL

Überleg dir das mit Mexiko doch noch mal«, flehte meine Mutter am Telefon. Ich hätte ihr nie sagen dürfen, dass mich meine bevorstehende Reise in ein Land führen würde, dessen Kriminalitätsrate sich unter den weltweit höchsten befindet.

Jetzt graste meine liebe Frau Mama das komplette Internet ab nach Horrorgeschichten, die dort passieren könnten, und ließ es sich auch nicht nehmen, mir die Ergebnisse ihrer Recherchen im Detail zu präsentieren. »Im Drogenkrieg kommt es derzeit in Acapulco zu vermehrten Kämpfen mit Morden und Schießereien in den Straßen«, zitierte sie die Website des Auswärtigen Amtes. Wumms, das hat gesessen. Acapulco stand auch auf meinem Programm, zusammen mit Playa del Carmen an der Karibikküste, La Paz in Baja California, Puerto Vallarta und natürlich der Hauptstadt Mexico City.

»Da passiert schon nichts«, hörte ich mich gespielt gelassen in den Hörer seufzen. Das war schließlich das alte Spiel. Mutter macht sich Sorgen, Kind spielt die Situation herunter, um Mutter zu beruhigen. Nur bröckelte meine sonst immer so optimistische Fassade dieses Mal wirklich vor sich hin. Sechs Wochen waren eine lange Zeit, da konnte viel passieren. Außerdem würde ich allein reisen. Es würde Tage dauern, bis irgendwer mitbekommen würde, dass ich längst von Räubern verschleppt worden war, sollte es dazu kommen. Meine Bedenken wurden weiter geschürt von einer besorgniserregend hohen Zahl meiner Freunde, die mich vor einem Arsenal an lauernden Bedrohungen warnten. Sie berichteten von raubenden Polizisten, Fast-Vergewaltigungen im Wald, mit Waffen bedrohten Blondinen und Entführungen am laufenden Band.

Die sich in mir aufbauende Unruhe gefiel mir gar nicht. Wenn es ums Reisen ging, war ich in der Regel immer die Gelassenheit in Person. Ich war in Buenos Aires mit einem Messer bedroht und ausgeraubt worden, war versehentlich in Venezuela in einen Drogenschmuggel hineingeraten und werde routinemäßig auf jeder zweiten Reise überfallen. All dies hatte ich locker weggesteckt, warum also gerade jetzt diese Zitterattacke?

Tatsache war, ich konnte meine Gefühle nicht abstellen. Ich musste etwas tun. Nur was? Lieber doch nicht fahren? Mir spontan einen zwei Meter großen Liebhaber suchen, der mitfahren und mich beschützen würde? Die Haare noch schnell braun färben? Mein platinblondes Haupt würde in Mexiko sicher wenig behilflich sein bei meinem Plan, möglichst untouristisch auszusehen. Jetzt half nur noch eine Shoppingtour. Modische Kopfbedeckungen aller Art, eine Familienpackung Selbstbräuner, eine Trillerpfeife, ein Schweizer Taschenmesser und für alle Fälle K.-o.-Spray wurden eingetütet und verschafften mir fünf Minuten lang das Gefühl, meinem mir wahrscheinlich blühenden Schicksal weniger ausgeliefert zu sein. Anschließend verbrachte ich zwei Tage damit, Versicherungen für alles abzuschließen, was irgendwie geklaut werden könnte. Ich notierte sämtliche Telefonnummern von Kartendiebstahlmeldung bis Unfallversicherung, machte Scans von meinem Pass, besorgte mir ein Zweittelefon (zweifellos würde man mir mein iPhone klauen) und übte spanische Sätze, die in Notsituationen hilfreich werden könnten.

Am 25. Februar war es dann tatsächlich so weit. Das Abenteuer sollte beginnen und während meine Freunde zu Hause durch den Schnee stapften, klopfte mein Herz bis zum Hals, als der Flieger gen Mexiko abhob.

Meine Ankunft am Mexico City Airport war die erste Mutprobe. Meine Mutter hatte gelesen, dass es hier Gangs gab, die sich darauf spezialisiert hatten, unter der Kleidung getragene Bauchtaschen zu klauen. Auch mein Reiseführer hatte mich vor den kriminellen Machenschaften an diesem Flughafen gewarnt. Ich presste also all mein Hab und Gut eng an mich und schaute im Sekundentakt paranoid in alle Richtungen, um sicherzugehen, dass mir niemand zu nahe kommen würde. Immerhin das Risiko des Bauchtaschendiebstahls hatte ich erheblich reduziert, indem ich ein Kleid trug – die müssten es mir schon über den Kopf ziehen, um an meine Kreditkarten zu gelangen.

Als ich so am Gepäckband stand und auf meinen Rucksack wartete, spürte ich die Blicke der Flughafenangestellten auf mir. Wahrscheinlich überlegten die gerade, wie viel sie auf dem Schwarzmarkt für mich bekommen könnten. Ich wäre nicht überrascht gewesen, wenn die alle zu einer mexikanischen Mafia gehörten, die schon am Flughafen ankommende Touristen nach Herkunft und potenziellem Nettoeinkommen scannt, um besonders lukrative Entführungsopfer zu identifizieren. Einer der wenigen Momente in meinem Leben, in denen ich froh war, dass ich immer zu geizig war, mir Designerklamotten zu kaufen.

Als mein Gepäck endlich an mir vorbeifuhr, war ich fast erleichtert – noch fünfzig Meter, dann würde ich meinen alten Freund Felipo sehen, der in Mexico City lebte und versprochen hatte, mich abzuholen. Er würde mich beschützen. Felipo war selbst Mexikaner und kannte sich bestimmt bestens mit allen Tricks der ansässigen Kriminellen aus. Wir kannten uns aus unserer gemeinsamen Zeit in Brasilien, wo er ein Praktikum bei einer Wohltätigkeitsorganisation gemacht hatte, während ich bemüht war, Portugiesisch zu lernen. Diverse durchstreifte Nächte durch São Paulo verbanden uns und ich freute mich sehr, ein vertrautes Gesicht zu sehen in dieser großen, fremden Stadt.

Aber erst – ein letzter Gepäckscan. Mein Puls raste. Eine Freundin hatte mir erzählt, wie die Sicherheitsleute am Mexico City Airport ihren iPod geklaut hatten – und das während einer Kontrolle! Natürlich ist sie auch blond, ich wusste also, was mir blühte. Mein Rucksack ging jedoch kommentarlos durch den Scan – ich hatte es geschafft! Hurra! Doch dann die sofortige Ernüchterung – ein Sicherheitsbeamter stoppte mich und zeigte auf einen roten Knopf direkt vor mir. Wozu sollte der denn bitte schön gut sein? Jedes Kind weiß doch aus amerikanischen Science-Fiction-Filmen, dass rote Knöpfe nur Unheil bedeuten konnten und mit Sicherheit nie, nie, nie gedrückt werden sollten. Eine gefühlte Ewigkeit starrte ich den Beamten an. In meinem Blick lag eine Mischung aus Erschrecken, Flehen und Wahn. Der Ohnmacht nahe und erfüllt von der bestürzenden Erkenntnis, dass es kein Entkommen gab, tat ich, was jeder andere auch getan hätte.

Ich drückte den Knopf.

Nichts passierte. Lediglich ein grünes Lämpchen leuchtete auf und ich wurde durchgewunken. Noch mal Glück gehabt! Zehn Kilo Erleichterung fielen mir von den Schultern. Weitere zwanzig waren allerdings in meinem Rucksack, weshalb die Freude darüber eher kurz währte. Später erfuhr ich, dass der Knopf nach dem Zufallsprinzip entschied, wer sich mitsamt Gepäck einer Komplettkontrolle unterziehen musste. Da hatte meine arme, iPod-lose Freundin wohl das rote Licht erwischt.

Im Auto erzählte ich Felipo alles über meine Angstzustände, meine schlaflosen Nächte und die Dinge, die ich so gehört hatte – natürlich in der Hoffnung, dass er mir auf die Schulter klopfen und sagen würde, dass das alles übertrieben sei, eigentlich schon seit Jahren nichts mehr passiert sei und ich mir null Sorgen machen müsse. Felipo jedoch, mit der Feinfühligkeit eines Topfkratzers, stimmte zu und erzählte mir ausführlich von korrupten Polizisten, kriminellen Taxifahrern und der generellen Gefahr, immer und überall abgezockt zu werden. Er vergaß auch nicht, mir von der Schießerei zu berichten, die in der vorherigen Woche in der Gegend stattgefunden hatte, in der ich während meiner Zeit in Mexico City wohnen sollte. Zum Schluss fügte er dann noch hinzu, dass ich mich entspannen sollte, solange ich ein bisschen aufpasste, würde schon nichts passieren. Aufpassen – notiert. Als Nächstes stand Entspannen auf meiner Liste.

Nach dreißig Minuten Autofahrt durch die Nacht und trügerisch harmlos scheinenden Gegenden kamen wir an der Wohnung an, die ich für sechs Wochen zur Untermiete bewohnen sollte. Ein Bekannter eines Bekannten hatte sich bei mir in Berlin eingemietet, während ich in seiner Bude mein Lager aufschlagen durfte. Gespannt, was mich drinnen erwartete, verabschiedete ich mich von Felipo und begann, meine neue Bleibe zu erkunden. Die hübsch, aber einfach eingerichtete Dreiraumwohnung war Teil eines kleinen Wohnkomplexes mit nur vier Apartments nebeneinander. Es gab einen Mitbewohner, der nicht da war, sein Zimmer aber mit einem schweren Schloss verriegelt hatte. Der Weg zur Küche verlief über einen kleinen offenen Innenhof und auch hier war die Tür einbruchsicher verriegelt. Die Haustür selbst hatte drei dicke Schlösser und vorn an der Straße war außerdem ein großes Tor. Man sollte meinen, dass derart schweres Geschütz einen dazu bringt, sich in Sicherheit zu wiegen – ich hingegen plante, mich gleich am nächsten Morgen nach der lokalen Einbruchsrate zu erkundigen. Eigentlich wollte ich in dieser ersten Nacht mit dem Gedanken an Palmen und Meeresrauschen einschlafen, stattdessen lag ich stundenlang wach und analysierte jedes noch so kleine Geräusch auf sein Gefahrenpotenzial hin.

Nach einer unruhigen ersten Nacht verließ ich das Haus mit dem Plan, meine Umgebung besser kennenzulernen. Ich wohnte in Condesa, einem hippen Viertel Mexico Citys. Die Sonne schien, die Vögel zwitscherten und vor der Haustür nahm der Wochenmarkt seinen Lauf. Alles schien friedlich, fast idyllisch, doch so leicht würde ich mich nicht täuschen lassen. Meine Tasche trug ich eng am Körper, den Gurt natürlich einmal quer über den Oberkörper gelegt, mit der Hand fest am Reißverschluss, damit niemand auch nur daran denken konnte, mir irgendetwas zu klauen. Nicht, dass ich viel zu klauen dabeigehabt hätte, schließlich war es viel zu gefährlich, Wertgegenstände mit sich herumzutragen. Noch nicht einmal Geld hatte ich in meiner Tasche. Nachdem mir Felipo verraten hatte, dass mexikanische Frauen ihr Geld immer im BH stecken haben, bewahrte auch ich meine Pesos nahe am Herzen auf.

Die nächsten Wochen verliefen – wider Erwarten – vorerst harmlos. Ich buchte fleißig einen Inlandsflug nach dem anderen, Billigflieger sei Dank, und sonnte mich abwechselnd an türkisblauen Karibik- und charmanten Pazifikstränden. Selbst Acapulco erlebte ich ohne Schießereien, dafür mit vielen lieben Menschen, einem tollen Markt und super Shoppingmöglichkeiten. Absolutes Highlight meiner Reise war ein Ausflug zur kleinen Insel Espiritu Santo, bei La Paz in Baja California. In diesem Naturschutzgebiet gab es weder Diebe noch Räuber, dafür aber viele Delfine und eine Robbenkolonie, mit der man sogar schwimmen durfte.

Mit jedem schönen Urlaubstag, der verstrich, wurde ich entspannter. Niemand versuchte mir irgendetwas zu klauen, ich wurde nicht gekidnappt und auch Mordversuche blieben aus. Lediglich einmal, im Urlaubsort Puerto Vallarta, fing ich eine nette Unterhaltung mit einem Mexikaner an, von dem ich eigentlich nur wissen wollte, ob es eine gute Bar in der Nähe gab. Fünf Minuten lang gab er mir Tipps rund ums lokale Nachtleben, machte Vorschläge, was ich in den kommenden Tagen unternehmen könnte, und interessierte sich für meinen Trip, ohne dabei aufdringlich zu wirken. Gerade, als ich noch begeistert dachte, wie freundlich und offen die Anwohner doch hier mit Touristen umgehen, fragte mich meine neue Bekanntschaft plötzlich, ob ich nicht Interesse an Ecstasy oder Kokain hätte. Mir stockte der Atem. Da redet man mal ganz unschuldig mit einem Ortsansässigen und – schwupps – schon steht man mit einem Bein im Gefängnis wegen Drogen, die man nie besessen oder genommen hat. In einem Land, das für seine Drogenmafia und korrupte Polizei berüchtigt ist, war es ganz sicher eine sehr schlechte Idee, mit Dealern gesehen zu werden. Felipo hatte mich davor gewarnt, dass mexikanische Ordnungshüter gerne die Tatsachen so verdrehten, dass man sich am Ende nur noch mit Schmiergeldern von einem angehängten Delikt freikaufen kann. An diesem Abend war mir zumindest nicht mehr nach

Bar-Hopping und ich verkroch mich in mein Hotel. Fernsehen war zwar nicht die glamouröseste Art der Abendunterhaltung, aber definitiv eine sichere.

Nachdem ich mehr als einen Monat lang zwölf Städte in ganz Mexiko besucht hatte, war es mal wieder an der Zeit, in meine Untermietswohnung in Mexico City zurückzukehren, die mir in den letzten Wochen immer wieder ein vertrauter Zwischenstopp gewesen war. Mittlerweile kannte ich mich aus, die Leute in der Nachbarschaft hatten sich an mich gewöhnt und viele grüßten mich, wenn ich meine Route zum nächstgelegenen Supermarkt lief. Dieser hieß Superama und war riesig. Man hätte am Eingang Karten austeilen müssen, die einem den Weg erklären, denn dieser Supermarkt war ein einziges Labyrinth. Ich hatte schnell begriffen, dass es Zeitverschwendung war, nach Dingen zu suchen, stattdessen fragte ich meist einen Angestellten, der mich zu dem Produkt meiner Begierde führte.

An diesem Abend suchte ich ein bestimmtes Müsli und war hocherfreut, als der nette Verkäufer zielstrebig und schnell losging, um mich zu ebendiesem zu führen. Ich folgte mit großen Schritten, um den Verkäufer nicht aus den Augen zu verlieren, als dieser um die Ecke bog.

Gerade, als ich noch darüber nachdachte, wie lustig es aussehen musste, dass das große blonde Mädchen dem kleinen Mann in Grau hinterherdackelte, passierte das Unglaubliche. In einem hohen Bogen, der jeden Weitspringer vor Neid hätte erblassen lassen, rutschte ich aus und fiel mit voller Wucht auf den Allerwertesten. Ich spürte regelrecht, wie meine Wirbelsäule sich in Orte bohrte, in denen sie nichts zu suchen hatte. Nun lag ich da, gekrümmt vor Schmerzen und geschockt von der Feststellung, dass ich nicht mehr aufstehen konnte. Das war kein gewöhnlicher Sturz. Das war ernst.

Sofort kamen ein paar Leute auf mich zu. Geht es Ihnen gut? Brauchen Sie einen Arzt? Können Sie aufstehen? – Die Fragen prasselten nur so auf mich ein. Doch bevor ich Interviews geben konnte, musste ich erst einmal den Schrecken verdauen.

Während ich wimmernd auf dem Boden lag und mein Leben an mir vorbeiziehen sah, fiel mein Blick plötzlich auf die Wurzel dieses Übels. Der Täter, der mich zu Fall gebracht und mir womöglich jegliche Aussichten auf eine Karriere als Leistungssportlerin genommen hatte. Es war – Zucker. Hundsgemeiner, weitläufig unterschätzter feinkörniger Raffinadezucker. Nie zuvor hatte ich die äußere Beschaffenheit der feinen Körner als Gefahrenquelle angesehen, aber der stechende Schmerz in meinem Becken belehrte mich nun eines Besseren. War es nicht genug, dass mir dieses Teufelszeug bereits meine Zähne und meine Figur ruiniert hatte? Ich schmiedete sofortige Pläne, eine Anti-Zucker-Lobby zu eröffnen, sollte ich es jemals lebendig zurück nach Deutschland schaffen. Meine Autobiografie *Der süße Fall der Katja Hentschel* würde es sicher auf die *Spiegel*-Bestsellerliste schaffen.

Und so lag ich da, die Frau, die es geschafft hatte, vier Wochen lang allen Gefahren zu trotzen. Die Jeanne d'Arc unter den Backpackern, die mit allem gerechnet hatte, nur nicht damit. Dabei habe ich Müsli eigentlich noch nie sonderlich gemocht.

Nach gefühlten drei Stunden kamen die Rettungssanitäter, machten ein paar Tests, schnallten mich auf eine Liege und schoben mich vor den Augen aller Anwesenden auf Rollen zum Krankenwagen. Plötzlich war alles wie im Film. Ich starrte auf die Lichter an der Decke und dachte an *Emergency Room*. Ob es in mexikanischen Notaufnahmen George Clooneys gab?

Die Fahrt im Krankenwagen war unbequem, aber irgendwie auch ein bisschen cool. Die Sirenen heulten, als der Fahrer ins nächstgelegene Krankenhaus raste. Mittlerweile war ich auch wieder zu Späßen aufgelegt und flirtete mit dem Sanitäter, der, solange ich die Augen ein bisschen zukniff und ein paar Jahre und graue Haare dazufantasierte, tatsächlich etwas Ähnlichkeit mit

George Clooney aufwies. »Kann ich bald wieder laufen?«, fragte ich ihn in grammatikalisch fragwürdigem Spanisch. »Claro, no te preocupes«, beruhigte er mich und schenkte mir ein Lächeln.

Doch bevor auch nur ein Hauch romantischer Stimmung aufkommen konnte, holte mich das V-Wort ganz schnell in die Realität der Dinge zurück. »Versicherung? Äh, ja, hab ich auch.« Nur leider keine Ahnung, wie diese funktionierte. Klar war, dass es jetzt nur einen Menschen gab, der mir helfen konnte. Ich kam nicht drum herum, ich musste meine Mutter anrufen.

Was mir blühte, wusste ich, schließlich hatten wir diese Szene in verschiedenen Ausführungen bereits mehrmals durchgespielt. Zum Beispiel, als ich mir in Indien den Fuß gebrochen hatte, oder die unzähligen Male, wo man mir meine Tasche, diverse Papiere, den Computer, die Kamera oder Sonstiges gestohlen hatte. Allerdings war dies das erste Mal, dass ich aus einer heulenden Ambulanz anrief. Erschwerend kam hinzu, dass es in Deutschland jetzt gerade mal vier Uhr morgens war.

Ich rief an und es klingelte dreimal. Als meine Mutter ans Telefon ging, hörte ich förmlich ihr Herz in die Hose rutschen. Ohne zu wissen, wer da gerade am anderen Ende der Leitung war, rief sie leicht panisch in den Hörer: »Katja?« – »Mama, ich hatte 'nen Unfall.« Die Sirene tat ihr Übriges für die nötige Dramaturgie der Situation. »Ich habs gewusst!«, rief sie atemlos. An dieser Stelle muss ich dazusagen, dass meine Mutter sich immer viele Sorgen macht, wenn ich auf Reisen bin, und ich mir jedes Mal, wenn mir dann tatsächlich etwas passiert, egal wie schlimm, erst einmal eine Predigt darüber anhören muss, dass ich besser hätte aufpassen sollen und warum ich nicht dieses und jenes besser beachtet hätte. Ich gebe ihr dann immer in allem Recht, damit wir möglichst schnell zu dem Part kommen können, in dem sie mich bemitleidet und alles tut, damit es mir wieder besser geht. Erst nach der üblichen Predigt fragte sie, was denn passiert sei, und ich erzählte ihr von Superama, dem Zucker und

George Clooney. »Zucker?«, kreischte sie ungläubig. »Du bist auf Zucker ausgerutscht?« Und jetzt musste sogar meine Mutter lachen und ich lachte mit ihr.

3.

SANKT PETERSBURG BLUES

Russische Nächte

VON BEATRICE GRUNDHEBER

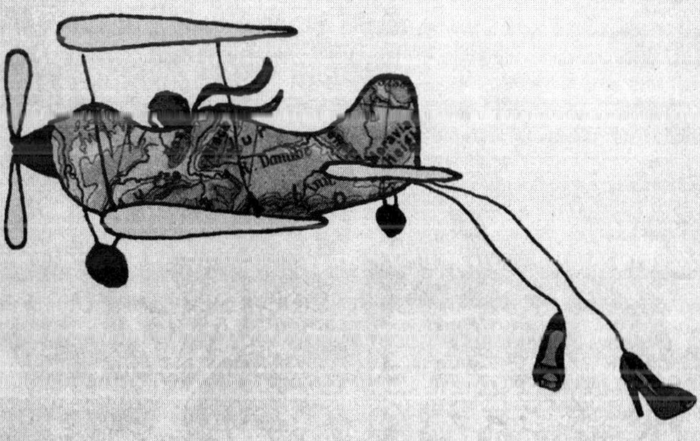

Samstagabend, schon kurz nach elf und ich habe immer noch keine Pläne für die heutige Nacht! Dabei muss ich mich langsam mal entscheiden, was ich überhaupt machen will, denn in ziemlich genau einer Stunde, um Mitternacht, werden in Sankt Petersburg alle Brücken hochgezogen. Während der Sommernächte passieren dann die großen Schiffe den Newafluss, um auf diesem Weg ins Landesinnere zu gelangen.

Nervös laufe ich in meinem kleinen, kitschig sowjetisch eingerichteten Gastzimmer auf und ab. Da draußen tobt das Leben und mir fällt hier drinnen die Decke auf den Kopf. Ich denke an meine vielen Freunde zu Hause in Frankfurt und fühle mich wie der einsamste Mensch der Welt. Der Kloß in meinem Hals wird immer dicker und Tränen steigen mir in die Augen. Vielleicht war das alles doch keine gute Idee gewesen. Vielleicht hätte ich alles ganz anders machen sollen. Dabei hatte die ganze Sache doch so gut angefangen.

Vor einem Monat stand ich noch mit gepackten Sachen und voller Enthusiasmus ganz allein am Frankfurter Flughafen. In meinem übergroßen Rucksack war alles, was ich für einen sechsmonatigen Auslandsaufenthalt brauchte: meine Lieblingsklamotten, eine Familienpackung Nachtcreme und ein kitschiger deutscher Wandteller – das Gastgeschenk für meine russische Gastoma, bei der ich für die nächsten sechs Monate leben sollte.

Pffff!, dachte ich mir da noch. Euch allen werde ich es zeigen! Diese Reise wollte ich unbedingt allein machen. Es sollte diesmal keine Reisegruppe sein, kein Erasmus, kein Sprachkurs und schon gar nicht irgendein Stipendium, bei dem man sich ständig an irgendwelche Regeln und Auflagen halten musste. Erst im Sommer des vorigen Jahres hatte ich an einem furchtbar langweiligen Gruppensprachkurs im russischen Kasan teilgenommen. Mit ungefähr 15 freundlichen jungen Menschen aus Italien, Frankreich, den Niederlanden und Amerika machten wir jeden Tag viele lustige Ausflüge: Wir schauten uns tatarische Kunst in Museen an, machten Badeausflüge zum See, kochten, musizierten, lagen zusammen mit heißer Schokolade auf der Couch und schauten *Harry Potter* auf Russisch. Kurzum: Ich wäre vor Langeweile beinahe gestorben! Wo war das Russland, das ich aus dem Studium kannte? Nicht umsonst studierte ich bereits im sechsten Semester Russisch und Osteuropäische Geschichte auf Magister. Ich wollte Wodka mit jungen Russen trinken, die an Mode, Musik und Kunst interessiert waren! Ich wollte die kulturelle Bewegung erleben, die in Russland gerade vonstatten ging, die Leidenschaft und die wahre russische Seele kennenlernen, über die wir in den zahlreichen Seminaren und Übungen an der Universität so ausführlich und passioniert diskutierten.

I want to break free von Queen lag mir damals den gesamten Urlaub über in den Ohren, sodass ich mir schwor, im nächsten Jahr ein Urlaubssemester zu nehmen und ganz allein nach Sankt Petersburg zu fliegen, um dort selbstständig Arbeit und Freunde zu finden. Ich hatte keine Lust mehr auf Ferienfreizeiten und besonnenes Miteinander – ich sehnte mich nach einem ganz normalen Leben in Russland. Kein Erasmus, kein Stipendium und schon gar nicht irgendein beschissener, überfröhlicher Gruppensprachkurs!

Vier Wochen später sitze ich, zerflossen in Selbstmitleid, in meinem Petersburger Zimmer. Das erste Wochenende, an dem ich keinerlei Verabredungen habe. Meine zwei neuen Freundinnen Elin und Sigrid, zwei lustige Austauschstudentinnen aus Oslo, haben heute Abend keine Zeit. Seit wir uns vor drei Wochen kennenlernten, sind wir bislang unzertrennlich gewesen. Tagsüber lagen wir oft im Park und paukten russische Vokabeln, abends spazierten wir mit Bier in der Hand durch die Straßen, tanzten nachts auf wilden Hauspartys und kurierten am nächsten Morgen mit überreichlich Fastfood und schnulzigen Liebeskomödien unseren Kater zusammen auf der Couch aus. So hätte es auch heute Abend wieder sein sollen, aber da Elin ein Date mit ihrem neuen Freund und Sigrid die Grippe hat, bin ich nun auf mich allein gestellt.

Ich wollte schon immer mal allein ausgehen, aber getraut hatte ich mich das noch nie. Dabei bewundere ich Frauen, die sich, ohne mit der Wimper zu zucken, an den Tresen irgendeiner verrauchten Bar setzen und binnen weniger Minuten mit interessanten Menschen – oder sagen wir mal: Männern – ins Gespräch kommen können. Vielleicht ist dies ja der richtige Moment, um zu testen, ob auch ich diesen Mut aufbringen kann. Außerdem habe ich noch Koljas Nummer, ein süßer DJ, den ich letzte Woche in einer coolen Bar in der Schlange vor der Toilette kennengelernt und mit dem ich mich anschließend bei ein paar Bier lange über Berlin unterhalten habe. Kurz entschlossen wähle ich seine Nummer.

»Challo?«, fragt eine tiefe Stimme, die man aufgrund der lauten Musik im Hintergrund nur sehr undeutlich hört.

»Hi, Kolja. Hier ist Bea, die Deutsche aus der Bar von letzter Woche. Ich wollte mal wissen, was du heute so machst. Hast du vielleicht Zeit? Willst du was trinken gehen?«

Puh, gar nicht so schwer, denke ich. Jetzt muss er nur noch zustimmen.

»Schto?« – Was? –, fragt er. »Die Musik ist so schrecklich laut! Ich bin in der Bar ohne Namen! Ich lege dort heute Abend auf! Komm doch vorbei! Ich schicke dir die Adresse per SMS!«

»Cool! Bin in einer Stunde da.«

»Cool! Poka!« – Bis dann!

»Poka«, verabschiede ich mich auch von ihm.

Perfekt! Schon seit Tagen will ich in diese Bar. Erleichtert und deutlich besser gelaunt, wische ich mir die verlaufene Wimperntusche aus dem Gesicht und ziehe mir schnell was über. Noch flott einen Wodka-Tonic gemischt für die gute Laune und die Extraportion Mut; Eyeliner, Wimperntusche, Lippenstift und die Haare schnell zu einem Zopf gebunden – fertig.

Süß ist er, denke ich. Zum Glück habe ich bereits jemanden kennengelernt, der mir wirklich gut gefällt. In Russland ist das gar nicht so einfach. Vor meinem Trip war ich mir relativ sicher, dass in Sachen Jungs für die nächsten sechs Monate nicht viel laufen würde. Mit meinen bescheidenen 1,59 Metern könnte ich wohl schlecht mit den zwei Meter großen Schönheiten mithalten, die täglich mit Sieben-Zentimeter-Absätzen und in ebenso kurzen Röcken auf den Straßen Russlands herumstolzieren, Hand in Hand mit dicken, zahnlosen Typen, die einen Vokuhila tragen und nach Wodka stinken.

Die Bar ohne Namen befindet sich direkt im Zentrum und könnte genauso gut die Bar ohne Adresse heißen. Der Laden ist so scheißexklusiv, dass ich ihn erst mal eine Dreiviertelstunde lang suchen muss. Nachdem ich circa dreißig Leute nach der Kneipe gefragt habe, die mich alle in verschiedene Richtungen schickten, zeigt mir endlich ein überaus hilfsbereites Hipster-Pärchen den Weg. Ich folge ihnen über die Sadovaja Ulitsa, eine große Nebenstraße des Newski-Prospekt, Sankt Petersburgs berühmter Promenade, dessen prunkvolle Häuserfassade hinter riesigen, meterlangen Bauplanen versteckt ist. Wir schlängeln uns zwischen Sanierungsgerüsten hindurch in ein altes Gebäude und gelangen in einen großen Hinterhof. Dort zwängen wir uns durch eine unscheinbare Toröffnung und erreichen schließlich einen weiteren kleinen Innenhof. In diesem befindet sich eine alte, rostige Fallkellertür, hinter der man schon das dumpfe Geräusch elektronischer Musik hören kann. Ein stämmiger Russe mit bösem Blick öffnet die Tür und schaut uns an, als ob er uns jeden Moment verprügeln will. Dann schüttelt er meinen Wegweisern kurz die Hand und lässt uns hinein. Endlich im Klub angekommen, bedanke ich mich bei meinen neuen russischen Freunden und bewege mich Richtung DJ Pult.

Da ist Kolja, umringt von einem Dutzend atemberaubend schöner Mädchen, die allesamt aussehen, als kämen sie gerade von einem Editorial-Shooting für die *Vogue*. Ich fasse meinen ganzen Mut zusammen und gehe selbstbewusst und mit offenem Lächeln auf Kolja zu. Kurz bevor ich die Gelegenheit habe, ihn zu grüßen, schaut er auf, nickt kühl in meine Richtung und senkt seinen Blick wieder zurück zum Computermonitor. Hat er mich vielleicht nicht erkannt? Hätte ich doch winken sollen? Verloren stehe ich ungefähr einen Meter vom DJ-Pult entfernt direkt vor ihm mitten auf der Tanzfläche und bekomme keine Reaktion. Scheiße, was soll das denn? Ich drehe mich um und vergewissere mich, dass mich niemand bei meiner peinlichen Aktion beobachtet hat. Unangenehm berührt und verhalten vor mich hin lächelnd, gehe ich zur Bar.

»Hi«, sage ich zu dem großen, glatzköpfigen Barmann hinter der Theke, »ein Bier bitte.« Ohne die Miene zu verziehen, geht er rüber zum Zapfhahn. Ich rücke mir den Barhocker zurecht und schaue mich im Klub um. Von Kolja noch immer keine Reaktion. Der Barkeeper knallt einen halben Liter Bier auf den Tresen und sagt genervt: »170 Rublej!« Wow, vier Euro für ein Bier, das ist sogar für Russland teuer. Ich ärgere mich über seine Unfreundlichkeit, versuche, genervt, aber trotzdem cool zu wirken und zahle mürrisch den hohen Preis.

Allein am Tresen zu sitzen hatte ich mir definitiv anders vorgestellt: In einem roten, langen, tief ausgeschnittenen Kleid und Zigarette rauchend, sitze ich in dieser Fantasie mit sexy übereinandergeschlagenen Beinen da, während die Männer Schlange stehen, um meine Zigarette anzünden oder mir einen Drink ausgeben zu dürfen. Schlange stehen die Männer hier zwar tatsächlich, aber nur desinteressiert neben mir am Tresen, um neue Getränke zu bestellen. Enttäuscht vom bisherigen Abend und mit einem unwohlen Gefühl im Bauch, überspiele ich meine Unsicherheit und beobachte die Menschen um mich herum.

Neben mir sitzt ein kleiner, schmächtiger Kerl mit aufgeknöpftem Hemd und genau drei Haaren auf der freigelegten Brust, der in einem langen Zug sein Bier austrinkt. Ich schaue ihm zu, wie er mit der gleichen ausdruckslosen Mimik, die mir schon den ganzen Abend hindurch bei den verschiedensten Menschen begegnet, ein neues Bier bestellt. »Hundert Rubel«, sagt die unfreundliche Bedienung und knallt das Bier auf den Tresen. Was? Habe ich mich vielleicht verhört? Habe ich nicht eben 170 Rubel für mein Bier gezahlt? Ich kann nicht glauben, dass ich als Ausländerin den doppelten Preis zahlen muss, und fühle mich durch und durch hintergangen.

Seit dreieinhalb Jahren studiere ich nun Russisch und war fest davon überzeugt, dass ich, als Russlandbegeisterte, von den Russen mit offenen Armen empfangen werden würde, sie mir mit Wärme und Offenherzigkeit begegnen und mit einem Wodka auf meine glänzenden Sprachkenntnisse anstoßen würden. All meine Freundinnen, die Romanistik, Amerikanistik oder Kunstgeschichte studieren, haben aufregende Auslandssemester in New York City oder romantische Abende bei Sonnenuntergang in Südamerika verbracht. Und ich? Ich werde mein Leben lang Single bleiben und nie heiraten. Ich werde für immer allein bleiben und mit einem riesigen Sortiment Sneakers allein leben und dabei zusehen, wie sich zu meinem Bauchansatz irgendwann Krampfadern und Cellulite hinzugesellen werden.

Plötzlich ist sie wieder da, die Sehnsucht nach meinen Freundinnen in Deutschland, die mich in solchen Situationen immer in den Arm nehmen, mich drücken und mir sagen, dass alles gut wird. Mit der Sehnsucht sind auch die Tränen in meinen Augen zurück. Nach Hause komme ich für die nächsten vier Stunden nicht – die Brücken werden erst wieder gegen sechs Uhr morgens heruntergelassen –, also beschließe ich, das einzig Sinnvolle in dieser Situation zu tun: Ich muss mich betrinken.

Seufzend wische ich mir die Tränen aus dem Gesicht. Jetzt ist mir alles egal! Kopf hoch, Brust raus, Contenance, verdammt noch mal! »Einen Wodka bitte!«, schreie ich diesmal die unfreundliche Bedienung an, drehe mich anschließend zum Schmächtigen um und frage: »Trinkst du einen mit?« Er rümpft die Nase, sieht mich an, als sei ich verrückt, und geht. Pfff!, denke ich. »Trinke ich halt allein einen«, sage ich leise vor mich hin, »oder auch zwei oder drei!« Mittlerweile könnte man wirklich annehmen, ich sei verrückt.

Nach dem sechsten Wodka und dem dritten Bier, das mir mittlerweile im Plastikbecher serviert wird, geht es mir ziemlich beschissen. Komisch ist das mit Alkohol – manchmal macht es so viel Spaß, aber in Momenten wie diesem macht es alles nur noch viel schlimmer. Mein Kopf wird schwer und alles ist mir gleichgültig. Wie hypnotisiert schaue ich vor mich auf die Tanzfläche und bemerke nicht, wie sich jemand neben mich setzt. Irgendwann spüre ich jedoch seine Blicke auf mir und drehe mich langsam zu ihm um.

»Privjet«, begrüßt er mich in einem so fröhlichen Ton, dass es sich fast ein bisschen so anhört, als hätte er das Wort gesungen. Er lacht. Meint er mich? Verwirrt drehe ich mich um, um mich zu vergewissern, dass er doch nicht jemand anderes angesprochen hat. Keiner da.

»Hi«, entgegne ich ihm langsam und verwundert, dankbar, dass ich überhaupt noch ein Wort über die Lippen bringe, ohne zu lallen. Mein Körper spürt den Alkohol deutlich, mein Geist ist aber auf einen Schlag nüchtern. Mit weit geöffneten Augen schaut der Fremde mich erwartungsvoll an. Seine weißen Zähne blitzen unter seinem Dreitagebart hervor. Die leicht zu große Nase passt gut zu seinen markanten Wangen, den dunklen Haaren und grünbraunen Augen. Über der rechten Braue ist eine kleine Narbe. Scheiße, sieht der gut aus.

Wir lächeln uns lange an, bevor ich, etwas gleichgültig vom Alkohol, meinen Blick wieder nach vorn zur Tanzfläche wende. Der Plastikbecher Bier liegt schwer in meiner Hand und ehe ich mich versehe, lasse ich ihn plötzlich auf den Boden fallen. Unbeholfen schaue ich den schönen Mann an, zucke mit den Schultern und hoffe, dass er nicht aufsteht und geht. Dann steht er tatsächlich auf, aber nur um sich zu bücken und meinen Becher wieder aufzuheben. Danach schüttet er die Hälfte seines Bieres hinein und reicht ihn mir.

»Magst du spazieren gehen?«, fragt er mich. »Ich finde die Leute hier so schrecklich unfreundlich!« Ich nicke so heftig, dass mein Hals wehtut. »Warte kurz hier auf mich, ich sage nur schnell meinen Freunden Bescheid!« Mein Blick folgt ihm durch den Raum bis hin zur Bar, in deren Wandspiegel ich plötzlich mein Spiegelbild wiederfinde. Scheiße sehe ich aus, aber glücklich. Erleichtert und deutlich besser gelaunt, wische ich mir zum zweiten Mal heute Abend die verlaufene Wimperntusche aus dem Gesicht. Tolles Comeback, sage ich zu dem Mädchen im Spiegel. Schnell und zielstrebig kommt mein neuer Bekannter zurück zur Bar, strahlt mich an und nimmt meine Hand. Ohne viele Worte gehen wir in Richtung Ausgang.

Zurück auf den Petersburger Straßen, hält er noch immer meine Hand. Er zieht mich durch belebte, laute Gassen. Junge Menschen laufen lachend an uns vorbei. Aus vorbeifahrenden weißen Stretchlimousinen ertönen dröhnende Technomusik und lautes Mädchengekicher. Hand in Hand bewegen wir uns durch kleine Gassen und breite Hauptstraßen. Die bunten Graffitis auf den prunkvollen alten Bauten wirken im Gegensatz zum regen Treiben auf der Straße ganz ruhig.

»Ich glaube, ich muss nach Hause«, sage ich zu dem schönen Unbekannten.

»Okay«, sagt er, »ich besorge dir ein Taxi.«

Er dreht sich zur Straße und streckt seinen Arm hoch in die Luft. Sofort und viel zu schnell – sodass ich mich gar nicht gebührend von meinem mysteriösen Begleiter verabschieden kann – hält ein altes, rostiges schwarzes Auto, das fast auseinanderzufallen scheint. Er verhandelt mit dem Fahrer, gibt ihm Geld und noch während er mir die Beifahrertür öffnet, fragt er mich nach meinem Telefon. Blitzschnell tippt er seine Nummer in mein Handy ein und klingelt sich an.

»Dawaj!« – Los jetzt!, drängelt der Fahrer genervt.

Eilig schlägt der Fremde die Tür zu und schreit mir noch nach, dass er sich meldet. Ohne richtige Verabschiedung und ohne seinen Namen zu wissen, fahre ich davon und wir sehen uns noch lange nach, bis der Wagen am Ende der Straße um die Ecke biegt.

4.

TROLLEYS, TWITTER UND TOBLERONE

Das Einmaleins des Zeitvertreibs auf Flughäfen

VON NINA HÜPEN-BESTENDONK

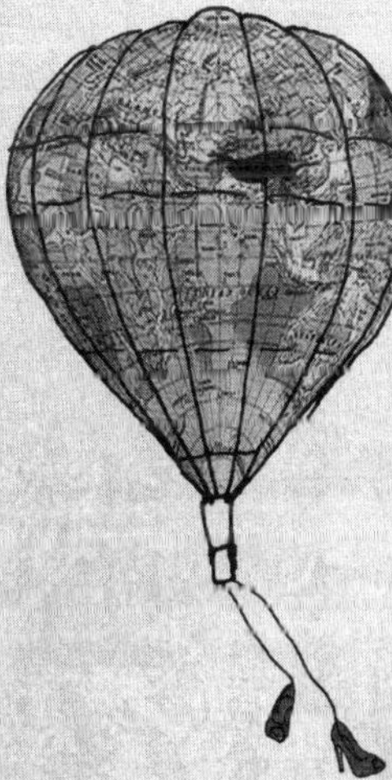

An Flughäfen geht es für gewöhnlich sehr hektisch zu. Passagiere eilen mit Kofferwagen durch Drehtüren und bleiben stecken. Auf der großen Anzeige in der Haupthalle rattern die Buchstaben, am Check-in-Schalter bilden sich Schlangen. Es riecht nach Kaffee und Bockwurst. Einer vom Bodenpersonal heizt mit einem Elektromobil durch die Halle, nicht etwa weil er muss, sondern einfach weil ers kann. Ein Kind schreit. Rolltreppen und Laufbänder führen wie Pulsadern in alle Richtungen.

Inmitten dieses Treibens braucht man meist erst mal einen Moment, um sich zurechtzufinden. Doch was, wenn man den Check-in und die Sicherheitskontrolle gemeistert hat, noch einmal auf der Toilette war, mit dem Duty-free-Kenzo-Parfüm für Mama in der Tasche zu seinem Gate geht und feststellt: Verspätung. Dafür kann es viele Gründe geben. Bei mir ist es zum Beispiel gerade Streik beim Bodenpersonal am Zielflughafen in Spanien. Kann mal jemand diese Leute bezahlen, bitte? Ich ahne schon, dass ich mich in den nächsten Stunden zu der Anfangshektik zurücksehnen werde, denn Wartezeit am Flughafen schafft es auf mysteriöse Weise, auch dem geduldigsten Menschen den letzten Nerv zu rauben.

Zuerst stellt sich das Problem, dass man als routinierter Passagier schon längst alle »überflüssigen« Dinge wie den MP3-Player mit übergroßen Kopfhörern, die aktuelle *Vogue*, ein Kartenspiel und das neue Buch von Salman Rushdie aus dem Handgepäck verbannt hat.

Das Übliche habe ich schon hinter mir: Im Duty-free-Shop jeden Nagel mit einem anderen Chanel-Nagellack lackieren, im Zeitungsladen die ersten Zeilen aller Groschenromane laut vorlesen, sich in der *Gala* darüber informieren, ob Brad und Angelina jetzt endlich mal heiraten und was Jennifer davon hält, und am Ende doch nur ein Sudokuheft für einen Euro kaufen. Noch nicht einmal eine Stunde ist vorbei, und es gibt noch keine neuen Infos zu meinem verspäteten Flug. Langsam werde ich ungeduldig. Typisch Spanien: Flieg ich heute nicht, flieg ich morgen.

Ich steige auf eines der Laufbänder und fahre vorbei an Schaufenstern, Cafés, Toiletten und wartenden Menschen. Ich beobachte Gucci-Taschen-Träger mit Latte macchiato to go und türkische Großfamilien. Ein Kegelklub hat sich versammelt, eines der Mitglieder verteilt rote T-Shirts mit Aufdruck: »Alle Mann zum Ballermann 2011«. Ein Pärchen tauscht verliebte Blicke aus, während sie auf seinem Schoß sitzt. Eine Mutter schreit nach ihrem Kind mit Kickboard. Es bremst, die Frau mit Gucci-Tasche nicht. Der Kaffee landet auf ihrer cremefarbenen Bluse, das Kind schreit. Ich fahre weiter. Es ist ein bisschen wie Fernsehen. Ich träume vor mich hin, als plötzlich etwas in mein Blickfeld gerät. Im Schaufenster direkt vor mir ist es. Das Kleid der Kleider. Ich drehe mich um und laufe gegen die Fahrtrichtung, um einen weiteren Blick drauf zu erhaschen. Es ist rot, es ist kurz. Hätte ich das mit der Bikinifigur mal ernster genommen, dann würde ich jetzt auch in ein solches Kleid passen. Ich versuche, auf den Preis zu spähen, doch das Band fährt unermüdlich weiter. Ich laufe schneller. Und schneller. Ein Blick auf meine Füße und ich überlege, das mit der Bikinifigur einfach jetzt in Angriff zu nehmen. Schließlich bleiben mir ja sicher noch ein paar Stunden fürs Laufband-Work-out. Ich erhasche einen Blick auf den Preis und sage mir, dass ich mir für diese Summe auch einen Personal Trainer leisten kann. Vielleicht sollte ich lieber auf andere Weise an meinem Aussehen arbeiten. Ich suche die Toiletten auf, schminke mich nach und probiere verschiedene Hochsteckfrisuren aus. Das Diplom im Haareflechten in der Tasche, laufe ich vor dem großen Spiegel am Ende des Raumes auf und ab. »Hips! Hips! Hips!«, oder wie war das doch gleich bei *Germany's Next Topmodel*?

Langsam beginne ich mich zu langweilen. Warum also nicht Dinge tun, für die ich sonst keine Zeit habe? Ich nehme mein Handy aus der Tasche und rufe meine Lieblingscousine an. Die

Tatsache, dass sie schon im fünften Monat schwanger ist und ich zum ersten Mal davon höre, führt mir vor Augen, dass ich vielleicht nicht ihre Lieblingscousine bin. Jetzt kann ich direkt meine Mutter anrufen und sie fragen, was sie vom Namen »Bosse« hält und mich für meine Situation, ausgelöst durch die spanischen Hippies auf dem Rollfeld, bemitleiden lassen. Mamas beruhigende Worte wirken Wunder und sie hat ja recht, spätestens morgen würde ich ja so oder so am Strand liegen und die Sonne genießen.

Ich kapituliere also vor meiner Ungeduld. Das iPhone schon einmal in der Hand, beschließe ich, das Internet zu befragen, und google »Flughafen Wartezeit Streik Langeweile«. Travel4U schlägt mir vor, Ugg Boots zu zählen, bis ich sie nicht mehr sehen kann. Ich gebe schon bei einem Paar auf, ich bin da nicht so belastbar. Vielleicht »Flughafen Wartezeit Streik Langeweile«-Ugg? Ich finde einen interessanten Tipp: Über Twitter-Hashtags nach anderen Leuten im Flughafen suchen. Ich suche nach der Flughafenkennung »DUS« – nichts. Bei Foursquare suche ich nach anderen eingecheckten Leuten – niemand. Versucht der Flughafen etwa, mich systematisch von der Außenwelt abzuschotten? Handy-Empfang habe ich jetzt nämlich plötzlich auch nicht mehr.

Nun kommen wir zu dem Punkt, an dem man sich reinsteigert. Jetzt steh ich da. Kein Handy, keine Musik, nichts zu lesen, in der Tasche ein bescheuertes Sudoku, das ich schnell wieder eingesteckt hatte, nachdem die Putzfrau schon überheblich lächelnd an mir vorbeigezogen war, weil ich nicht mal ein Rätsel der Anfängerstufe hinbekam. Ich sehe überhaupt nicht ein, mein letztes Bargeld in den kommenden Stunden für überteuerte Sandwiches auszugeben, schließlich brauche ich das noch für das Taxi zum Hotel. Eigentlich säße ich jetzt schon am Strand, würde meinen ersten Mojito schlürfen und den neuen Bikini zur Schau stellen. Mir reichts. Ich beschließe, meinen tiefen Ausschnitt und meine Fähigkeit, auf Kommando Krokodilstränen weinen zu können, am Schalter der Airline einzusetzen. Es folgt ein zehnminütiges

Drama aus Diskussion, Vorwürfen, Gejammer, das schließlich in Schreien und – Profi, der ich bin – Tränen gipfelt, mit dem Ergebnis, dass man da nichts machen kann.

Mein Aufruhr wird zu Resignation. Ich suche mir einen Platz und habe die Auswahl zwischen dem neben dem schwitzenden Russen, dem neben dem heißen Briten und dem neben dem Papierkorb. Ich beschließe, meine Geldbörse auszumisten, Briten haben sowieso immer Freundinnen oder Söhne namens Harry. Weg mit Kassenzetteln, Coupons und Kinokarten. Weg mit der Adresse des Kerls vom letzten »DVD-Abend«. Der Sex war gut, das Ganze hielt zwei Wochen. Und ja, auch die McDonald's-Monopoly-Gutscheine sind längst abgelaufen. Platz für Neues schaffen.

Im Zuge dieser Mission schaue ich mich nach Männern um. Neben dem heißen Briten sitzt natürlich inzwischen eine Frau, typisch britisch, kurzer Rock und schiefe Zähne. Der einzige augenscheinlich alleinstehende Mann in diesem Terminal ist der hinter der Theke bei »Limericks«, dem flughafeneigenen Irish Pub.

Das passt mir ganz gut. Irish Pubs waren mir schon immer sympathisch und die Resignation ist inzwischen Verzweiflung gewichen, mir stellt sich also ohnehin nur noch die Wahl zwischen Alkohol und Toblerone. Ich denke an diese typischen Szenen in Hollywood-Filmen. Eine Bar, eine einsame Frau und ein Glas Martini. Die sind meistens so melodramatisch, voller Selbstmitleid und gebrochener Seele. Ich richte meine Frisur und mein Shirt, lege meinen Mantel elegant über meinen Unterarm und stolziere vorbei an dem Briten in Richtung Pub. »Hallo«, sage ich und versuche, dabei möglichst mysteriös zu klingen. Der Typ hinter der Bar sieht für einen rothaarigen Iren irgendwie zu indisch aus. »Whiskey, bitte.« In einem Pub trinkt man keinen Martini. Ich schwenke den Whiskey in meiner Hand und lausche den Geräuschen am Flughafen. Vermutlich kostet mich dieses

Getränk ein Vermögen, aber bei »Limericks« nehmen sie auch Kreditkarten. Ich muss das Bild der einsamen, gebrochenen Frau sehr gut verkörpert haben, denn nach einer Weile sieht mich der indische Ire an. »Ganz allein hier?« Als hätte ich diese Frage nicht schon tausendmal in meinem Kopf durchgespielt, nicke ich gelassen und hebe einen Mundwinkel. »Wo geht es denn hin?« Noch ehe ich antworten kann, wir ins Gespräch kommen, uns blendend verstehen, er mir seine Nummer gibt, ich diese aber verliere, weil mir in Spanien jemand mein Portemonnaie klaut, wir uns zufällig auf der Rheinkirmes wiedersehen und nach drei Monaten heiraten und Kinder kriegen, unterbricht uns eine Lautsprecherdurchsage. Gute Nachrichten: Der Streik ist zu Ende, wir können boarden. Ich nehme meinen Mantel und zahle den Whiskey. Gerade will ich aufstehen, als ein weiteres Mal ein Knacken im Lautsprecher ertönt, dicht gefolgt von der Stimme, die zuvor die freudige Nachricht überbracht hat. »Liebe Passagiere des Fluges BZ 184 nach Barcelona, leider verzögert sich aufgrund von technischen Schwierigkeiten der Start ihres Fluges um unbestimmte Zeit.« Ich sinke zurück auf meinen Barhocker. Der Barkeeper zwinkert mir zu und stellt mir noch einen Whiskey hin.

5.

ABENTEUER ALL-INCLUSIVE

Pauschalurlaub auf Lanzarote

VON KATJA DITTRICH

ZWEI WOCHEN VOR ABFLUG

Der Tag, an dem du deine erste All-inclusive-Pauschalreise buchst, ist nicht der Tag, an dem deine Jugend stirbt.

Nein, es ist der Tag, an dem du deine Jugend totschlägst, kreuzigst, vierteilst und verbrennst, um die Asche in einer Bahnhofstoilette hinunterzuspülen.

Aber was will man nach vier Jahren Angestelltendasein denn noch mit seiner Jugend? Im Zweifel stört sie nur, wenn man die Wochenenden auf der Couch verbringt, Fernsehen guckt und Wein trinkt.

Außerdem war es ein langer Berliner Winter, das Reisebudget ist genauso knapp wie die Urlaubstage, unsere letzte Fernreise liegt erst ein Jahr zurück, ich hatte eine harte Kindheit und so weiter und so weiter. Uns fallen genug Gründe ein, um diese Tat vor uns und der Welt zu rechtfertigen, und so buchen der Kerl – wie ich meinen Freund liebevoll nenne – und ich zehn Tage all-inclusive in einer Hotelanlage auf Lanzarote.

1. TAG

Um einen Hauch Restwürde zu wahren, habe ich für den Urlaub meinen alten Reiserucksack gepackt. Das gibt mir anfangs das Gefühl, eine junge, unbeschwerte, freie Weltenbummlerin zu sein, später einen verspannten Nacken.

Pauschalurlaub ist etwas für Hartgesottene. Man kann den K2 bestiegen, den Ärmelkanal durchschwommen oder auf der Khaosan Road ungewaschenen Salat gegessen haben: Den Mut, in der Ankunftshalle des Flughafens auf die Mitarbeiterin mit dem Schild des Reiseveranstalters zuzulaufen und die spöttischen Blicke der Individualreisenden zu ertragen, muss man erst mal aufbringen. Die Mitarbeiterin lässt sich für kein Geld der Welt dazu überreden, das verräterische Schild herunterzunehmen, und bringt ihre Rollkofferkunden einen nach dem anderen in diversen Minibussen unter, von denen einer auch uns zum Hotel bringt.

Die zweite Mutprobe gilt es in der Hotellobby zu meistern. Was ich bislang tapfer verdrängt habe, wird jetzt zur bitteren Realität: Die Empfangsdame bindet uns Armbändchen um. In Knallorange. Diese Armbändchen müssen wir zehn Tage lang tragen, um im Gegenzug für diese Erniedrigung in den Genuss der Inklusiv-Speisung zu kommen. Ich überschlage kurz, was uns Restaurant- und Barbesuche kosten würden, wenn ich die Bändchen der Scham gleich wieder abschneide. Leider zu viel.

Das Zimmer entschädigt ein bisschen für die erlittenen Schrecken. Wir haben eine Terrasse mit Meerblick, ein Schlaf-, Bade- und Esszimmer. Letzteres sogar mit Kitchenette, was den Kerl staunen lässt: »Wir bekommen rund um die Uhr umsonst Essen. Wieso kann man hier kochen?« Ich rechne im Kopf noch einmal die Kosten für einen Urlaub ohne Bändchen unter diesen neuen Voraussetzungen durch. Allein der Gratis-Alkohol verhindert das sofortige Zücken der Nagelschere.

2. TAG

Morgens auf dem Weg zum Frühstücksraum fallen uns die zahlreichen Handtücher auf den Liegen am Pool auf. Anscheinend wohnen in diesem Hotel nur Deutsche.

Grober Irrtum! Die anderen Gäste sind tätowiert, haben Sonnenbrände dritten Grades, holen sich sofort nach dem Frühstück ihr erstes Bier an der Poolbar und lesen *The Sun*. Wir wollen nicht unangenehm auffallen und zapfen uns daher auch ein Bierchen. Als Neuankömmlinge mischen wir es aber noch mit Limo und quetschen uns zusammen auf die einzige freie Liege am Pool.

Neben uns sitzt der Bademeister auf einem Plastikstuhl im Schatten und döst vor sich hin. Bei einer Pooltiefe von 1,60 Meter ist der spanische Animateur sowieso der Einzige, der ertrinken könnte. Tut er allerdings nicht, sondern ruft stattdessen zur Wassergymnastik, und mein Schamgefühl zwingt mich auf die animationsfreie Meerblickterrasse.

3. TAG

Wir fangen an zu überlegen, wann wir uns ein Auto mieten wollen, um dem Hotelpool zu entkommen, und entscheiden uns für den nächsten Tag. Immerhin haben wir heute zwei Liegen abbekommen, kaputt und neben dem Kinderbecken. Am liebsten würde ich dem dösenden Bademeister das Megafon klauen und der Poolgesellschaft zubrüllen, dass wir als Deutsche die Einzigen sind, die keine Liegen reservieren. Stattdessen hole ich mir Bier – heute ohne Limo – und wir verziehen uns an den Strand.

Abends schalten wir das erste Mal den Fernseher an und gleich wieder aus, da er nur Sat.1, n-tv sowie krisselige italienische Sender empfängt. Also lesen wir auf der Couch, während sich halb Birmingham in der Hotelbar die Gratis-Cocktails schmecken lässt und sie anschließend in die Rabatten kotzt.

4. TAG

Mit dem Auto über die Insel. Als wir die »Insider-Tipps« aus dem Reiseführer abklappern, treffen wir auf zahlreiche Reisebusse. Das müssen die von den Hotels angebotenen Tagesausflüge sein. Immerhin gibt uns der Mietwagen das Gefühl, die Individualisten unter den Pauschalisten zu sein.

Wenn wir für Fotos posieren, versuchen wir immer, den linken Arm hinter den Rücken oder den Nacken zu halten. Das spart uns den Aufwand, nach dem Urlaub auf allen Bildern die Armbändchen wegzuretuschieren.

5. TAG

Es wird langweilig. Ich habe bereits zweieinhalb meiner vier Urlaubsbücher durchgelesen. Wir beschließen, unsere Meerblickterrasse zu verlassen, und stranden in einer englischen Sportsbar. Es dauert zwei Pints, bis es uns egal ist, dass wir nicht wissen, was für eine Sportart wir da gerade im Fernsehen sehen, und drei Pints, bis wir uns auf die Seite eines Teams geschlagen haben und es bejubeln, wenn wir denken, es habe gerade Punkte gemacht.

6. TAG

Der Wunsch, das Hotel zu verlassen, weckt in mir ungeahnten Tatendrang. »Lass uns wandern gehen!«, schlage ich dem völlig verblüfften Kerl vor. »Wandern? Sagst du nicht immer, dir müssten beide Arme abgehackt und wichtige Teile deines Frontallappens entfernt werden, bevor du wandern gehen würdest?« Er sieht meinen entschlossen-verärgerten Blick und beginnt augenblicklich, die Tasche zu packen.

Wandern bedeutet in unserem Falle zunächst, den langgestreckten Urlaubsort zu durchqueren. Wir laufen entlang zahlreicher Hotels, Apartmentanlagen, Ferienhäuser, Internetcafés, Sportsbars, Surferboutiquen und Souvenirshops, bis die Straße in einem Kiesweg endet. Ich bin jetzt allerdings schon völlig erschöpft, also wandern wir noch pro forma einen Kilometer den Kiesweg weiter und nehmen dann den Bus zurück ins Hotel.

Abends gucken wir einen Film mit Veronica Ferres und in den Werbepausen Panzer-Dokus. Dazu trinken wir All-inclusive-Wein, der erst nach dem fünften Glas erträglich wird.

7. TAG

Wir haben eine Woche lang unser Bestes gegeben, um uns und den Engländern zu zeigen, dass wir nicht dazugehören, dass wir keine Pauschalurlauber sind, dass wir nur durch widrige Umstände in diese Hotelanlage gezwungen wurden und dass wir coole Säue sind, die schon alle Kontinente bereist haben – und zwar ohne Armbändchen. Vielleicht war das die falsche Strategie, denn unsere Coolness interessiert hier niemanden. Also Planänderung: Resignation, Integration und Assimilation.

Als Erstes leihen wir uns Tennisschläger an der Rezeption und begeben uns auf einen der drei Tennisplätze, die von fast allen Zimmerterrassen eingesehen werden können. Ich habe zwar nie zuvor Tennis gespielt, glaube aber fest an mein Talent, immerhin war ich 1987 bis 1989 im Tischtennisverein. Wir spüren die erwartungsfrohen Blicke der Hotelgäste auf ihren Terrassen und legen los. Leider blendet mich die Sonne, die Schläger taugen nichts, der Platz hat nicht die richtige Qualität und meine Schuhe drücken. Nur so lässt sich der Umstand erklären, dass fast alle meine Bälle über den Zaun fliegen und auf diversen Terrassen landen und ich eine nach der anderen ablaufen muss, um mir die Bälle wiederzuholen. Immerhin komme ich so mit einigen Engländern ins Gespräch und ernte das ein oder andere freundliche Lächeln.

Bestärkt durch so viel soziale Interaktion gehen wir nach dem Abendessen nicht sofort ins Zimmer, sondern an die Hotelbar wie alle anderen Gäste auch.

8. TAG

Unser letzter Tag vor der Abreise. Wir sind bereit für die Meisterprüfung des Pauschalurlaubs: das abendliche Animationsprogramm. Auf einem Schild an der Hotelbar sehen wir, was wir bislang verpasst haben: »African Dreams«, »Bird Show«, »Rumba Dance«. Wahrscheinlich bot unser Tennisspiel den Zuschauern einen größeren Unterhaltungswert als all diese Abendveranstaltungen zusammen. Für heute steht Karaoke auf dem Programm. Uns scheint nichts erspart zu bleiben.

Um Mut zu sammeln, trinken wir nach dem Essen schnell drei Gin Tonics und kommen überpünktlich in die Veranstaltungshalle. Der Raum ist dennoch gut gefüllt; vor dem abendlichen Programm wird Bingo gespielt. Ich habe immer geglaubt, Bingo sei in den Siebzigern ausgerottet worden und existiere nur noch in zwei Speziallabors in den USA und Russland, aber es scheint in England noch immer eine beliebte Abendunterhaltung zu sein. Zu meinem Glück gibt es auch hier eine Bar und so trinken wir auf den Schrecken drei weitere Gin Tonics. Kurze Zeit später füllt sich die Halle und der Wassergymnastik-Animateur kündigt auf der Bühne die große Karaokeshow an. Englische Zurückhaltung? Fehlanzeige. Hintereinander stürmen unsere Mitgäste die Bühne, singen die ausliegende Songliste rauf und runter und das meist gar nicht mal so schlecht. Der ganze Saal grölt mit, Pärchen tanzen vor der Bühne und wir mittendrin. Für mich reichen sämtliche Gin-Vorkommen dieser Welt nicht aus, um selbst die Bühne zu besteigen, aber der Kerl ist mutiger: »Wenn du willst, singe ich hier ein Lied für dich, aber du musst mir schwören, das nie jemandem zu erzählen.«

»Indianerehrenwort!«

Vor Aufregung renne ich nochmals zur Bar und als ich wiederkomme, steht er schon oben und bekommt ermutigenden Applaus vom Publikum.

Er pfeift, singt, tanzt und wird frenetisch gefeiert. Sogar ich bekomme ein paar anerkennende Blicke der Tischnachbarn zugeworfen. Wir sind aufgenommen in die Pauschalgesellschaft und zum ersten Mal in diesem Urlaub sind mir die Bändchen egal, weil wir Spaß haben. Ja, ich amüsiere mich in dieser Ausgeburt der Uncoolness und wäre es nicht schon fast Mitternacht, würde ich mir jetzt auch die Haare zu kleinen Zöpfen flechten lassen, um meine Dazugehörigkeit zu signalisieren.

9. TAG

Nach dem Frühstück holen wir unser Gepäck, um auszuchecken. Die Wirkung des Gins ist verflogen und somit auch jegliches Zugehörigkeitsgefühl. Ich halte der Dame an der Rezeption unseren Zimmerschlüssel vor die Nase und sage: »Nur im Austausch gegen eine Schere!« Der Moment, als ich mein orangefarbenes Armbändchen durchschneide, ist noch schöner als der Karaokeabend. Endlich Freiheit!

Im Minibus zum Flughafen lassen wir unseren ersten All-inclusive-Urlaub Revue passieren. »War doch ganz schön! Und eigentlich ist es doch ganz erholsam, wenn man sich um nichts kümmern muss.«

Ich nicke. »Hm, ja. Außerdem haben wir nach dem Winter ein bisschen Sonne getankt und es war nicht teuer.«

»Wollen wir nächstes Jahr durch Vietnam reisen?«

»Nichts lieber als das, mein Süßer. Nichts lieber als das.«

in Trastevere. Ich hatte alle Caravaggios in allen Kirchen angesehen, hatte immer wieder Geld nachgeworfen, damit das Licht anging und ich die in Öl gemalten Gesichter erkennen konnte, die seit Jahrhunderten in den dunklen Ecken hingen und nur im Scheinwerferlicht oder im Blitzlicht der Touristen aufleuchteten. Ich hatte die Katzen in der Katzensiedlung am Largo Argentina beobachtet, wie sie, unbeeindruckt von der Tempelanlage, deren Ruinen sie bewohnten, durchs dünne Gras strichen, sich auf Steinen rekelten. Manchmal ließ sich die eine oder andere kraulen, wenn die Sonne schien oder kurz vor der Fütterungszeit. Ich war nach Rom gekommen, um zu schreiben. Auf Einladung hatte ich ein paar Lesungen gehalten, war, nachdem der offizielle Teil meiner Reise vorbei war, mit dem Pulman, dem blauen Überlandbus, auf die Dörfer gefahren und weiter, in die andere Richtung, ans Meer, das hier, so nahe bei Rom, jedoch schmutzig und träge war, flach und lauwarm. Eigentlich wollte ich nur vier Wochen in der Stadt bleiben und dann weiterziehen, nach Perugia und in das Naturschutzgebiet Gargano an der Ostküste, dort sollte es einen Campingplatz inmitten der Pinienwälder geben, mit Blick auf das Meer. Aber immer war ich nach Rom zurückgekehrt, in den wuchtigen Bahnhof von Termini, die stickige Luft, die klebrige Wärme, die am Abend verschwand, sobald die Sonne untergegangen war und die Vögel in den Bäumen entlang des Tiberufers ihr Nachtlager suchten. Ich mochte das Gefühl, mich tagsüber in der Hitze durch die staubigen Straßen treiben zu lassen, ohne Ziel, ohne Termine. Vom Orangengarten neben der Maltesischen Botschaft aus sah ich der Stadt und den Mönchen beim Mittagsschlaf unter den Bäumen zu. Ein ruhiger Ort, über dem Treiben der Stadt, ein paar Katzen, ein paar Tauben, Orangen, die ins hohe Gras fielen.

Ale schüttelte den Kopf darüber, dass es mir hier so gut ging, dass ich von allem immer noch nicht genug hatte. »Fahr doch endlich mal in den Süden, fahr in den Norden, was willst du in Rom? Es reicht nicht, dir nur das hier anzusehen, das reicht nicht.« – Ale war in Rom geboren, im Krankenhaus auf der Tiberinsel. Er war hier aufgewachsen, die meisten seiner Freunde waren ins Ausland gegangen. Ale bekam einen Platz an der Schauspielschule und blieb, weil irgendjemand ja auch dableiben müsste, sagte er, sonst würde sich nie etwas ändern, an der Stadt, der alternden Gesellschaft, der Politik; wir diskutierten oft darüber, bis Ale irgendwann genug davon hatte.

Den ganzen Tag lang waren wir durch Cinecittà gelaufen, ich hatte ihm von meiner Heimatstadt erzählt, wie es war, wenn in Winternächten das Eis auf dem Meer gefror und die Schollen gegeneinanderrieben, von den Fischkonservenfabriken und dem Regen. Ale hatte mir von Procida erzählt, davon, dass er als Kind mit den Eltern oft zurückgefahren war, »in das eigentliche Zuhause«, in den Süden. Das Haus seines Großvaters war ein umgebauter Pferdestall, in dem er während des Krieges gewohnt hatte, später hatte er einen Ofen eingebaut, irgendwann das Dach saniert und zu einer Wohnung erweitert. Ale war jeden Sommer dort im Meer geschwommen, »monatelang«, sagte er. »Benjo macht die beste Pasta, die beste Pizza und sein eigener Wein ... hm ... der ist auch ganz trinkbar.«

Am späten Nachmittag stiegen wir schließlich auf das Dach des Hotels, in dem Ale als Nachtportier arbeitete, rauchten und tranken Lemonsoda.

»Du musst wenigstens einmal, bevor du zurückfährst, dort geschwommen sein«, sagte er und ich nickte. Ale hatte recht. Mein Flug nach Berlin ging in zwei Wochen; Zeit, an einen anderen Ort zu fahren, endlich raus aus der Stadt, dorthin, wo ich noch nicht gewesen war. »Also tatsächlich ans Meer«, sagte ich. Ale klatschte in die Hände. »Es ist winzig, du wirst es lieben, promesso, versprochen!«

*

Als Benjo, Ales Großvater, beschloss, sesshaft zu werden, nachdem er zwanzig Jahre über die Weltmeere gefahren war, lag sein Schiff gerade vor Jamaika – so die Familienlegende. Vielleicht war es auch Madagaskar oder Hawaii oder Island. Er kehrte heim nach Procida, heiratete, bekam vier Kinder und kaufte von seinem restlichen Geld eine Pizzeria. Aus dem Seefahrer wurde der beste Pizzabäcker der Insel, der erste, der Bier ausschenkte, und der Einzige aus der Familie, der immer noch jeden Tag Pizza aß.

Ale und ich nahmen die Fähre im Golf von Neapel hinüber zur Insel, die mit ihrer Größe von gerade einmal vier Quadratkilometern zwischen Ischia und dem Festland fast zu verschwinden schien. Der Himmel war wolkenverhangen an diesem Nachmittag. Wind wehte mir die Haare ins Gesicht – nach drei Tagen, die ich meistens mit einem Helm auf dem Kopf und auf dem Rücksitz von Ales schwarzer Ducati Monster verbracht hatte, schloss ich die Augen, atmete den Salzgeruch ein, blinzelte, streckte mich. Meine Beine schmerzten, mein Hintern war taub, ich hatte Muskelkater in den Armen vom Festhalten an Ales Rücken.

Wir waren von Rom aus auf der A1 Richtung Süden gefahren, waren irgendwann auf die Landstraßen abgebogen, hatten zweimal übernachtet in Dörfern, die auf Hochebenen lagen, ringsum Olivenhaine und Büffel. Wir hatten unzählige Caffès in den Kneipen am Straßenrand getrunken, Brioche con Crema gegessen und den Kinder zugesehen, die am Dorfbrunnen spielten, den Jugendlichen, die mit ihrer Vespa am Abend immer wieder im Kreis durch ihr Dorf fuhren. Die Wirtin der letzten Pension hatte uns selbstgemachten Büffelmozzarella serviert, süße Tomaten aus dem eigenen Garten hinter dem Haus, an den die Hochweide grenzte, auf der diese riesigen weißen Tiere grasten, er schmeckte buttrig, nach Gras, nach Salz, und zerfiel im Mund.

Ich gewöhnte mich an das Aufsteigen auf die Maschine, an die heißen Füße, wenn ich sie nach zwei Stunden vom Steg über dem Auspuff nahm, an die verschwitzten Haare unter dem Helm, an die schnelle Fahrt durch Wälder und vorbei an den Weinreben, die an den Hängen in der Sonne standen, so weit das Auge reichte. Daran, den Körper in die Kurven zu legen, daran, den Kopf auszuschalten, einfach zu fahren. In einer anderen Stadt hatten wir Parmesan und Pesto gekauft, ungesalzenes Brot, und picknickten mit Blick auf die Steilküste, vor uns glitzerte das Wasser, irgendwo am Horizont ein paar Schiffe. Ale schüttelte den Kopf, als ich ihm vorschlug, einfach draußen zu schlafen, ich warf ein paar Handtücher über die tieferen Zweige, ein improvisiertes Zeltdach, rollte die Schlafsäcke aus und unsere Jacken zu Kissen. »Es ist eh zu spät, um noch weiterzufahren«, sagte ich. Ein paar Eidechsen flitzten davon. Ale willigte ein und lief los, um Wein zu kaufen und Wasser, kam stattdessen mit Tramezzini und einem Liter Milch zurück, den wir uns teilten. Der Geruch der Pinienwälder, kurz vor Neapel, beim Aufwachen. »Heute Abend schwimmst du schon im Meer«, sagte Ale, zog den Helm auf und schob das Motorrad vom Wald auf die Straße.

Neapel überließen wir den Reisegruppen, fuhren stattdessen direkt zum Hafen und nahmen das Traghetto nach Procida. »Alles klar?« Ale setzte sich neben mich auf das Oberdeck, zog ein Haargummi vom Handgelenk und hielt es mir hin. »Weiß dein Opa, dass wir kommen?« – »Nein. Es wird eine Überraschung.« Ale freute sich wie ein Kind.

Eine Stunde später saß ich auf Benjos grob gepflasterter Terrasse unter einem Dach aus Weinranken, eine geöffnete Flasche Wein vor mir auf dem Tisch, daneben ein Korb mit Obst aus dem Garten: Zitronen, Orangen, die ersten Kirschen, Pfirsiche, die auf der schwarzen Lavaerde wuchsen. Wespen sirrten um die Früchte. Ringsum lagen Zitronenhaine, winzige bunte Häuschen, die sich um den Hafen drängten, dahinter Terra Murata, die höchste Erhebung der Insel, Fischerboote ankerten am Corricella, meine nackten Beine schon jetzt von Mücken zerstochen. Im Garten hingen Fischernetze, die geflickt werden mussten, aber Banjo fuhr nur noch selten hinaus. Rom mit seinen überfüllten lauten Straßen schien hier so weit entfernt wie der Nordpol. Banjo klapperte in der Küche mit Töpfen und Pfannen, schickte Ale mit einer Schüssel Oliven zu mir hinaus. »Um neun Uhr gibt es Essen! Clara hat heute Geburtstag, die Frau meines Onkels. Wir müssen pünktlich sein, es wird ein Fest.« Ale riss ein paar riesige Blätter ab. »Damit musst du dich einreiben, das hilft gegen die Moskitos«, sagte er und gab mir die Basilikumblätter, die so groß waren wie Spinat. Ale lachte. »Nun mach schon, dann zeig ich dir dein Zimmer unterm Dach.« Er nickte zum zweiten Stock des umgebauten Pferdestalls hinauf. »Man kann hier von überall das Meer sehen.« Das Motorrad parkte zwischen zwei Orangenbäumen. Eine Katze saß daneben und leckte sich das rote Fell. Ich zerrieb die Blätter auf meinen Schienbeinen.

Die Männer von Procida waren Seefahrer, Matrosen, Maate, Kapitäne, Seekaufleute. Anfang des siebzehnten Jahrhunderts gründeten die, die heimgekehrt waren, eine Stiftung für die Familien der Insel, deren Männer oder Söhne auf dem Meer verschollen waren. Damals wurde der Grundstein der Santa Maria della Pietà gelegt, die Jungfrau sollte die Männer auf dem Meer beschützen. Im Königreich Neapel war die Insel der wichtigste Handelsstützpunkt. Über den weißgekalkten orientalisch anmutenden Häusern der Fischer thronten barocke Palazzi und einige Bürgerhäuser. Ale und ich liefen die engen Gassen ab. Am Hafen legte ein Ausflugsboot an, in der Bar am Kai war der Caffè ölig und sehr bitter, ich spülte mit Lemonsoda nach, Ale verschwand und kam mit einer schweren Plastiktüte zurück. »Tintenfisch«, sagte er. »Weißt du, wie das Meer schmeckt?« – »Salzig?«, sagte ich. Ale schüttelte den Kopf. »Das ist viel zu einfach, tesoro.«

Pünktlich um neun saß ich am Gartentisch auf Benjos Terrasse unter der Pergola. Benjo hatte zwei Tische aus der Küche nach draußen gestellt, weiße Tücher übergeworfen, zwölf unterschiedliche Stühle ringsum verteilt, mit Plastikgeschirr gedeckt, Wein und Wasser dazugestellt, Gläser und Besteck, sogar ein paar Kerzen brannten schon. Außer mir war niemand da. Benjo hantierte immer noch in der Küche. Irgendwann tauchte Ale mit dreckiger Hose und Poloshirt zwischen den Orangenbäumen auf, er legte mir ein paar Orangen auf den Teller und verschwand in der Küche, um wenig später mit dem Tintenfisch in der Hand zurückzukommen. »Der muss noch weicher werden«, sagte er und begann, den kleinen Kraken auf die Steine zu schlagen. Es klatschte, Tinte spritzte in alle Richtungen, Ale wischte sich das Gesicht sauber, grinste. »Willst du auch mal?« Benjo tauchte im Türrahmen auf. »Was machst du so lange?« Er nickte mir zu und winkte Ale ungeduldig hinein. »Komm schon, na komm, sonst werden wir nicht rechtzeitig fertig.« Ale warf sich den lilafarbenen Tintenfisch über die Schulter, schlenderte in die Küche hinein. »Das wird das beste Essen, das du je gegessen hast«, versprach Ale, als er wenig später mit einem Brett neben mir saß und Kräuter hackte, Rosmarin, Fenchel, Lavendel, Oregano, Thymian. Die Katze saß unter dem Tisch und wartete mit mir.

Benjos Schwester, Ales Schwester, zwei Onkel und Tanten, zwei Nachbarn mit ihren erwachsenen Söhnen, vier Freunde, fünf Kinder, die um den Tisch rannten – immer wieder kam jemand um die Ecke gebogen, Tüten mit Keksen in der Hand oder Weinflaschen, manche brachten Olivenzweige und klemmten sie hinter die Fensterklappen, ein paar von ihnen hatten ihre eigenen Klappstühle dabei. Wenn Benjo kochte, dann kam das halbe Dorf. Mitten im Wirrwarr kam er mit einer riesigen Plastikschüssel aus dem Haus und begann, den ersten Gang zu verteilen – Schie con polenta, Shrimps mit Polenta. Banjo lief reihum, füllte die Teller, schenkte Wein nach, verschwand im Haus. Es folgten immer mehr Plastikschüsseln, gelbe, grüne, weiße, rote. Banjo und Ale liefen um die Tische herum, die Einwegteller stapelten sich in einer Ecke der Terrasse, Wein wurde nachgeschenkt, ich wickelte Tagliatelle mit schwarzen Oliven und Basilikum auf die Gabel, dazu Parmesan, den Banjo mit der Hand über die Nudeln zerbröselte. Es roch salzig, nach Knoblauch, nach Olivenöl, Chilis und nach süßem Obst. Ales Schwester hatte ihre Tochter auf dem Schoß sitzen, irgendwann holte jemand das Akkordeon heraus und begann zu singen, alle stimmten ein, nur den Text verstand ich nicht, der Dialekt der Insel war mir trotz langer Zeit in Italien fremd. Nach der Pasta gab es Kuttelsuppe, die ich mit zusammengekniffenen Augen aß, Benjo klopfte mir lachend auf die Schulter, danach Ravioli mit Feigen, zwischendurch Antipastiteller, beladen mit Schinken, Käse, Oliven, Bruschetta, irgendwann, der fünfte, der sechste Gang, Fleisch und frittierte Sardellen, schließlich der Tintenfisch, butterweich, in Olivenöl und Knoblauch geschwenkt. Danach Caffè und Grappa, Pistazien-Tiramisu, Benjos Spezialität. Ale setzte sich neben mich, sein Shirt war verschwitzt, er stieß mit einem Bier an. »Geht es dir gut, hast du das Meer geschmeckt?« – »Ja«, sagte ich. Ale nickte zufrieden, trank, stellte die Flasche ab und lehnte sich im Stuhl zurück. Seine Tante küsste ihn, die anderen prosteten ihm zu, sein Onkel kniete sich zwischen uns. »Den musst du heiraten«, sagte er und klopfte Ale auf den Bauch. »Aber schnell, sonst nimmt ihn eine andere!« Ich wehrte lachend ab, Ale grinste und aß die Reste meines Tiramisus auf. Ich kam mir vor wie in einem Film, aber die vielen Plastikteller, die Mückenstiche verbürgten das Gegenteil. Benjo kam aus der Küche und hob die Hände wie zum Sieg, alle applaudierten, redeten durcheinander, Ales Tante stand auf und tanzte, die anderen Frauen auch, irgendwann lagen die Kinder auf Decken unter den Tischen und schliefen. »Und morgen gehen wir endlich schwimmen«, sagte Ale, »dann weißt du auch, wie das Meer sich anfühlt. Aber ich warne dich vor, das Wasser ist eiskalt!«

7.

ZU JUNG, UM ZU ALT ZU SEIN

Zelten in Oberbayern

VON CHRISTINE NEDER

Bis zu seinem achtzehnten Lebensjahr ist einem der folgende Satz ständiger Begleiter im täglichen Leben: »Du bist zu jung.« Du bist zu jung für harten Alkohol, du bist zu jung für wilde Partys, du bist zu jung fürs Autofahren. Kurzum: All die schönen Dinge des Lebens werden von dir ferngehalten, weil du »zu jung« bist. Hat man dann endlich die 18 Jahre erreicht, befindet man sich bis 25 in einem schwerelosen Altersraum. Man ist nicht zu jung, man ist nicht zu alt, man ist genau richtig für alles. Aber nur bis Anfang 25. Dann wird man wieder »zu alt«. Zu alt, um in der Disco auf den Boxen zu tanzen, zu alt zum Komasaufen, zu alt, um irgendwelche peinlichen T-Shirts mit aufgedruckten Sprüchen anzuziehen, und definitiv zu alt, um mit den Eltern in den Urlaub zu fahren. Das war man zwar früher schon einmal, mit 18, aber jetzt, mit 25, ist man wirklich *zu alt* dafür. In diesem Alter sollte man mit dem Freund oder der besten Freundin verreisen oder im Notfall auch allein. Ich rebelliere gern gegen solche Aussagen, widersetze mich aufgezwungenen Normen und den Meinungen meiner Altersgenossen und versuche, sie vom Gegenteil zu überzeugen. Schließlich bin ich jetzt auch alt genug, um auf solche Aussagen wie »Ist doch uncool« zu scheißen. Es war doch früher immer so schön, mit Mama und Papa zwei Wochen am Stück zu verbringen, und jetzt schafft man es gerade mal, alle zwei Monate zum Kaffee nach Hause zu fahren. Ich dachte, so eine lange Zeit zusammen würde uns guttun, uns zusammenschweißen und mich in Nostalgie schwelgen lassen.

Also fuhr ich mit meinen Eltern in den Urlaub.

Bei der Auswahl unserer Reiseart hatte sich in den letzten Jahren nicht viel geändert. Natürlich machten wir das Gleiche wie schon vor zehn Jahren, als ich das letzte Mal mit dabei war. Wir gingen campen. Meine Eltern mit dem Wohnwagen und ich mit dem Zelt. Um mit meinen Eltern auf acht Quadratmetern zu schlafen, war ich nun wirklich zu alt und so hatte ich mein eigenes Zelt beansprucht.

Um sechs Uhr morgens ging es los: Meine Mutter hatte Semmeln für die Fahrt geschmiert, mein Vater alles startklar gemacht und ich saß einfach hinten im Auto und hörte wie damals *She Drives Me Crazy* von den Fine Young Cannibals. Nur nicht mehr mit dem Walkman, sondern mit dem iPod. Nach zehn Stunden Fahrt inklusive gefühlter sechs Stunden Pause, da meine Mutter im regelmäßigen Abstand von einer Stunde auf die Toilette gehen und eine Zigarette rauchen musste, kamen wir endlich an unserem Ziel an – leider nicht türkisblaues Meer und weißer Sand, sondern Waging am See, ein kleines beschauliches Dörfchen im Rupertiwinkel in Oberbayern. Genauso beschaulich wie das Dörfchen war auch unser Campingplatz – ein Vier-Zonen-Gebiet. Vorn am See kampierten die Dauercamper, hinten auf der Weide junge Familien, am Waldrand die Liebespärchen und neben den Sanitäranlagen junge Saufgruppen, um einen möglichst kurzen Weg zum Kotzen zu haben.

Mit dem Campen ist das immer so eine Sache. Man bewegt sich auf einem schmalen Grat zwischen lässig, freiheitsliebend, spontan und dem genauen Gegenteil – kleingeistig-spießig. Wir hatten das Pech und bekamen einen zufällig frei gewordenen Platz in der Dauercamperzone. Ich weiß nicht, ob es an diesem Platz lag oder einfach daran, dass meine Eltern zehn Jahre älter geworden waren, aber wir führten plötzlich nicht mehr das lässige Leben von früher, sondern das von konservativen Dauercampern.

Es herrschten feste Essenszeiten. Frühstück um acht Uhr, Mittagessen um 12.30 Uhr, Kaffee und Kuchen zwischen 15 und 16 Uhr und Abendessen um 19 Uhr. Wir stellten Blumen an die Ecken unseres Vorzeltes und trugen Crocs. Gegen die Crocs hatte ich mich lange gewehrt, nämlich genau vier Stunden, bis meine Mutter mich schließlich davon überzeugte, dass es nichts Praktischeres fürs Campen gab als Gummischuhe mit Löchern und sie mir doch extra welche gekauft hatte. Auch die festen Uhrzeiten überforderten mich. Ich schaffte es zwar, jeden Morgen um acht Uhr aufzustehen, damit wir gemeinsam den Tag beginnen konnten, doch ich war nicht in der Lage, um diese Uhrzeit irgendetwas in Form von fester Nahrung zu mir zu nehmen. Das wiederum enttäuschte meine Mutter zutiefst, schließlich war sie extra zum Bäcker gelaufen, um mir Croissants, Laugenbrötchen und Plundertaschen zu holen, weil ich die ja so gern aß. Aber doch nicht alles auf einmal!

Ich gab mir wirklich alle Mühe, am neuen Dauercamping-Spießerleben meiner Erzeuger teilzunehmen. Ich quälte mich jeden Morgen um acht Uhr aus dem Zelt, um meinen leblosen Körper auf einen Klappstuhl zu setzen, hielt alle Essenszeiten ein, indem ich mir sogar am See den Handywecker stellte, um pünktlich zum Kaffee da zu sein, trug Crocs, die ein absolutes modisches No-Go für mich waren, und machte auch sonst alle Aktivitäten wie abendliche Spaziergänge mit. Doch meine Bemühungen schienen keine Anerkennung zu bekommen. Im Gegenteil: Die imaginäre Leine um meinen Hals wurde trotz meines guten Benehmens nicht gelockert, sondern noch fester zugezogen. Folgende Regeln wurden mir auferlegt:

Erstens: »Christine, du schwimmst nicht mehr allein durch den See. Was, wenn du mittendrin einen Krampf bekommst und ertrinkst?«

Zweitens: »Christine, du fährst nicht mehr allein mit dem Fahrrad um den See. Da sind so viele dunkle Waldstrecken – was, wenn dich da jemand überfällt und vergewaltigt?«

Drittens: »Christine, du isst kein Eis mehr draußen, sondern gehst in den Wohnwagen dazu. Die Bienen sind dieses Jahr so aggressiv und gefährlich.«

Irgendwann lag ich nur noch am See und starrte paralysiert auf die Wasseroberfläche. Daliegen und gucken, da konnte immerhin nichts passieren. Ich las auch kein Buch mehr, sondern nur noch Magazine, denn wenn ich auf dem Rücken lag und ein

Buch las, konnte es passieren, dass es mir zufällig aus der Hand rutschte und mit der spitzen Ecke mein Auge traf. Das war Frau Nußbaum, unserer Camping-Nachbarin, neulich passiert und sie hatte sich dabei eine perforierende Verletzung des Augapfels zugezogen, mit der sie wochenlang zu kämpfen hatte.

Ab und zu lief ich zu den Sanitäranlagen, um mir ein Sexspielzeug aus dem Automaten zu ziehen. Das war mein einziger Nervenkitzel und machte sogar ein bisschen Spaß. Beim Versuch, heimlich ein Kondom mit vibrierendem Gummiring aus einem Automaten zu ziehen, fühlte ich mich wieder wie damals mit 14. Ich merkte, dass ich mich im Laufe der Woche nicht nur geistig, sondern auch körperlich zurückentwickelte. Ich bekam wieder Pickel. Dicke, eitrige Dinger auf meiner Stirn, die sich wie kleine Erbsen nach außen wölbten, sogenannte Stresspickel, was auch nicht weiter verwunderlich war. Als eines Abends der erste Eiterpickel platzte, platzte auch ich und die Situation eskalierte.

Es war zwanzig Uhr, ich lag in meinem Zelt und meditierte, um meine innere Ausgeglichenheit zurückzugewinnen. Da ich die Lust am Kartenspielen, das was wir die letzten vier Tage jeden Abend vier Stunden lang zelebriert hatten, verloren hatte, wollte ich heute die Zeit nutzen, um mich ein bisschen in meinem Zelt zu entspannen, tief in den Bauch zu atmen und mein inneres Gleichgewicht zu stabilisieren. Im Hintergrund tröpfelte es leicht und rhythmisch auf mein Zeltdach. Kurz vor dem Einsetzen der Tiefenentspannung hörte ich eine aufgebrachte Stimme vor meiner Zelttür.

»Christine, schläfst du schon?«

Es dauerte nur wenige Sekunden, bis ich die Stimme identifizieren konnte. Es war meine Mutter.

»Christine?«, fragte sie noch einmal hektisch.

»Ja, was denn?«, giftete ich zurück.

»Komm ganz schnell aus dem Zelt raus! Ganz schnell!«

Mich ergriff Panik. Was war los? Brannte es? War meinem Vater etwas zugestoßen? Ich machte schnell den Reißverschluss meines Vorzeltes auf und sprang heraus.

»Was ist denn los?«, fragte ich besorgt.

»Es soll heute Nacht gewittern. Du musst unbedingt in den Wohnwagen kommen. Es könnte ja sein, dass ein Blitz genau in dein Zelt einschlägt. Ich kann kein Auge zumachen, wenn du heute Nacht da draußen im Zelt schläfst.«

Ich schaute meine Mutter fassungslos an und traute meinen Ohren nicht. Mir reichte es.

»Das kann doch nicht wahr sein! Du holst mich aus dem Zelt, weil es heute Nacht eventuell gewittern und ich vom Blitz erschlagen werden könnte? Sag mal, spinnst du?!«

»Junge Dame, werde nicht frech«, hörte ich meinen Vater aus dem Vorzelt des Wohnwagens rufen. »Wir meinen es nur gut.«

»Wisst ihr was? Mir reicht es! Ich bin doch keine zwölf Jahre mehr alt. Das ist doch nicht normal, wie ihr euch aufführt!«

Mein Tonfall war etwas lauter und hysterischer als beabsichtigt. Unsere Nachbarn schienen neugierig geworden zu sein, wer nach zwanzig Uhr ihre Ruhe störte, und streckten ihre Köpfe aus ihrem Vorzelt heraus, um unser Gespräch besser belauschen zu können.

»Ich nehme jetzt mein Fahrrad und fahre im Dunklen durch den dunklen Wald und dann schwimme ich noch einmal quer durch den See, um anschließend bei Blitz und Donner in meinem Zelt zu übernachten!« Theatralisch lief ich hinter den Wohnwagen und holte mein Fahrrad.

Meine Mutter stand sprachlos mit angsterfülltem Gesicht vor mir. Mein Vater resignierte.

Ich stieg auf mein Rad, fuhr davon und brüllte noch einmal quer über den Campingplatz: »Gute Nacht!«

Im Wegfahren hörte ich die Stimme unseres Nachbarn, der beruhigend auf meine Mutter einredete. »Machen Sie sich nichts daraus. Mädchen in der Pubertät sind schwierig.«

Wie bitte? Ich wusste zwar, dass ich jünger aussah, als ich eigentlich war, aber doch nicht wie eine pubertierende Göre! Am liebsten wäre ich noch einmal zurückgefahren, um mein wirkliches Alter klarzustellen und darauf hinzuweisen, dass ich Stress- und keine Hormonpickel hatte, aber das hätte meinen gelungenen Abgang zerstört.

»Uuuh, sexy Hexy«, rief mir ein Mitglied der Saufgruppe neben den sanitären Anlagen zu, als ich wutentbrannt vorbeifuhr. »Halts Maul«, war meine Reaktion. Nach dummen Anmachen stand mir jetzt wirklich nicht der Sinn.

Da fiel mir an der Ausfahrt plötzlich auf, dass ich beim Verlassen des Zeltes in der Panik vergessen hatte, mir etwas anzuziehen. Ich saß also in meinem wabbeligen Schlaf-T-Shirt und Tanga auf dem Fahrrad und fuhr so quer über den ganzen Campingplatz. Am liebsten hätte ich mich vor lauter Peinlichkeit sofort wie Ludwig II. im See ertränkt. Ich entschied mich dann aber doch lieber dafür, mich erst einmal in den Sanitäranlagen auf der Toilette einzusperren. Eine Stunde und ein weiteres Sexspielzeug später fuhr ich schließlich schweigend an meinen Eltern vorbei, die im Vorzelt saßen, und ging wieder zurück in mein Zelt.

Um drei Uhr nachts musste ich dann doch wieder Kontakt zu ihnen aufnehmen und fragen, ob ich in den Wohnwagen kommen durfte. Nicht weil es blitzte und donnerte, sondern weil mein Zelt undicht war.

Nach dieser Woche weiß ich, dass ich nicht zu alt, sondern immer noch zu jung bin, um mit meinen Eltern in den Urlaub zu fahren. Ich versuche es in zehn Jahren noch einmal. Vielleicht habe ich dann die geistige Reife einer 25-Jährigen.

8.

FLEDERMÄUSE UND FREIE LIEBE IN GUATEMALA

Der Don Juan von Monterrico

VON FRANZISKA GRAMMES

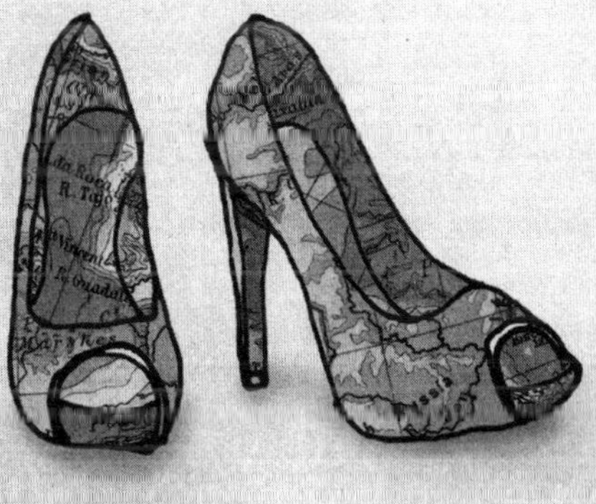

Was sich anhört wie das immer näher kommende Dröhnen einer Harley, stellt sich als das Scheppern eines klapprigen Mofas heraus. Von einem Hauch Freiheit ist es trotzdem umgeben, aber auch vom Staub der sandigen und einzigen Straße in Monterrico. Obwohl mir gerade Tausende kleine Körnchen ins Gesicht fliegen und meine Augen sofort zu tränen beginnen, erkenne ich schemenhaft den nackten Oberkörper eines gut gebauten Typen, dessen schwarze Mähne im Wind flattert. Hinter ihm sitzt eine zarte Brünette, die ihn eng umschlungen hält. So schnell, wie diese Fata Morgana aufgetaucht ist, ist sie auch schon an uns vorbeigebraust. »Quién es?«, frage ich meinen Spanischlehrer Carlos, während ich mir den Sand aus den Augen reibe. Es ist mein erster Tag in diesem 500-Seelen-Fischerdorf an der Pazifikküste Guatemalas. »Ah, este chico?« Er lässt die Luft mit einem abfälligen Zischen zwischen den Zähnen pfeifen. »Es Paco! Un gran fanfarrón, un hippie!« Das Zweite hab ich verstanden, aber was bitte ist ein »fanfarrón«? Ich sehe Carlos fragend an, woraufhin er die Nase in die Luft reckt, die Brust aufbläht und anfängt, gockelartig auf und ab zu stolzieren. Ein Angeber vielleicht, denke ich und muss bei Carlos' Performance lachen. Der kleine, dicke Guatemalteke sieht jetzt noch lustiger aus als ohnehin schon. »Vámonos chica«, lacht Carlos. »Ich zeig dir den Rest vom Ort, aber nur, wenn du aufhörst, diesem Hippie hinterherzuglotzen.«

Zwei Wochen vorher war ich aufgeregt, fast panisch. Ich hatte den Fehler gemacht, mir auf der Seite des Auswärtigen Amtes noch ein paar letzte Reiseinformationen über Guatemala einzuholen. Jetzt sah ich mich schon nackt und vergewaltigt zusammen mit anderen Überfallopfern an einer staubigen Straße liegen, während die Räuber mit unserem Reisebus samt Gepäck davondüsten. Ich verfluchte die Seite und beschloss trotzdem, nach meiner Ankunft nicht die Hauptstadt zu erkunden, sondern diesen angeblichen Moloch so schnell wie möglich zu verlassen.

Lieber würde ich im touristenfreundlichen Antigua rasten und dann weiter zu meiner Destination Monterrico fahren. Dort hatte ich über das Internet ein kleines Hilfsprojekt gefunden, für das ich während meines Auslandsjahres tätig werden wollte: Ich würde Kindern von sechs bis 14 Jahren in einem Fischerdorf Englisch beibringen, bei einer einheimischen Familie leben und nebenbei die dortige Sprachschule besuchen, um mein Spanisch zu verbessern.

Carlos nimmt mich freundlich in Empfang, als ich – nach einer dreistündigen Rumpelfahrt auf unbefestigten Straßen, während der mein Kopf, wie der Zeiger eines Metronoms, von links nach rechts geschaukelt war – vor der Sprachschule abgesetzt werde. Carlos ist nicht nur mein Sprachlehrer, sondern auch mein Gastbruder. Die nächsten zwölf Wochen werde ich bei seiner Familie wohnen.

Es ist ein sehr einfaches Haus, in dem er mit seiner Schwester, deren Mann, ihren zwei kleinen Kindern und seinem greisen Vater lebt. Juanita sieht aus wie Carlos, mit langen Haaren und Schürze. Sie drückt mich zur Begrüßung an ihren mächtigen Busen und hilft mir, den Rucksack vom Rücken zu hieven. Ihre Kinder, beide nackt und dreckverschmiert, stehen schüchtern in einer Ecke. Ich fliege Juanita um 15 Kilo leichter in mein neues Zimmer hinterher, das sie mir lächelnd und mit der Geste einer Sat.1-Glücksrad-Fee präsentiert.

Beim Anblick des Raumes muss ich über mich selbst lachen: Super, jetzt hast du es sogar noch ursprünglicher, als du es dir erträumt hast! Im Zimmer stehen nur ein Bett und ein kleiner Schreibtisch. Der Boden ist blanker Beton, die Wände sind höchstens zwei Meter hoch. Darüber folgt, nach einem Meter Leere, ein aus getrockneten Palmblättern bestehendes Dach.

Die Toilette ist eine Kammer mitten in der Küche, mit einem weißen Vorhang davor. Sobald die Dämmerung einsetzt und man das schwache Licht einschaltet, veranstaltet man dahinter ein unfreiwilliges Schattentheater. In den ländlichen Gegenden Guatemalas scheint man, was Intimität angeht, nicht zimperlich zu sein. Nicht nur, dass man beim Frühstück alles von der Toilette mitbekommt, auch beim Schlafen werden Geräusche aus den Nebenzimmern durch die Wände kaum gedämpft. Familie und Zusammenhalt haben einen höheren Stellenwert als Individualität und Selbstverwirklichung. Juanita kümmert sich aufopferungsvoll um ihren tattrigen Vater und ihren ewigen Single-Bruder. Carlos verliebt sich immer nur in Touristinnen, die ihn, wie er mir später überaus dramatisch gesteht, immer allein und mit furchtbar gebrochenem Herzen zurücklassen.

Obwohl ich schon um sieben Uhr todmüde ins Bett falle, fühle ich mich am nächsten Morgen wie vom Lastwagen überrollt. Das liegt nicht nur am Jetlag. Ich habe die halbe Nacht wach gelegen, die Schwärme von Moskitos und Vampirfledermäusen wurden durch das Moskitonetz über meinem Bett nur physisch, nicht akustisch von mir ferngehalten. Ich bin gerädert, was allerdings nichts daran ändert, dass heute mein erster Tag in der Spanisch-Schule und später mit den Kindern ist.

Zum Unterricht radele ich mit Carlos zusammen. Unser Haus befindet sich weit hinten im Dorf, dicht bei den üppigen Mangrovenwäldern, die sich in ganz Guatemala an den brackigen Flussgebieten nahe der Küste entlangziehen und Heimat für alle Arten von Reptilien und Spinnen sind. Die Sprachschule liegt fünf Minuten entfernt, auf halbem Weg zum Meer. Wir bereiten meinen ersten Tag mit den Kindern vor. Ich versuche, mit Carlos die englischen Grammatikübungen zu machen, die ich noch in Deutschland ausgesucht habe, und bin erstaunt, wie wenig mein Sprachlehrer von Grammatik versteht. Dafür kann ich mich wunderbar mit ihm unterhalten, obwohl er meistens mehr lacht als redet.

Mein Mittagessen besteht heute, wie auch in den nächsten Wochen, aus Eiern. Eiern in allen Variationen: gebraten, gerührt, gekocht, immer mit Tortillas, manchmal mit schwarzer Bohnenpaste. Das ist günstig und macht satt. Allerdings ist mir ein wenig übel, als ich Richtung Dorfschule radle. Der Weg führt am Wasser entlang, eine warme Brise pustet mir den Kopf frei.

Ich werde von John und Chapín in Empfang genommen. John ist ein dicker, freundlicher Amerikaner, Chapín ein krächzender Papagei, der auf seiner Schulter hockt. John engagiert sich schon seit mehreren Jahren für die Förderung der Kinder im Dorf. Er eröffnet mir, dass sich der Plan etwas geändert hat: Er hat 15 Laptops von seiner alten Firma mitgebracht, ich soll den Kindern jetzt zeigen, wie Word und Excel funktionieren und das Internet sowieso. »Äh«, stottere ich, »darauf hab ich mich jetzt aber gar nicht vorbereitet.« – »Doesn't matter at all«, donnert John mit breitem amerikanischen Slang, »that's Guatemala, not Germany, honey! Todo es posible aquí – everything is possible here, we'll make it happen!«

So verbringe ich den Nachmittag schwitzend, aber enthusiastisch vor einer Horde Kinder, die angesichts der Geräte ganz aus dem Häuschen ist. Auch die blonden Haare der neuen Lehrerin werden bestaunt und ehrfürchtig betastet. Die Kinder sind neugierig und wissbegierig – schon das Ein- und Ausschalten der schwarzen Kästen ist ein riesiges Abenteuer – und ich werde mit immer neuen Fragen bestürmt. Wieder und wieder muss ich sie bitten: »Un poco más lento, por favor.« – Langsamer bitte, sonst versteh ich gar nichts mehr.

Nach zwei Stunden ist mein erster Tag an der Escuela de Monterrico vorbei und ich bin glücklich. Dafür, dass ich nur relativ wenig Spanisch spreche und keine pädagogische Erfahrung habe, habe ich diesen Tag gut gemeistert. Ich winke meinen zwanzig neuen Freunden zu, als ich mich aufs Rad schwinge. Ab ins Meer und dann ein kaltes Bier!

Den Strand habe ich fast für mich. Ohne nachzudenken, stürze ich mich kopfüber ins kühle Pazifikwasser. Euphorisch schwimme ich drei, vier, fünf kräftige Züge. Es ist Mitte Januar. Als ich Deutschland vor ein paar Tagen verließ, verzögerte sich der Start der Maschine, weil erst noch das Eis von den Turbinen abgekratzt werden musste. Ich lache und schmecke das salzige Wasser. Dann plötzlich überschlage ich mich sogar – eine große Welle hat mich mit unglaublichem Sog an sich gerissen. Wo ist oben, wo ist unten? Ich habe keine Ahnung! Irgendwann, als ich denke, dass ich jetzt wirklich dringend Luft holen muss, sehe ich Licht und zapple ihm entgegen, werde zurückgerissen, zapple weiter und tauche endlich hustend auf. Nach zehnminütigem Kampf erreiche ich das Ufer. So müssen sich Schiffbrüchige fühlen, die nach Tagen das erste Mal Land erreichen. Nach fünf Metern, die ich auf allen vieren bewältige, während ich literweise Salzwasser aushuste, lasse ich mich rittlings in den Sand fallen.

Als ich da so halb ohnmächtig und hustend liege, verdunkelt ein Schatten mein Sichtfeld. »Ganz schön mutig, hier baden zu gehen«, sagt Paco. Ich richte mich auf. »Das ist lebensgefährlich da draußen«, krächze ich. »Allerdings! Kein Mensch geht hier um diese Zeit ins Wasser. Oder siehst du sonst irgendwen?«, fragt er mich. Ich schaue mich um – wirklich, niemand ist da. »Ich komm immer her um diese Zeit. Wenn die Flut kommt, sind die Wellen am besten zu reiten. Aber man muss wissen, was man tut.«

Er macht eine kurze Pause. »Bist du okay?« – »Ja«, huste ich, »ich bin Franziska. Ist zwar erst mein zweiter Tag hier, aber definitiv mein letzter im Wasser.« – »Ich bin Paco, freut mich.« Er lächelt, guckt mir etwas länger und etwas tiefer als gewöhnlich in die Augen. Jaja, du weißt schon ganz genau, wie du wirkst, denke ich grinsend. Aber ich habe alles andere vor, als mich auf einen Urlaubsflirt mit diesem Antonio Banderas von Monterrico einzulassen, der jetzt gekonnt seine schwarze Mähne aus dem Gesicht schüttelt, um verträumt aufs Meer zu gucken.

»Wo wohnst du und wie lange bleibst du hier?«, fragt Paco mit Blick aufs Wasser. »Bei Carlos und Juanita. Ich helfe in der

Schule und bleib für 'ne Weile hier.« – »Cool!« Er lächelt mich anerkennend an. »Bei uns gibts heute ein Abendessen. Falls du noch nichts vorhast, komm vorbei«, sagt er dann.

Am Abend finde ich mich tatsächlich in Pacos Haus wieder, das eine charmante Bruchbude ist. Überall hängen Lampions, der Boden ist mit bunten Teppichen ausgelegt. In der Mitte des großen Zimmers, das ich als Erstes erblicke, als ich eintrete, steht ein massiver Holztisch, auf dem Kerzen brennen. Auf einer großen, abgewetzten Couch haben es sich zwei Mädels gemütlich gemacht. Leise Reggae-Musik ist zu hören, der Geruch von Essen und Marihuana liegt in der Luft. »Can I help you?«, fragt mich die eine, als ich etwas verloren in der Mitte des Raums stehen bleibe. Da kommt Paco aus einem der hinteren Zimmer, mit nichts als einem Sarong bekleidet. Er streckt mir beide Arme entgegen, begrüßt mich mit Küsschen links und rechts. »Das ist Franziska aus Deutschland«, sagt er in Richtung der Mädels. »Ich habe sie eingeladen, mit uns zu Abend zu essen.« Die zwei sehen weder besonders begeistert noch interessiert aus. Hinter Paco taucht die kleine Brünette auf. Ihre Wangen sind gerötet, ihre Haare zerzaust. »Hello and welcome to Monterrico!«, sagt sie und umarmt mich lang und herzlich.

Die Stimmung am Abend ist ausgelassen. Es gibt lauter Köstlichkeiten wie Ceviche, in Limettensaft gegarten Fisch, oder frittierte Kochbananenbällchen. Ich erfahre, dass die Mädchen schon seit mehreren Monaten in Monterrico sind. Sie alle waren auf der Durchreise und sind irgendwie in diesem Ort hängen geblieben. Geneviève verdient Geld, indem sie am Strand den wenigen Touristen Rückenmassagen anbietet. Von den fünf bis zehn Euro, die sie am Tag damit verdient, kann sie in Monterrico gut leben. Die beiden Amerikanerinnen Rebecca und Sara haben sich WLAN-Sticks besorgt und mit ihren Laptops Pacos Haus tagsüber in ein mehr oder weniger florierendes Internetcafé umfunktioniert.

Ich bin jedoch etwas verwirrt: Wenn Paco hier anscheinend mit drei Mädels zusammenlebt, in welcher Beziehung stehen sie dann alle zueinander? Geneviève, die nette und etwas verpeilte Französin, scheint seine Freundin zu sein. Aber auch Rebecca, eine der beiden Amerikanerinnen, tätschelt er manchmal den Schenkel. Und Sara streicht ihm hin und wieder gedankenverloren durchs Haar. Die Atmosphäre lädt sich mit fortschreitendem Abend immer mehr elektrisch auf. »I think it's time to move to the pool«, verkündet Sara irgendwann kichernd. Die anderen gucken sich verschwörerisch an, ich bin verunsichert. »Du musst mitkommen«, sagt Paco. »Ich verspreche dir, dass du noch nie im Leben so einen Pool gesehen hast, und außerdem ist es nicht weit von da bis zu deinem Haus.« Ich find es zwar lustig mit den vieren, allerdings kommen sie mir alle etwas zu durchgeknallt vor und ich selbst fühle mich im Gegensatz zu ihnen so normal – zu normal vielleicht. Jedoch muss ich zugeben, dass Paco nicht nur ziemlich schöne Haare, sondern auch schöne Augen hat, aus denen er mir immer wieder lange Blicke zuwirft. Ich schiebe meine Bedenken beiseite und wir laufen barfuß, schwankend und gackernd in Richtung Mangroven.

Ein Kumpel von Paco hat den Pool aus Holz und Plastikplanen zusammengezimmert. Tagsüber heizt die Sonne das Wasser in dem Becken so auf, dass es jetzt in der kühlen Nacht angenehm warm, fast heiß, ist. Als wir in den Pool steigen, ziehen sich die anderen, ohne lange zu zögern, splitternackt aus. Obwohl es mir etwas unangenehm ist, versuche ich, mich locker zu machen. In Windeseile ziehe ich meine Kleider aus und lasse mich etwas ungeschickt in den Pool plumpsen. Na wunderbar, denke ich, als wir im Kreis zusammenhocken und Geneviève anfängt, mit Paco rumzuknutschen. Kaum zwei Tage hier und du sitzt schon in einer stinkenden Bakterien-Suppe und bist kurz davor, bei einer Orgie mitzumachen. Kurz schießen mir ein paar Bilder aus *Eyes Wide Shut* durch den Kopf. Da sah alles so sexy aus ... Doch hier raschelt es überall und ein dickes, langes Haar – wahrscheinlich Pacos – hat sich mir im Wasser um die Finger gewickelt. Ich gucke verstohlen zu dem knutschenden Pärchen rüber, zu dem sich jetzt auch Rebecca gesellt hat, und fühle mich ganz schön verklemmt. Als Sara sich zu mir beugt, die Lippen schon leicht zum Kussmund geformt, und mir ein »Welcome to Monterrico« entgegenhaucht, springe ich mit einem Satz aus dem Pool. Die anderen schauen mich irritiert an, als ich etwas von Jetlag und Kopfschmerzen stottere und ein wahrscheinlich nicht sehr echt aussehendes Gähnen vortäusche. Während ich rückwärts in die Richtung tapse, in der ich mein Zuhause vermute, und dabei meine Klamotten aufsammle, rufe ich noch winkend und etwas zu schrill: »Have fun guys and good night!«

Ich stolpere in die Dunkelheit. Palmenwedel schlagen mir ins Gesicht, der Boden ist sumpfig und ich versinke fast knietief. Ich ziehe die Füße hoch, stolpere, laufe weiter. Irgendetwas landet auf meiner Schulter. Ich wische es schnell weg, ohne die sich ankündigende Hysterie zuzulassen. Endlich erreiche ich die im Mondlicht daliegende Hütte und schlage dem Knurren aus dem Unterholz und all dem Krabbel- und Kriechviehzeug die klapprige Tür vor der Nase zu.

Am nächsten Morgen werde ich von einem gleichmäßigen Klatschgeräusch geweckt. Platsch ... platsch ... platsch! Ich erstarre für einige Sekunden, bis ich wieder weiß, wo ich bin. Die haben hier doch alle ein Rad ab, denke ich und kriege schon den nächsten Schreck, als ich einen dunklen Fleck auf meinem Laken entdecke. Ein Skorpion, platt wie eine Briefmarke. Zum Glück muss ich mich in der Nacht direkt und im richtigen Winkel draufgelegt haben. Auf dem Weg zum Bad sehe ich Juanita, die fröhlich Tortillateig zwischen ihren Händen hin und her jongliert, bis er sich zu einem schmalen Fladen geformt hat, den sie auf eine heiße Metallplatte zum Backen wirft. Das also war das Klatschen! Juanita produziert, wie fast jede guatemaltekische

Hausfrau, an die hundert Tortillas pro Tag. Die Klatschgeräusche aller Hütten formen zusammen den Rhythmus von Monterrico. Ich summe im Takt mit, als ich mich aufs Rad schwinge.

Vor der Schule steht der schöne Paco mit dunkler Sonnenbrille lässig an den Holzzaun gelehnt. Ich bin froh, dass er da ist. Die halbe Nacht habe ich wach gelegen und mich gefragt, was wohl passiert wäre, wenn ich nicht davongelaufen wäre. »Warst gestern ganz schön schnell weg … Haben wir dich etwa erschreckt?«, fragt er mich lächelnd. »Ich komme aus Berlin, mich erschreckt so was nicht!«, antworte ich betont cool. »Bueno guapa, dann zeig ich dir heute Abend, wie man Wellen reitet!« – »Alles klar«, rufe ich grinsend, als ich schon in die Schule hineinlaufe. Das ist erst mein dritter Tag in Guatemala, aber ich spüre schon jetzt, dass es wirklich wahr ist: »Todo es posible aquí!«

9.

DER UMWEG IST DAS ZIEL

Das schönste Fleckchen Thailands

VON SOPHIE SAINT

Taxi? Taxi?! Taxiiiiiii!«, brüllte ich, während ich mir meinen abgenutzten, lästigen Rucksack auf den schweißnassen Rücken hievte. Ich musste wie eine Verrückte aussehen. Mit meinem verstrubbelten feuchten Haar, das in alle Richtungen abstand, und in dem weiten weißen T-Shirt voller Ananassaft- und Sonnencremeflecken rannte ich auf der Suche nach einem Taxi wie eine Wahnsinnige im Kreis. Ich befand mich am Busbahnhof von Krabi Town. Irgendwie hatte ich mich selbst in eine jener voll bepackten Stadtstreicherinnen verwandelt, denen ich an den Busbahnhöfen Englands stets aus dem Weg gegangen war. Doch ich war so zerstreut und ausgebrannt, dass ich mein Aussehen vernachlässigte. Alles, was zählte, war, dass ich in ein verdammtes Taxi stieg und am Strand von Ao Nang ankam, bevor die Sonne unterging. Und ich war schon spät dran.

Über den Lärm der thailändischen Gästehausbesitzer hinweg, die mit bunten Katalogen wedelten und lautstark »Boo-ti-fool rooms« feilboten, hörte ich eine Stimme mit Akzent nach mir rufen. Ich schob mich durch das Gewusel hindurch zu einem Sammeltaxi, wo ich auf den Besitzer der Stimme traf. Er streckte seinen starken, sonnengebräunten Arm aus den dunklen Tiefen des Wagens und half mir hinein. Das schummrige Wageninnere war nach der drückenden Schwüle draußen eine Erlösung. Dankbar ließ ich mich auf den klebrigen Plastiksitz fallen und nickte der schläfrigen, alten thailändischen Frau mir gegenüber höflich zu. Und schon ratterte das Taxi los, die Frau wachte auf und ihre Einkäufe verteilten sich auf dem Boden. Nachdem ich ihr Gemüse wieder eingesammelt und neben meinem Rucksack aufgetürmt hatte, widmete ich mich meinem Mitfahrer.

Die Augen, in die ich spähte, waren dunkel und auf seinen Lippen lag ein warmes Lächeln. Mein Herz setzte einen Schlag lang aus. Selbst in dem dämmrigen Licht erkannte ich eines sehr deutlich: Er war der erste gut aussehende Reisende, dem ich auf diesem Trip bisher begegnet war. Leider bedeutete das, dass auch er mich wahrscheinlich ziemlich deutlich sehen konnte, meine verstrubbelten Haare und mein allgemein ziemlich verlottertes Äußeres. Der Wagen holperte die Straßen entlang, die frische, kühlende Brise des Fahrtwinds beruhigte meine Nerven und ließ die blauen Plastiktüten der alten Frau rascheln. Er reichte mir seine Hand und schüttelte meine sanft.

»Hallo, ich bin Ángel. Wie gehts?«

Du lieber Gott.

Ich war nun schon seit drei Wochen unterwegs und keine meiner aufregenden Fantasien, die ich mir vor der Reise ausgemalt hatte, war erfüllt worden. Ich hatte mir vorgestellt, in der Fremde mit unbekannten Kulturen und Traditionen exotische Abenteuer zu erleben, Wasserfälle hinunterzuspringen, mit anderen Reisenden und Fremden Party zu machen, mich heißen Romanzen hinzugeben ... Meine Fantasie war mit mir durchgegangen, man könnte sagen, sie war mit der Dampflok aus Alex Garlands Roman *Der Strand* davongerauscht. Zu Beginn meiner Reise hatte ich eine Gruppentour durch Nordthailand unternommen, was aber mehr zur Beruhigung meiner Mutter dienen sollte: »Keine Sorge, Mama, die werden auf mich aufpassen.« Es war auch das erste Mal, dass ich vollkommen allein so lange so weit weg war. Aber dank Toni, dem Tourguide, war jede Sorge unbegründet gewesen. Wir hielten uns streng an den Reiseplan, da Toni eine Riesenangst hatte, dass wir Mädchen sofort verschleppt oder ausgeraubt würden, sobald wir von der vorgegebenen Route abwichen.

In Rosie, einem aufgekratzten amerikanischen Mädchen, die mit ihrer Leichtherzigkeit eine willkommene Abwechslung von unserem bemutternden Reiseführer darstellte, hatte ich gute Gesellschaft gefunden. Abgesehen davon, dass ich mich von Rosie verabschieden musste, hatte mich das Ende unserer 13-tägigen Tour nicht besonders traurig gestimmt. Auch wenn ich nervös gewesen war, hatte ich es nicht erwarten können, endlich allein und nach meinen eigenen Vorstellungen zu reisen. Ich hatte mich geradewegs in Richtung Süden, auf die Insel Koh Samui, begeben, um ein bisschen Strandurlaub zu machen. Doch an diesem Ort war mir deutlich bewusst geworden, weshalb ich mich für das Backpacking entschieden hatte. Dort wimmelte es von Auswanderern, die jungen thailändischen Mädchen in Hotpants hinterherliefen, und jungen Typen aus dem Westen, die Prostituierten an ihrer Hotelzimmertür Geld in die Hand drückten.

Rosie hatte es an die Westküste gezogen, da man dort angeblich eine Seite des Landes kennenlernen konnte, die sich sehr vom kulturell geprägten Norden unterschied. Die Attraktionen in dem Teil des Landes hatte unsere Tour auch bereits alle abgedeckt. Rosie war mit mir in Kontakt geblieben und hatte versprochen, mir Bescheid zu sagen, ob es an der Westküste tatsächlich so lustig zuging, wie man sich erzählte. Doch leider hatte sie sich im ruhigsten Ort der Gegend einquartiert und eine unglaublich langweilige und einsame Zeit in Krabi verbracht. Nach meinen Erlebnissen auf Koh Samui freute ich mich riesig darauf, sie wiederzusehen und gemeinsam mit ihr die Küste von Andaman zu erkunden.

Nach zwölf Stunden, die mich die Anreise mit einer Fähre und zwei Minibussen kostete, war ich noch immer nicht an dem Strand angelangt, an dem ich mich mit Rosie treffen wollte. Ich fühlte mich erschöpft und niedergeschlagen, meine Stimmung rutschte in den Keller. Was war eigentlich mit Thailand los? Alles, was ich bisher gesehen hatte, die Tempel, Kanäle und Pseudomuseen, waren Touristenpfade gewesen. Und die anderen Urlauber, denen ich begegnete, reisten entweder zum ersten Mal und beklagten sich über die Gerüche auf den Märkten oder es handelte sich um Männer aus dem Westen, bei denen schnell deutlich wurde, weshalb sie nach Thailand kamen. Ich war fix und fertig und desillusioniert von dieser Reise. Die einzigen Informationen, die mir Rosie gegeben hatte, waren der Name des Strandes und der

Unterkunft, das »Reggae Guesthouse«, welches sie für uns ausgesucht hatte. Es war 18 Uhr und der Sonnenuntergang würde nicht mehr lange auf sich warten lassen.

Doch all diese Gedanken verschwanden, als ich in dem rostigen Taxi Richtung Ao Nang Beach rauschte. Ich hatte Schwierigkeiten, den Namen meines Begleiters auf Spanisch auszusprechen, meine Zunge kam mir unbeholfen und unkultiviert vor.

»Man spricht es ›Ang-chel‹ aus, aber die Briten sagen ›Angel‹, was für mich persönlich ein bisschen zu dick aufgetragen ist. Doch so wird es nun mal geschrieben.« Er senkte den Blick, bevor er ihn langsam wieder hob und mir in die Augen sah.

Er musste einige Jahre älter sein als ich, Ende zwanzig vielleicht, oder er strahlte einfach mehr Weisheit aus als die meisten anderen in meinem Alter. Seine Art zu reden fesselte meine Aufmerksamkeit, obwohl er sehr sanft sprach, mit dieser unbekümmerten Grundhaltung, wie Kiffer sie haben. Wir spulten das gewohnte Kennenlerngespräch ab, doch mit ihm war es viel spannender als sonst. Der Spanier hatte die Ostküste erkundet, bis ihn seine Leidenschaft für das Klettern Richtung Süden getrieben hatte, wo er seinen Urlaub an seinem Lieblingsort ausklingen lassen wollte.

»Du findest die Landschaft hier faszinierend? Dann warte nur, bis du Ton Sai gesehen hast. Es ist das Mekka der Kletterer, mit unglaublichen Felswänden, stillen Gewässern, versteckten Stränden ...« Durch eine Luke in der Verkleidung deutete er auf die gigantischen zerklüfteten Kalksteinwände, die aus der Landschaft ragten und von den letzten goldenen Sonnenstrahlen beschienen wurden. Majestätisch erhoben sich die Felsen über uns, während wir die schmale Straße entlangfegten.

»Ich bin schon oft hier gewesen, es gibt in ganz Thailand keinen vergleichbaren Ort. Das Leben läuft dort so entspannt ab und die Zeit vergeht so langsam, dass sich fünf Tage wie zwei Monate anfühlen.« Es war ein ziemlich verführerisches Bild, das

Ángel malte. Ich merkte, dass ich meinen Kopf auf meinem Arm aufstützte und den Spanier nur noch anstarrte. Zudem hatte ich auch noch die ganze Zeit elegant meinen Mund geöffnet, sehr zur Erheiterung unserer thailändischen Begleiterin.

Auf einer belebten Straße hielt das Taxi plötzlich an. In der Ferne konnte ich das Meer sehen, musste jedoch meine Augen abschirmen, da die Neonlichter der Bars und Clubs mich blendeten. Offensichtlich war ich angekommen, jedenfalls starrte mich der Fahrer an und sagte: »You go? You go?«

»Wenn du keine Lust auf das touristische Thailand hast, dann solltest du nicht hierbleiben. Die Neonlichter stören dich doch jetzt schon, oder? Ton Sai ist zwar nur eine Fahrt mit dem Langboot von Ao Nang entfernt, aber es liegen Welten dazwischen.« Ángels Augen leuchteten auf und ich war froh, dass er durch das grün blinkende Neonlicht nicht sah, wie ich rot wurde. Ich verfluchte Rosie und ihr blödes »Reggae Guesthouse«.

»Komm doch nach. In Ton Sai kannst du einfach nach mir fragen, die Leute dort kennen mich.« Und schon fuhr das Taxi mit meinem seltsam romantischen Spanier und meinen Reisehoffnungen und -träumen davon. Das wäre die Gelegenheit gewesen, mit einem exotischen Fremden durchzubrennen, stattdessen musste ich die Straßen nach Rosie und ihrem Gästehaus durchkämmen, das, wie sich herausstellte, ein Rattenloch voller Mücken war. Es kam mir vor, als hätte mich ein kräftiger Arschtritt geradewegs in die Realität geschleudert.

Wir erlebten wenig ereignisreiche Tage am Strand und auf dem Markt, die wir stets mit ein paar Drinks in derselben halbwegs erträglichen Bar ausklingen ließen. Ihre größten Attraktionen waren ein zehn Jahre altes *Vier gewinnt!*-Spiel sowie ein billiger pinkfarbener Cowboyhut. Ich wollte unbedingt weiterziehen. Eine Tour nach Ton Sai im Langboot war das Größte, das ich mir vorstellen konnte. Ich würde davonfahren, ohne mich noch einmal nach dem riesigen Strand mit den ausgelassenen Urlaubern und jungen Typen auf ihrer »Thailand-Sauftour 2009 – Woohoo!« umzudrehen. Ja, ich hatte die Nase voll von den kitschigen grellen Neonlichtern und nach meiner zweiten Nacht konnte mich nichts mehr aufhalten. Je früher ich meine Reise selbst in die Hand nahm und etwas wagte, desto besser. Ich konnte es nicht erwarten, mich in unbekannte Abenteuer zu stürzen – und zwar ganz ohne Tourguide!

Ganz subtil hatte ich versucht, Rosie meinen Willen schmackhaft zu machen. Doch die Vorstellung, Ao Nang schon so bald zu verlassen, schien sie zu beunruhigen. Selbst nach unserem letzten Abend, an dem irgendwelche Kinder wie Wahnsinnige um unseren Tisch herum rannten, konnten sie meine Geschichten von dem »zauberhaften Ort hier gleich um die Ecke« nicht überzeugen.

»Ach, ich weiß nicht«, murmelte sie abends im Bett unter ihrem Moskitonetz. Ich sah ihr dabei zu, wie sie ihre Zahnweißstreifen aufklebte und Feuchtigkeitscreme auf ihren Händen verteilte. Ihre Locken hatte sie sorgfältig unter ein Haarnetz geschoben. Ich wurde das Gefühl nicht los, dass sie eigentlich keine große Lust hatte, ohne Tourguide einen unbekannten Ort auszukundschaften, an dem die Natur möglicherweise wild und ungezähmt war. Für mich war es jedoch definitiv höchste Zeit.

Während unser Boot die Bucht von Ao Nang verließ und auf das Meer hinausfuhr, wurde mir mulmig zumute. Ich brach ganz allein zu einem Ort auf, von dem ich durch irgendeinen Fremden erfahren hatte. Konnte ich Ángel wirklich ohne Weiteres vertrauen? Länger in Ao Nang zu bleiben, wäre zwar Zeitverschwendung gewesen und ich musste dringend dort weg. Aber was dachte ich mir eigentlich dabei? Vielleicht war ich ja auf dem besten Weg ins Verderben, vielleicht war Ton Sai in Wirklichkeit eine Höhle, in der Ángel mich und all die anderen Frauen, die er unterwegs eingeladen hatte, mit einem anderthalb Meter langen Messer empfing. Gut, dass mein Insektenspray etwa neunzig Prozent DEET beinhaltete, einen hochgiftigen Stoff, der angeblich sogar Plastiktüten zum Schmelzen bringen soll. Das konnte ich zur Not als Pfefferspray einsetzen. Hoffte ich jedenfalls.

Nachdem wir die Felsnase, die die beiden Buchten voneinander trennte, umschifft hatten, eröffnete sich uns ein überwältigender Anblick: Wunderschöne zerklüftete Felsen ragten aus dem grünen Dschungel auf, der den schmalen Sandstreifen säumte. Die Sonne brannte auf uns herunter, und kaum dass das Boot Anker geworfen hatte, sprang ich ins Wasser und watete an Land. Unter den Palmen standen vereinzelt gemütliche Bars, ein kleiner angeleinter Affe in blauem T-Shirt bohrte nachdenklich in der Nase, Fischer saßen friedlich rauchend in ihren Booten und flickten ihre Netze. Es war fast vollkommen still, nur aus einer der Bars drangen leise Reggaebeats zu uns herüber ... Was sich mir hier bot, war das Klischee vom vollendeten Paradies. Und da es für mich das erste Mal war, dass ich eines zu sehen bekam, sog ich es gierig in mich auf.

Meine Erinnerung an Ton Sai ist eine Sammlung von verschwommenen Bildern. Doch ich habe Tagebuch geführt und beim Lesen der Einträge durchlebe ich die Momente noch einmal. In diesem kleinen thailändischen Eden ging ein Tag nahtlos in den nächsten über. Es war, als wäre ich mitten in einem Film gelandet, der einen Titel trug wie *101 Dinge, die ein Backpacker ausprobieren muss.* Wir saßen um ein Lagerfeuer, sangen Hippielieder und reichten Joints herum, feierten Vollmondpartys, bestaunten Feuerpois, starrten am stillen Strand den Mond an und beobachteten aus dem Schutz einer Höhle die überraschend hereinbrechenden tropischen Stürme. So sahen ganz normale Tage und Nächte dort aus. Das Einzige, das mir zu meinem Glück fehlte, war ein Wiedersehen mit Ángel. Der Ort war so klein, dass schon nach wenigen Tagen jeder jeden kannte. Und die Leute von der Bungalowvermietung wussten immer Bescheid, wo sich wer gerade aufhielt. Nur von dem Spanier fehlte jede Spur. Es mag daran gelegen haben, dass die Thais mich nicht verstanden, wenn ich von »Angel« und »Ang-chel« sprach, jedenfalls konnten sie mit dem Namen nichts anfangen. Schließlich nannten sie mich auch »Sooop-eeee« anstatt Sophie.

Meine letzte Nacht in Ton Sai stand vor der Tür. Ich war gerührt, als ich entdeckte, dass sich meine Lieblingsbegleiter zum Sonnenuntergang an der »Freedom Bar« versammelt hatten, um mit mir anzustoßen.

Und als um 17 Uhr die Generatoren angeworfen wurden, hallte die Musik von der Felsnase, die vollständig in gelbes Licht getaucht war, wider. Das Meer und die Felssilhouetten, die sich vage am Horizont abzeichneten, bildeten das perfekte Panorama für das erste von vielen Chang-Bieren.

Gegen Mitternacht brauchte ich eine Verschnaufpause vom Tumult des Abends. Ich riss mich von der wild tanzenden Meute los und verließ schwankend die Terrasse der »Freedom Bar«, setzte mich, umhüllt von der dunklen Nacht, in den Sand und blickte auf das sanft wogende schwarze Meer hinaus. Das Mondlicht war unglaublich hell, aber tröstlich, als meine fröhlich ausgelassene Stimmung umzuschwenken begann. Bei dem Gedanken daran, den Ort, mit dem ich so viele schöne Erinnerungen verband, verlassen zu müssen, wurde ich traurig. Die Momente, in denen während einer Reise die Realität durchbricht, machen mich immer wehmütig. Denn so flüchtig die Bekanntschaften mit Fremden auch sind, sie machen doch zu einhundert Prozent die Intensität der Erlebnisse aus. Mir war damals schon klar, dass die Wahrscheinlichkeit, meine Freunde aus Ton Sai wiederzusehen, sehr gering war, auch wenn wir, was in Anbetracht dieses Ortes ziemlich irreal erschien, E-Mail Adressen austauschten. Ich wusste auch, dass ich auf meiner Reise noch vielen Menschen begegnen würde, die meine Erlebnisse auf die eine oder andere Weise prägen würden, und dass sie hinterher aus meinem Leben verschwinden würden.

Als ich aus der Trance meiner gedankenverlorenen Betrachtungen erwachte, konnte ich jemanden nahe hinter mir atmen hören. Ich erstarrte. Wie lange hatte mich die Person schon beobachtet? Das Meer und die dumpfe, eintönige Musik hatten mich hypnotisiert. Doch als ich hörte, wie sich die Person hinter mir in den Sand fallen ließ, wurde ich mit einem Schlag hellwach. Mein Herz schlug wie wild. Ich machte mich bereit, die Flucht Richtung Bar zu ergreifen. Scheiße, hätte ich doch nur mein Insektenspray dabei, dachte ich.

»Sophie?«, drang eine sanfte Stimme an mein Ohr. Verwirrt drehte ich mich um, sie kam mir seltsam vertraut vor. Langsam stand er auf und näherte sich mir. Dieser Moment erschien mir wie eine Ewigkeit. War das zu fassen? Der lang ersehnte Ángel hatte mich endlich gefunden. Mein Herz machte einen Sprung, aufgeregt plapperte ich mit einer Mordsgeschwindigkeit drauflos.

»Hey! Wie gehts dir? Wo warst du? Was hast du gemacht? Wo hast du gewohnt? Was machst du so? Ach ja, stimmt, das hab ich ja schon gefragt. Ja, wie geht es dir denn?« Ich lächelte nervös, er lachte und setzte sich neben mich.

»Mir gehts gut, danke. Ich dachte schon, du würdest dich hier nicht mehr blicken lassen. Schön, dass du es geschafft hast. Was für eine wundervolle Überraschung!« Seine Augen reflektierten das Mondlicht und sie leuchteten in der Dunkelheit, als er mich ansah.

»Ich bin schon seit einer Woche hier, aber die Zeit ist wie im Flug vergangen.« Ich atmete tief ein, um mich zu beruhigen, zumal sein unbekleideter Oberkörper, der im Taxi von einem T-Shirt verborgen wurde, vom Klettern sichtlich gut geformt war. Es war großartig, ihn wiederzusehen. Ich hatte das Gefühl, er wäre ein alter Freund, obwohl wir uns erst vor sieben Tagen während einer halbstündigen Taxifahrt kennengelernt hatten.

»Wie hat es dir hier gefallen?«, fragte er. Ich sah ihm dabei zu, wie er zu unseren Füßen Muster in den Sand malte, und wir unterhielten uns eine Weile über Ton Sai, Reisen, Freunde, Familie, über Gott und die Welt.

»Ich weiß, das klingt komisch, aber ich habe irgendwie das Bedürfnis, dir dafür zu danken, dass du mir von diesem Ort erzählt hast«, sagte ich leise. »Die Zeit hier war Wahnsinn, so lustig und so entspannt – genau das, was ich brauchte. Das alles hier wird mir so fehlen!« Ángel sah mich an. Die Mischung aus billigen Thai-Cocktails und seiner Anwesenheit ließ mich ins Schwärmen geraten. Er blickte auf das Meer hinaus und fuhr sich mit der Hand über das Gesicht.

»Und ich bin froh, dass du einem Fremden im Taxi vertraut, dich hierher durchgeschlagen und eine tolle Zeit gehabt hast. Man kann nie wissen, auf wen man treffen und wo es einen hin verschlagen wird, aber mit ein bisschen Glück und Vertrauen landet man an den traumhaftesten Orten und erlebt eine wundervolle Zeit.«

Unsere Blicke trafen sich. Ich schluckte.

»Ich hoffe, dass du auf deiner weiteren Reise tollen Menschen begegnen wirst. Das hat jeder verdient.« Während unseres Gesprächs waren wir näher zusammengerückt. »Musst du wirklich morgen schon wieder los? Kannst du nicht doch noch ein kleines bisschen länger bleiben?«

Er lehnte sich an mich an. Sein Gesicht war mir so nahe, dass ich unmöglich irgendetwas erwidern konnte. Und als seine Lippen meine berührten, verlor ich mich in dem Moment – und wusste: Ich hatte gefunden, wonach ich die ganze Zeit gesucht hatte.

10.

VOR DER REISE IST NACH DER REISE

Auf dem Weg ins Abenteuer

VON GESA NEITZEL

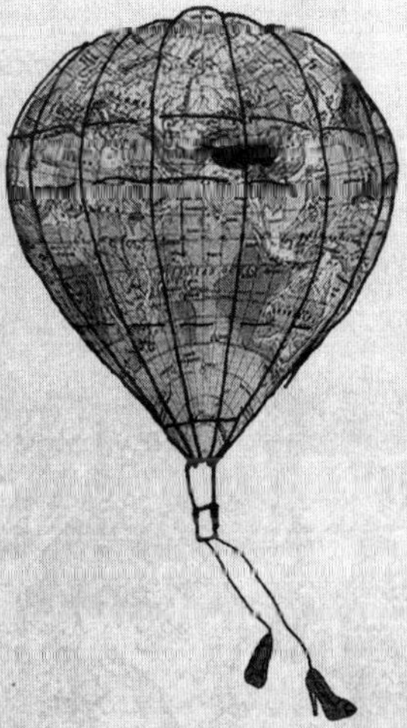

ZWÖLF MONATE BIS ZUR ABREISE

Wer bin ich eigentlich? Und wo will ich hin? Was will ich aus meinem Leben machen? Soll ich studieren? Eine Ausbildung machen? Oder vielleicht doch berühmt werden? Ach, am liebsten wäre ich einfach wieder fünf Jahre alt, da war es noch legitim, mich einfach auf den Boden zu werfen und mit den Fäusten zu trommeln, wenn ich nicht mehr weiterwusste. Aber ich bin nicht mehr fünf. Sie sagen, ich sei jetzt erwachsen. Eine von ihnen. So ein Mist. Als Erwachsene übernimmt man Verantwortung, man trifft reife und weise Entscheidungen und verschwendet seine Zeit auf einmal mit all den Dingen, die keinen Spaß machen: Geld. Job. Krankenkasse. Ob ich das überhaupt will, hat mich keiner gefragt. Oder habe ich irgendwann auf der Straße meines Lebens die Ausfahrt verpasst, die mit dem Schild angekündigt wurde: »Wer nicht erwachsen werden will, bitte jetzt rechts abbiegen« …? Doch das fünfjährige Kind in mir fasst jetzt einen Entschluss: Ich spiele da nicht mit! Im Leben muss es doch um mehr gehen, als tagaus, tagein lebensverändernde Entscheidungen zu treffen und Verantwortung zu übernehmen. Ich steige aus. Erwachsenwerden? Nein, danke!

ACHT MONATE BIS ZUR ABREISE

Ich mache eine Weltreise. Meine Entscheidung steht. Und schon befinde ich mich in einem Dilemma. Denn der Weg zurück zu der Freiheit und Unbeschwertheit meiner Kindertage ist gesäumt von jeder Menge Stolpersteinen und Komplikationen: Eine Weltreise ist teuer. Um mir diese Auszeit zu verdienen, muss ich viel arbeiten. Und was passiert eigentlich, wenn ich mich unterwegs verletze?! Und schon dreht sich doch wieder alles um all die Dinge, die keinen Spaß machen: Geld. Job. Krankenkasse. Ich löse meinen Bausparvertrag auf, ich verkaufe meinen halben Kleiderschrank auf dem Flohmarkt, ich arbeite als Messehostess und stehe mir zwölf Stunden am Tag in hohen Absätzen die Beine in den Bauch. Ich unterdrücke Schreikrämpfe und Wutanfälle in sich wiederholenden Disputen mit meiner Krankenkasse. (»Wie? Sie wollen für ein ganzes Jahr um die Welt reisen?!«) Schließlich habe ich endlich genug Geld gespart, um mir wenigstens schon mal den Flug leisten zu können.

FÜNF MONATE BIS ZUR ABREISE

Der Flug ist gebucht. Jetzt gibt es kein Zurück mehr ... aber jetzt würde ich gern zurück. Ist die Sache nicht doch eine Spur zu groß für mich? Was soll ich denn machen, ganz allein, am anderen Ende der Welt? Hätte ich vielleicht doch auf meine Eltern hören sollen? »Du rennst vor deinen Problemen davon. Wenn du wiederkommst, wird sich nichts geändert haben!« Doch. Etwas wird sich ändern. Und zwar ich selbst. Hoffentlich. Ich werde die Welt entdecken und fernab von allem, was ich kenne, zu mir selbst finden. Ich muss.

ZWEI MONATE BIS ZUR ABREISE

Der Rucksack ist gekauft. Ich verbringe meine Wochenenden damit, in Reiseliteratur zu stöbern und schon mal auf Probe zu packen. Was muss alles mit auf so eine lange Reise – oder besser gefragt: Was nicht?! Hinter meiner Packliste verstecken sich diverse Szenarien, die mir auf meinem Trip widerfahren könnten. Taschenmesser, Durchfallmittel, schickes Kleid – jedes Wort ist codiert und steht für ein mögliches Ereignis in der nahen Zukunft: Raubüberfall, Lebensmittelvergiftung, heißes Date mit einem Surferboy. Vorfreude und Angst sind meine ständigen Begleiter in diesen Tagen. Angst nimmt die Rolle des »Bad Cop« ein und schafft es immer wieder, Zweifel und Panikattacken in mir auszulösen. »Good Cop« alias Vorfreude steuert vehement dagegen, und während sich die beiden heftige Diskussionen zwischen meinen Ohren liefern, suche ich im Internet nach einem geeigneten Zwischenmieter für mein WG-Zimmer.

EINEINHALB MONATE BIS ZUR ABREISE

Mitbewohner-Casting. Für mein geliebtes Zimmer haben sich über dreihundert Leute beworben. Während ich versuche, mehrere Kontinente zwischen mich und mein Zuhause zu bringen, scheinen andere es gar nicht abwarten zu können, hier sesshaft zu werden. Aber wer soll mich in meiner Abwesenheit vertreten? Eines ist klar: Es muss ein würdiger Nachfolger sein. Eine Mischung aus Putzfrau, Partygirl und Prinzessin, die zigarettenrauchend einen Pfannkuchen in der Luft wenden und dabei über den Sinn des Lebens philosophieren kann. Alles klar. Vielleicht sollte ich doch lieber hier bleiben ...

ZWEI WOCHEN BIS ZUR ABREISE

Angst ist immer noch da, Vorfreude wurde seit gestern durch Aufregung abgelöst. Ich schlafe nachts nicht mehr, sondern versuche mir vorzustellen, wie das Leben aussehen wird, das ich schon bald beginnen werde. Mein Gehirn versteht nicht, was da in zwei Wochen auf mich zukommt, und sendet dementsprechende Signale an den Rest meines Körpers. Adrenalinschübe, Panikattacken, Lachanfälle. Nur mit Mühe und Not unterdrücke ich den Drang, meine Gefühlswelt der Außenwelt mitzuteilen, und bleibe in der Öffentlichkeit ganz ruhig und gelassen (zu Hause finde ich neuerdings aber meinen Schlüssel im Kühlschrank wieder und zwei verschiedenfarbige Socken an meinen Füßen).

EINE WOCHE BIS ZUR ABREISE

Der Abschied naht und damit auch die obligatorische Abschiedsparty, die in eine ganze Abschiedswoche ausgeartet ist. Diverse Freunde, Bekannte und Verwandte haben ausgerechnet an meinem letzten Abend keine Zeit und bestehen darauf, mit mir noch einen Kaffee zu trinken, einen Spaziergang zu machen oder feiern zu gehen, bevor ich sie für immer verlasse ... Moment mal, was soll das heißen, »für immer«? Wissen die etwas, was ich nicht weiß? Geht nächste Woche die Welt unter? Wird mein Flugzeug abstürzen? Darf man nach einer Weltreise nicht mehr nach Deutschland einreisen? Für einen Rückzieher ist es zu spät, mein Rucksack steht fertig gepackt in der Ecke, darin raffiniert zu kleinen Rouladen zusammengerollt drei Hosen, fünf T-Shirts, Unterwäsche und Socken für eine Woche. (Was meine Mama überhaupt nicht nachvollziehen kann – »Du fährst 365 Tage weg und nimmst nur sieben Schlüpper mit?!«)

EIN TAG BIS ZUR ABREISE

Es ist spät in der Nacht. Die Abschiedsparty ist vorbei. Ich bin auf dem Heimweg. Nur noch heute kann ich das von mir behaupten. Ab morgen bin ich für eine lange Zeit zwar auf dem Weg, aber ohne Heim. Die Angst ist schon vorausgegangen, Wehmut läuft jetzt an meiner Seite. Viele Tränen sind an diesem Abend geflossen, ich werde meine Liebsten vermissen, so ganz allein in der großen Welt. Aber ich muss gehen, sonst werde ich mich immer fragen, was ... ja, was eigentlich? Das werde ich wohl erst nach der Reise wissen. Und so gehe ich noch ein paar Schritte auf den mir bekannten Straßen, wie ferngesteuert finde ich meinen Weg nach Hause, die Treppen hinauf und in mein Bett.

EINE STUNDE BIS ZUR ABREISE

Am Flughafen. Mama und ich weinen hemmungslos, auch Papa kann sich eine kleine Träne nicht verdrücken, während wir drei uns in einem dicken Knäuel aus Armen fest umschlungen halten. Schon komisch. In den ganzen letzten Monaten ging es nur um mich, um meine Ängste, meine Sorgen, meine kleinen Wehwehchen. Zum ersten Mal begreife ich nun aber, wie schwierig es für die beiden sein muss, ihre Kleine einfach so gehen zu lassen, ohne zu wissen, was auf sie zukommt. Nicht nur ich werde mit dieser Reise wachsen.

EINE MINUTE BIS ZUR ABREISE

Ich sitze im Flugzeug, das bereits auf der Rollbahn Richtung Startposition fährt. Mein Herz pocht wie verrückt. Da hinten ist die Aussichtsplattform. Auch wenn ich sie nicht sehen kann, weiß ich, dass Mama und Papa dort stehen und winken. Eine einsame Träne rinnt über mein Gesicht. Ich wische sie nicht weg. Bis ich über dem Meer bin, darf ich noch traurig sein. Danach schaue ich nach vorn und freue mich auf ein ganzes Jahr voller Abenteuer, Fehler und Erkenntnisse ...

11.

DER HELD IN MIR

Ausgesetzt in den schottischen Highlands

VON ASTRID WEISS

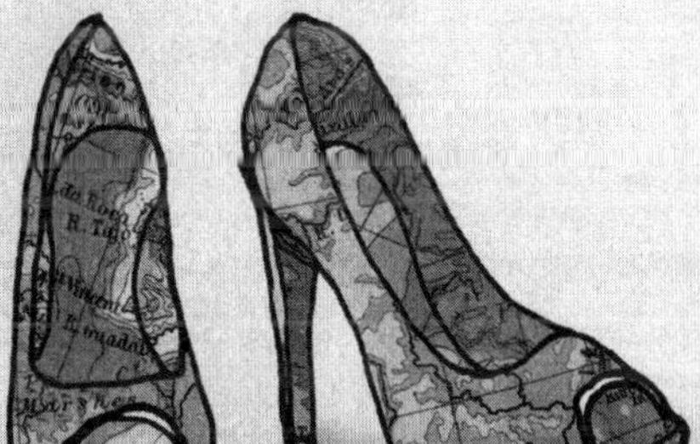

Wenn man zum ersten Mal durch die schottischen Highlands fährt, glaubt man, ans Ende der Welt zu gelangen. Startet man in Glasgow, noch mitten im Großstadtrummel, führt einen die Landstraße alsbald durch beschauliche Örtchen, die immer kleiner und ruhiger werden, je weiter man fährt. Fort William scheint die letzte größere Bastion der Zivilisation zu sein; alles, was danach kommt, ist auf den ersten Blick wilde, bei Regenwetter dunkle Einsamkeit – ein Kunstwerk, das keine Menschenhand erschaffen und keine Kamera so wiedergeben kann. Und mit jedem Kilometer, den man zurücklegt, will man mehr und mehr eins werden mit der Landschaft, ist fasziniert und überwältigt und plötzlich ist es da, inmitten dieses wunderschönen Niemandslandes: das Gefühl, angekommen zu sein, dort, wo alles andere plötzlich egal ist.

*

Wir starteten unsere Tour am Loch Lomond, der unweit von Glasgow liegt; ein Ausflugsziel für Touristen und erholungssuchende Glaswegians. Das Wetter war nicht besonders gut an jenem Morgen, Nebelschwaden hingen über dem Wasser, die Luft roch nach dem Regen der letzten Nacht und es schien nicht hell werden zu wollen. Unser vollgepackter Mietwagen stand bereit für unsere Tour durch die Highlands. Gewappnet für jede Wetterlage, hatten wir keinen Plan, wo wir hinwollten. Die Straße selbst – es gibt nicht viele in den Highlands – war unser Ziel.

Ich fühlte mich von Beginn an wie die Helden der schottischen Geschichte: Robert the Bruce, William Wallace oder Jamie, der unerschrockene Kämpfer und Liebesheld aus den Highland-Schmökern, die ich in den Monaten zuvor verschlungen hatte. Ich konnte es kaum erwarten, selbst durch das Hochland zu ziehen, immer gewappnet für das eine große Abenteuer.

Gut gelaunt fuhren wir auf der A82 gen Norden. Die Wolken und Nebelschwaden begleiteten uns, doch das machte die Umgebung umso verwegener. Fast suchte ich schon nach meinem imaginären Schwert, und hätte ein Pferd im Wege gestanden, ich hätte mich sofort darauf geschwungen, um über die Hügel und Berge zu galoppieren und den Feind zu vertreiben, todesmutig kämpfend, um mein Land zu schützen. Zunächst waren wir jedoch damit beschäftigt, uns durch den Linksverkehr zu kämpfen. Zu unserem Glück – und dem des uns wütend zuhupenden Gegenverkehrs – wurden die Straßen immer leerer, leider aber auch immer enger. Wirklich sicher fühlten wir uns nicht. Als Beifahrerin konnte ich mich jedoch, mehr als Audrey, auf die Landschaft konzentrieren. Lediglich Audreys gelegentliche französische Schimpftiraden rissen mich kurzzeitig aus meinen Träumereien.

Audrey und ich hatten uns in Glasgow kennengelernt. Beide hatten wir die freien Tage übers Wochenende dafür nutzen wollen, mehr als nur die Stadt zu sehen. Ein Wort ergab das andere und so saßen wir nun zusammen in dem kleinen Mietwagen. Leider musste ich recht schnell feststellen, dass ich mir meine Reisegefährtin nicht sehr gut gewählt hatte. Schon beim Frühstück in unserer Unterkunft am Loch Lomond hatte sie begonnen zu schimpfen: über das Wetter, über das britische Frühstück (wir hatten vergessen, ein Continental Breakfast zu bestellen), über die kleine, pummelige Schottin, der das Bed & Breakfast gehörte, über den schottischen Dialekt, den sie nicht verstand ... Dabei rümpfte sie theatralisch ihre kleine Nase, legte die Stirn in tiefe Falten, strich sich krampfhaft eine nicht vorhandene Haarsträhne aus dem Gesicht und sah dabei noch weniger nett aus als sowieso schon.

Das Auto wirkte enger als gedacht, als wir uns auf einmal nicht mehr riechen konnten. Ich überlegte schon, diese kratzbürstige Französin stehen zu lassen, als ich nach der ersten Toilettenpause früher zurück am Auto war. Leider hatte sie den Schlüssel in der Tasche.

»Glencoe!«, rief ich unwillkürlich, als sich mir hinter einer langgezogenen Kurve eine atemberaubende Szenerie bot. Links und rechts der Talsohle, durch die wir fuhren, standen sie im Nebel und Nieselregen: die mächtigen, kahlen und felsigen Berge von Glencoe. Es konnte keinen melancholischeren Ort geben. Ich fröstelte, an die Toten des Massakers von Glencoe im 17. Jahrhundert denkend.

»Bitte halte hier, Audrey.«

Sie erschrak, hatte ich doch die letzte halbe Stunde nichts gesagt, sondern nur aus dem Fenster gestarrt. »Bist du verrück? Es regnet doch! Wieso sollen wir raus in dieses Wetter?«

»Weil es hier einfach unglaublich ist! Hier ist Glencoe!«

»Ich hab das Schild auch gelesen. Aber was willst du denn hier machen? Einkaufen? Etwas essen? Jemanden kennenlernen? Es gibt hier nichts zu tun, was du nicht auch im Auto erledigen könntest.«

Audrey fuhr einfach weiter. Das Ende unserer noch nicht einmal begonnen habenden Freundschaft war damit besiegelt.

Die folgenden Stunden saßen wir stillschweigend nebeneinander. Audrey starrte stur geradeaus auf die Straße und ich hatte nicht eine Sekunde lang den Eindruck, dass sie diese Landschaft genoss, während meine Wut über ihre Ignoranz mit jedem zurückgelegten Kilometer wuchs.

Von da an konnte Audrey sich nicht mal mehr die Nase putzen, ohne mich zur Weißglut zu bringen. Ich war genervt von ihr und davon, mit ihr in diesem Auto zu sitzen, ich war genervt von mir und davon, auf die Idee gekommen zu sein, einfach mit ihr irgendwohin zu fahren. Der Höhepunkt war erreicht, als meine Reisebegleitung mir Vorträge über die »ach so wunderbare Provence« hielt, die ja »um so vieles schöner als diese kargen schottischen Highlands« sei.

»Warum bereist du denn die Highlands dann? Ich verstehe dich nicht. Seit Beginn der Reise beschwerst du dich unaufhörlich. Du nervst! Tu mir einen Gefallen und halte einfach den Mund.«

Das saß. Audrey schaute mich entgeistert an und wäre dabei beinahe von der Fahrbahn geraten. Sie riss das Lenkrad herum und wollte etwas sagen, brachte aber nichts als ein verächtliches Schnauben heraus.

*

»Du dumme, dumme Kuh«, rief ich dem Auto nach, bevor es mit quietschenden Reifen hinter der nächsten Kurve verschwand. Ich konnte es nicht fassen. Da stand ich nun mitten im Nirgendwo, mitten in der Einsamkeit. Ließ mich diese eingebildete Schnepfe doch tatsächlich im Regen stehen. Wir hatten uns erst angeschwiegen, dann heftig gestritten, kurz darauf wollte ich aussteigen, um zu fotografieren, und weg war sie.

Ich war mir sicher, dass sie bald reumütig auftauchen, sich entschuldigen und mit mir gemeinsam weiterfahren würde. Als sie jedoch auch eine halbe Stunde später nicht zurückkam, war klar, dass sie es ernst meinte. Hier war ich, mitten im Abenteuer. Hatten meine schottischen Helden früher auch geheult? Waren sie auch mal schwach, wütend und einsam gewesen? Ich hoffte es, denn dann hatte vielleicht auch ich eine Chance, aus dieser Geschichte heil herauszukommen.

Eine erste Bestandsaufnahme ergab, dass ich zwar meinen Geldbeutel in der Hosentasche, aber so gut wie kein Geld darin hatte. Mein Handy war in meiner Handtasche und diese lag im Auto. Ebenso mein Koffer und meine Jacke. Ich fröstelte. Wenigstens hatte es aufgehört zu regnen und der Himmel zeigte sogar etwas Blau.

Wo ich mich befand, wusste ich nicht. Irgendwo nördlich von Fort William, auf einer kleinen Landstraße, um mich herum die kahlen Highland-Berge, an deren Fuß grüne Moorwiesen, von einem schmalen Bach durchzogen. An manchen Stellen blühte das Heidekraut, in der Ferne sah ich braune, zottelige Hochlandrinder grasen und vereinzelt weideten Schafe. Ich war sehr froh, so nicht ganz allein zu sein. Außerdem konnte ich für den Fall, dass ich hier mehrere Tage verbringen musste, zumindest ein Schaf schlachten und müsste nicht verhungern.

Ich schüttelte mich und lachte mich selbst für diesen Gedanken aus. Eher würde ich mich wohl zu den Schafen stellen und mit ihnen Gras essen. In der halben Stunde, die ich neben der Straße kauernd auf Audrey gewartet hatte, war nicht ein einziges Auto vorbeigekommen. Düstere Aussichten für mein Weiterkommen als Tramperin. Verschiedenste Horrorszenarien gingen mir durch den Kopf. Angefangen bei einer Attacke der Rinder bis hin zum erbärmlichen Erfrieren in der kalten schottischen Nacht. Leider würde mich auch niemand so schnell vermissen. Ich beschloss, dass ich verloren war. Schluss. Aus. Ende. Es gibt sicher schlimmere Orte auf der Welt, um zu sterben.

Als just in diesem Moment ein Auto um die Ecke bog, sprang ich fast auf die Straße vor Freude. Ein rundlicher alter Mann blickte mich erschrocken an, stoppte aber zum Glück seinen silbernen Kastenwagen. Normalerweise wäre ich niemals bei einem fremden Mann eingestiegen, jetzt blieb mir nichts anderes übrig.

Scott MacKenzie hieß mein glatzköpfiger Retter und er sah so gar nicht aus, wie ich mir einen Highlander vorstellte. Er wohnte in einem kleinen Ort einige Kilometer westlich von Fort Augustus. Da es schon spät war, schlug er mir vor, bei ihm zu nächtigen, da bis zum nächsten Morgen keine Chance bestehen würde, von dort wegzukommen. Und er hatte nicht die Zeit, mich zurückzufahren, da er sich – ich staunte – um seine Schafe kümmern musste.

Die kleine Farm lag idyllisch in den Moorwiesen. Scotts bescheidene Hütte war gemütlich, roch aber stark nach Schaf. Mir wurde schlecht, der Gestank verdarb mir den Appetit, doch ich wollte nicht unhöflich sein und aß, was mir Scotts Frau Liz auftischte. Leider schmeckte es scheußlich. Ich ärgerte mich, dass ich mich im Voraus nicht ausführlicher darüber informiert hatte, was »Haggis« wirklich war – Innereien von Tieren. Zum Nachtisch gab es zur Feier des Tages Whisky und wir unterhielten uns noch lange.

Nachts im warmen Bett, als ich in der Ferne das Meer gegen die Klippen schlagen hörte und mich über die Gastfreundschaft der MacKenzies freute, war ich Audrey beinahe dankbar, dass sie mich hatte stehen lassen. Ich war mir nicht sicher, ob meine französische Freundin heute Nacht ebenso gemütlich hausen würde.

Am nächsten Morgen war zu meinem Erstaunen der Himmel blau und die Sonne schien. Es wehte zwar ein kalter Wind, aber das störte mich auf meinem Morgenspaziergang entlang der Steilklippen wenig. Liz hatte mich davor gewarnt, auch nur einen Schritt vom Weg abzugehen, da man im Moor versinken konnte. Ein Morgen wie aus dem Märchen: Die Wellen tobten, die Möwen segelten wild flatternd und laut kreischend über meinem Kopf und fern am Horizont erkannte ich die Isle of Skye. Fehlte nur noch mein Held mit Pferd und Schwert, der mich mutig nach Hause bringen würde. Dieser kam sogar, jedoch in Gestalt von Scott, meinem geselligen Gastgeber. »Ready to go?«, rief er mir gegen den Wind in seinem herben schottischen Dialekt zu. Schweren Herzens riss ich mich von meinen Tagträumen los. Scott wollte mich nach Fort Augustus bringen, von wo ich mit einem seiner Freunde nach Glasgow fahren konnte. Fast ein wenig traurig um all das, was ich hier nicht erlebt hatte, verabschiedete ich mich von Liz und versprach, das nächste Mal wieder bei ihr vorbeizuschauen.

Fort Augustus ist ein kleiner, touristischer Ort auf dem Weg zum Loch Ness. Jeder Schottlandreisende kommt früher oder später hier vorbei, da Loch Ness, der tiefste See Schottlands mit dem sagenumwobenen Ungeheuer Nessie, auf keiner Reise fehlen darf.

William Muir, Scotts Kumpel und meine Mitfahrgelegenheit nach Glasgow, war ein Schotte, wie ich ihn mir vorstellte. Groß, kräftig, ja, sogar ein wenig rothaarig, empfing er mich mit einem breiten Grinsen und wir verstanden uns auf Anhieb. Als wir uns gerade inmitten einer lebhaften Diskussion über die britische Geschichte befanden, sah ich plötzlich in der Ferne einen grünen Wagen am Straßenrand stehen. Er glich unserem Mietauto, mit dem Audrey davongebraust war. Beim Näherkommen stellte ich fest, dass der Wagen vermutlich eine der vielen Steinmauern gerammt hatte, die die Straßen in den Highlands zu beiden Seiten begrenzen. Der linke Seitenflügel war eingedrückt. William redete fröhlich weiter und nahm das Auto gar nicht wahr. Wir waren gerade daran vorbeigefahren, als ich auf einer der Steinmauern Audrey sitzen sah. Sie wirkte nicht besonders glücklich.

Ich lachte in mich hinein und verspürte nicht einen Funken Mitleid. Recht so, schoss es mir durch den Kopf, und ich wünschte ihr genau den gleichen Regen, der mich gestern pitschnass gemacht hatte. Lange hielt meine Schadenfreude jedoch nicht an, stattdessen machte sich mein schlechtes Gewissen bemerkbar. Ich kann nicht mehr genau sagen, was meine Beweggründe waren: Mein gutes Herz? Die Tatsache, dass ich nicht so sein wollte wie sie? Vielleicht auch der großherzige Held in mir, der am Ende im Angesicht des vor Todesangst wimmernden Feindes Gnade vor Recht walten ließ? Oder einfach der verlockende Gedanke, mein Gepäck wiederzusehen?

William machte sofort kehrt. Audreys Auto, rein versicherungstechnisch war es leider sogar unseres, wurde einige Zeit später von einem Pannenservice abgeholt. Von ihrer Selbstverliebtheit, ihrem Trotz und ihrer Arroganz war nur noch sehr wenig übrig, als sie auf der Rückbank saß und wenig mehr als drei Sätze sagte, bis wir einige Stunden später zurück in Glasgow waren.

Vermutlich hat es sie sehr viel Überwindung gekostet, doch das leise »Sorry«, nachdem William uns verabschiedet hatte, war mehr, als ich erwartet hatte. Wir wurden keine Freundinnen mehr, doch ich spürte, dass sie die folgenden Tage an Wiedergutmachung interessiert war. Ich hatte wenig Lust auf ihre Vertrautheiten, ließ mir aber nichts anmerken. Ich war ja ein Held. Ohne Schwert zwar und ohne Pferd, aber nicht ganz ohne Kampf, wenn auch nur ein ganz kleiner – mit meinem inneren Schweinehund.

12.

CHAMPAGNERDUSCHEN UND BULLEN

Das Rennen von Pamplona

VON INA FISCHER

Das soll wohl ein Witz sein. Nie im Leben renne ich mit vier Bullen und Hunderten von verrückt gewordenen Spaniern um die Wette!«, verkünde ich lauthals und blicke entrüstet in die Runde. Silvia, Marc und Tony starren mich erwartungsvoll an, während ich, völlig aus der Fassung gebracht, so wild meinen Café con leche umrühre, dass es in alle Richtungen spritzt.

»Aber das ist ein absolut glücklicher Zufall, die Sanfermines finden nur einmal im Jahr statt, und dass wir zufällig gerade dann hier in Spanien sind, müssen wir ausnutzen!«, begründet Marc seinen Vorschlag. Die Blicke, die meine drei Reisegefährten austauschen, verdeutlichen, dass ich meinen hartnäckigen Widerstand getrost aufgeben kann. Aus der Nummer würde ich nicht so leicht herauskommen. Tief einatmen. Ausatmen. Fassung zurückgewinnen.

»Wann fahren wir?«, frage ich mit der Stimme einer Angeklagten, die sich soeben selbst schuldig gesprochen hat.

»Morgen Mittag. Von Barcelona bis ins Baskenland dauert es ein paar Stunden«, legt Tony fest und steht auf, um sich ein weiteres Brötchen zu holen. Ich stattdessen starre stumpf auf den Kaffeesee, der sich auf und um meinen Frühstücksteller gebildet hat. Meinen hart ersparten Urlaub hatte ich mir eigentlich anders vorgestellt. Ich wollte mich vor allem entspannen, doch statt Strand und Shopping stehen nun Stiere und Todesangst auf dem Programm. Wieso es meine Freunde ausgerechnet ins Baskenland zieht, kann ich mir beim besten Willen nicht erklären. Hier in Barcelona gibt es doch alles, was das Herz begehrt: Strand, beeindruckende Architektur und Kunst, fabelhaftes Essen und ein attraktives Nachtleben. Was kann im Gegensatz dazu an einem kleinen Kaff in der Nähe Pamplonas so besonders sein? Und warum sollte ich mich in Lebensgefahr bringen und an einem Stierrennen teilnehmen?

Ich bin nur mittelmäßig gut gelaunt, als wir am nächsten Tag im Auto sitzen und Barcelona mit rasender Geschwindigkeit hinter uns lassen. Silvia bemerkt meine hängenden Mundwinkel und drückt mir ein Buch in die Hand: *The Sun Also Rises* von Ernest Hemingway. »Hemingway war fasziniert von den Fiestas im Baskenland, er hat auch darüber geschrieben. Vielleicht interessiert es dich ja mehr, wenn du ein bisschen darüber gelesen hast«, erklärt sie mir augenzwinkernd. Ganz schön clever von ihr, mich mit Literatur zu ködern. Insgeheim habe ich bereits beschlossen, alles am Baskenland und der Fiesta de San Fermín, den Sanfermines, blöd zu finden, doch ich kann nicht widerstehen und schnappe zu. Den Rest der Fahrt verbringe ich mit dem Gesicht tief in der Lektüre vergraben und stelle fest, dass sich so eine sieben Tage andauernde Party wirklich alles andere als langweilig anhört.

Als wir in der Provinz Navarra ankommen, wird mein Entschluss, das Baskenland uninteressant zu finden, hart auf die Probe gestellt. Rund um uns herum erstreckt sich ein Meer aus Grün. Zwischen Bäumen und blühenden Sträuchern schlängelt sich ein plätschernder Bach hindurch und rechts neben der Landstraße zieht sich ein riesiges Weinanbaugebiet über mehrere kleine Hügel. Verdammt idyllisch hier, denke ich mir.

»Na, halb so schlimm, oder?«, ruft mir Marc über die Schulter zu. Ich kann mir ein Grinsen nicht verkneifen. Vielleicht bin ich wirklich etwas stur und naiv an die Sache herangetreten.

Navarra gilt als eine der kleinsten autonomen Gemeinden Spaniens und befindet sich im Norden des Landes, an der Grenze zu Frankreich. Unser Ziel ist ein Ort namens Estella; hier wohnt eine Freundin von Tony, die er während eines gemeinsamen Austauschsemesters in Finnland kennengelernt hatte. Nuria begrüßt uns herzlich und bittet uns direkt auf ein Glas Wein ins Haus. Zu meiner großen Überraschung ist das Wohnzimmer proppenvoll. Scheinbar hat sich die gesamte Verwandtschaft hier versammelt, um uns Neuankömmlinge zu beäugen.

»Keine Angst, die wenigsten von ihnen sprechen Englisch, also werden sie euch nicht mit Fragen überfallen.« Lachend drückt

Nuria jedem von uns ein Glas Rotwein in die Hand. »Ihr müsst wissen, das große Stierrennen in Pamplona wird mittlerweile von Touristen überströmt. Aber bei den kleineren, zum Beispiel hier in Navarra, trifft man fast nur auf Einheimische. Das bedeutet leider auch, dass die meisten kein Spanisch oder Englisch, sondern nur Baskisch sprechen.«

Weder Englisch noch Spanisch? Panik steigt in mir hoch. Wie zum Teufel sollen wir uns denn dann verständigen? Mein mühsam erlerntes Schulspanisch würde hier wenig von Nutzen sein.

Während ich auf den Schrecken einen großen Schluck Wein trinke, kommt Nurias Mutter Gladys mit einem Tablett Gebäck ins Wohnzimmer. Sie erklärt uns, dass die traditionellen baskischen Kekse nach ihrer Form benannt sind; sie heißen lustigerweise »tejas y cigarrillos«, was sich als »Dachziegel und Zigaretten« ins Deutsche übersetzen lässt. Ich beiße in eines der knusprigen Gebäckstücke, welches mir im Mund zu köstlichen Klümpchen zerfällt.

Wir verbringen eine Weile damit, uns unter Anwendung von ausschweifender Mimik und Gestik mit Nurias Verwandten zu unterhalten. Vermutlich reden wir alle die Hälfte der Zeit aneinander vorbei, aber trotzdem wird viel gescherzt, gelacht und ordentlich Wein nachgeschenkt. Ich fühle mich fast wie zu Hause, obwohl ich mitten in der Pampa zwischen einem Haufen Menschen sitze, die ich weder gut kenne noch wirklich verstehe.

Als es Zeit wird zu essen, werden wir nach und nach in die Küche gerufen, wo uns Gladys je eine Schale Gazpacho und einen Teller mit Weißbrot und »tomates rellenos« – gefüllten Tomaten – in die Hand drückt. Dazu begießen wir das gemütliche Beisammensein mit einer weiteren Flasche Rotwein, bis nach und nach alle Verwandten nach Hause verschwinden und wir unsere Isomatten und Schlafsäcke auf dem Wohnzimmerboden ausrollen.

Am nächsten Morgen werden wir unverschämt früh aus den Federn geworfen. Um Punkt sechs Uhr reißt Nuria ruckartig die Vorhänge auf und gleißendes Sonnenlicht durchströmt den Raum. Verwirrt blinzle ich Tony an, der seelenruhig neben mir weiterschläft. Ich brauche einen Moment, um mich daran zu erinnern, dass wir uns nicht in unserem Hotelzimmer in Barcelona befinden.

Verschlafen torkele ich in die Küche, wo bereits alle anderen um den Küchentisch verteilt sitzen.

»Hop, hop!«, ereifert sich Gladys, während sie mir Rührei auf den Teller schaufelt. »In zwei Stunden beginnt die große Eröffnungszeremonie und so wie es aussieht, habt ihr noch nichts zum Anziehen.«

Nichts zum Anziehen? Silvia und ich tauschen verwirrte Blicke aus, doch Zeit zum Nachfragen bleibt uns nicht, denn kaum ist das letzte bisschen Rührei verputzt, zieht uns Nuria bereits zur Tür hinaus.

Zwanzig Minuten später stehen wir inmitten einer riesigen Menschenmenge auf dem Rathausplatz. Wie alle anderen trage auch ich mittlerweile ein weißes Hemd, eine weiße Hose und ein knallrotes Halstuch. Meiner Meinung nach ist das alles andere als vorteilhaft und modetechnisch betrachtet ein Griff ins Klo, aber wenigstens sehen hier alle gleich bescheuert aus.

Plötzlich tritt der Bürgermeister auf den Balkon des Rathauses und hält die Eröffnungsrede, von der ich – eingequetscht zwischen Marc, Silvia und einem uralten Basken, der sich stolz als Julio vorstellt – leider wenig mitbekomme. Doch dann erklingt ein ohrenbetäubendes Knallen; zischend und surrend steigen mehrere Raketen in die Luft. Von irgendwoher ertönt lautstark Musik und alle um mich herum fangen an, hemmungslos zu tanzen. Auch ich lasse mich mitreißen und bewege mich so enthusiastisch im Takt, dass Julio anerkennend in die Hände klatscht. Mein euphorisches Herumgehüpfe wird jedoch urplötzlich unterbrochen, als sich eine kühle Champagnerdusche über meinen Kopf ergießt. Total perplex erstarre ich für einen kurzen

Moment, doch als ich merke, dass es allen um mich herum ähnlich geht, tanze ich einfach weiter. Auch Silvia, Tony und Marc scheinen den Moment zu genießen. Ähnlich durchnässt wie ich und mit einem strahlenden Lächeln auf dem Gesicht, wiegen sie im Takt mit.

Mittlerweile muss ich mir kleinlaut eingestehen, dass sich unser Aufenthalt im Baskenland bisher als alles andere als langweilig entpuppt hat. Besonders die Gastfreundlichkeit der Menschen beeindruckt mich, denn nicht immer ist es selbstverständlich, dass Fremde, die der Landessprache nicht einmal mächtig sind, so herzlich aufgenommen werden.

Während Nuria und ihre Freundinnen uns von Kneipe zu Kneipe schleifen, lernen wir die halbe Ortschaft kennen und jeder ist hellauf erfreut, unsere Bekanntschaft zu machen. Die auf die Eröffnungsfeier folgenden Stunden erlebe ich wie im Rausch. Die kleinen, sich windenden Gassen der Innenstadt sind vollkommen überfüllt mit Menschen und es sieht so aus, als würde ein rotweißer Fluss Estella durchströmen. Überall wird laut Musik gespielt, getanzt und gesungen. Neben Bier und Sekt trinkt man vor allem »Vino con Kas« – Rotwein mit Orangenlimonade gemischt – und zu meinem Entzücken werden zu jedem Getränk frittierte Tapas gereicht.

So sehr ich die Atmosphäre auch genieße, ein kleiner Teil von mir ist seit unserer Ankunft in Estella angespannt und nervös. Insgeheim habe ich immer noch wahnsinnig Bammel vor dem Stierrennen. Ich weiß, dass Tony, Silvia und Marc auf keinen Fall darauf verzichten werden, und ängstlich vom Rand aus zuschauen, während sich meine drei besten Freunde dieser Mutprobe stellen, möchte ich auch nicht. Dafür bin ich verdammt noch mal zu stolz.

Am frühen Abend ist es dann so weit. Dank eines ausgedehnten Mittagsschläfchens fühle ich mich wieder topfit und gemeinsam begeben wir uns zu der eigens für die Veranstaltung abgesperrten Rennstrecke, welche mitten durch die Innenstadt führt. Rund um die Absperrungen drängen sich schon die Läufer und Schaulustige, andere beobachten das Spektakel von einem der vielen Balkone aus. Mittlerweile pocht mein Herz so sehr, dass ich der Meinung bin, es könne sogar die Trommeln der Straßenmusikanten übertönen. Nervös versuche ich, regelmäßig ein- und auszuatmen, doch nicht einmal das gelingt mir. Stattdessen flattern meine Nasenflügel unkontrollierbar und ich gleiche einem hyperventilierenden Karnickel. Allen außer mir steht pure Vorfreude ins Gesicht geschrieben und ich versuche, mir nichts anmerken zu lassen, während ich angestrengt überlege, welche Ausrede mich jetzt noch vor meinem Schicksal bewahren könnte. Meine Nerven liegen blank und doch, als der erste Warnschuss erklingt und alle Wagemutigen über die Absperrung klettern, bleibt mir nichts anderes übrig, als ihnen zu folgen.

Mein ganzer Körper zittert und meine Knie fühlen sich an wie Pudding. Wie soll ich denn jetzt noch um mein Leben rennen können? Der zweite Warnschuss ertönt. Beim nächsten wird es ernst. Silvia drückt ein letztes Mal meine Hand, dann kommt er schon ... der dritte Knall. Einen Moment lang ist alles still, bevor die Menschenmenge außerhalb der Banden lautstark zu jubeln beginnt. Wir wissen alle nicht genau, wie weit entfernt sich die Bullen noch befinden, doch ich vertraue den erfahreneren Läufern um mich herum und warte unseren Start weiter mit ab. Plötzlich tritt Unruhe ein. Ich schaue hinter mich und sehe in der Ferne, wie die ersten zwei Bullen um die Kurve fetzen. Jetzt oder nie, denke ich und fange an zu laufen. Eins, zwei, drei ... Meine Schritte auf dem Asphalt sind das Einzige, das ich hören oder spüren kann. Alle anderen um mich herum sind mittlerweile auch in den Sprint verfallen. Vier, fünf, sechs ... Ich bin fest entschlossen, nicht schlappzumachen. Mein Kopf ist vollkommen leer gefegt von jeglichen Gedanken, es zählt nur eins: rennen. Sieben, acht, neun ... Ist doch alles halb so schlimm, denke ich mir mittlerweile. Doch ich merke, wie die anderen, geübten Läufer mich langsam überholen. Sicher können auch die Bullen nicht mehr weit weg sein. Zehn! Nach meinem letzten Schritt springe ich auf die unterste Planke der Bande und ziehe mich mit aller Kraft über die Absperrung. Tony, Marc und Silvia folgen. Gerade als wir allesamt auf der sicheren Seite angelangt sind, rast das erste, mehrere Zentner schwere Tier an uns vorbei.

Wir jubeln laut mit, reißen die Hände in die Höhe und wirbeln unsere roten Halstücher durch die Luft. Ich kann kaum glauben, welche Herausforderung ich soeben hinter mich gebracht habe. Unbeschreibliche Glücksgefühle durchströmen meinen Körper und Silvia und ich fallen uns erschöpft, aber zufrieden in die Arme. Barcelona erscheint mir plötzlich ganz schön öde im Gegensatz zu diesem Abenteuer im Baskenland.

13.

GEISTER IM GEPÄCK

Roadtrip zum Grand Canyon

VON KATJA HENTSCHEL

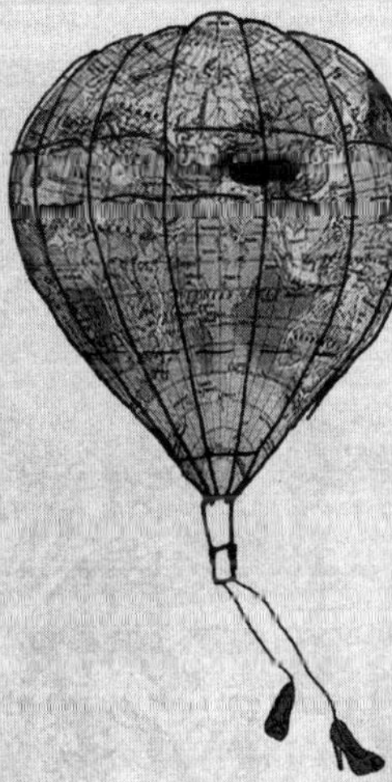

Als ich endlich mit gepackten Koffern vor Jimmys Haus in Austin, Texas stand, war es bereits drei Uhr morgens. Mit halb geschlossenen Augen und ausgebreiteten Armen öffnete er die Tür: »Schön, dass du da bist. Hast du abgenommen?« Er wusste schon immer, wie man einer Frau Komplimente macht.

Jimmy war kein Typ für den ersten Blick – schlaksig, strubbelige schwarze Haare, mit Narben im Gesicht, die von einer Akne-Vergangenheit zeugten. Nicht unbedingt das Profil eines Ladykillers. Aber Jimmy hatte etwas, das noch begehrenswerter war als gutes Aussehen: Er konnte einen zum Lachen bringen. Bei ihm war jeder Satz eine Pointe und seine oft verrückten Geschichten konnten eine ganze Bar unterhalten. Kein Wunder also, dass die Frauen ihm zu Füßen lagen, und auch in mir fand Jimmy ein dankbares Publikum. Wir hatten uns während meines Studiums in Paris kennengelernt, er war damals Untermieter in der Wohnung einer meiner Freundinnen gewesen. Auch ich war anfänglich seinem Charme verfallen, doch wir wussten schnell, dass wir uns als Freunde besser verstanden. Jahrelang hielten wir den Kontakt. Jetzt, vier Jahre nach unserem ersten Zusammentreffen und in Folge einer trunkenen Nacht vor dem Computer, planten wir ein kleines großes Abenteuer: einen Roadtrip zum Grand Canyon.

Es war Jimmys Einfall gewesen. Sein neuer Truck, die offene Straße vor uns und ein Plan, von dem er mir noch nichts verraten wollte. Nach der ersten Nacht in Austin und einem Frühstück im nahe gelegenen Diner wollte ich es wissen: »Was ist das eigentlich für eine geheimnisvolle Sache, die du im Grand Canyon erledigen willst?« Nachdenklich stocherte Jimmy in seinem Rührei herum, bevor er mir die ganze Geschichte erzählte.

Drei Jahre zuvor hatte Jimmys Mitbewohner einen Elchschädel als Geschenk an einen in Los Angeles lebenden gemeinsamen Freund geschickt, bei dem nur wenige Tage danach Krebs diagnostiziert wurde. Seine Frau hatte das ungewöhnliche Präsent als schlechtes Omen angesehen und es zurückgeschickt, mit der Bitte, die Jungs mögen es irgendwo tief vergraben. Jimmy beschloss irgendwann, dass der Elchschädel wieder in den Grand Canyon zurück müsste, wo er ursprünglich einmal gefunden worden war. »Seltsame Energien gehen davon aus«, mutmaßte er und wusste nicht, dass er damit meinen wunden Punkt getroffen hatte. Ich bin furchtbar empfänglich für alles Übernatürliche, eingebildet oder nicht. Einmal musste ich drei Wochen lang jede Nacht zum Einschlafen das Licht anlassen, weil ich im Fernsehen einen Bericht über ein Mädchen gesehen hatte, das mit einem Poltergeist zusammenwohnte. Ich sah mich also keineswegs in Frieden mit diesem Elchschädel zusammenleben und erklärte ihn fortan zum Schuldigen für alle Dinge, die schiefgehen sollten. Den Wecker nicht gehört? Das waren wohl die Elchgeister! Der Wagen springt nicht an? Schlechtes Elchkarma natürlich!

Nach einer ausgedehnten Shopping- und Barhopping-Tour durch Austin ging es am nächsten Morgen los auf große Fahrt. Mit meiner speziell angefertigten Roadtrip-Playlist im Ohr und dem Wind im Haar fuhren wir los. Letzteres war übrigens weniger eine romantische Wahl als vielmehr eine Notwendigkeit, weil die Klimaanlage im Auto kaputt war – Achtung, Elchschädel an Bord – und wir keine andere Option hatten, als die Fenster herunterzukurbeln. Technische Unzulänglichkeiten konnten uns die Laune jedoch nicht verderben, und während Jimmy den Refrain zu *Sweet Home Alabama* mitträllerte, schaute ich verliebt aus dem Fenster. Verliebt nicht in Jimmy natürlich, sondern in genau diesen Augenblick, in dem man nicht weiß, was einen erwartet, aber man endlich unterwegs ist, es herauszufinden.

Nach wenigen Stunden Fahrt hielt Jimmy an, um den Tank wieder zu füllen. »Philipps 66 Truck Stop«, hieß es auf dem großen Schild. Am Eingang begrüßte mich eine ältere, füllige Dame, auf deren Namensschild »Rosie« geschrieben stand. Ich holte gerade Luft, um sie nach dem Weg zum WC zu fragen, da zeigte sie schon mit dem Daumen hinter sich. »Toilets're ova there.« Auf dem Weg zum Klo blieb mein Blick immer wieder an den vielen Kruzifixen überall an der Wand hängen, die hier zum Verkauf angeboten wurden, dazwischen ein Türschild mit der Aufschrift »Howdy«.

Wenige Minuten später, auf der Suche nach Jimmy, betrat ich das zum Truck Stop zugehörige Restaurant. Sämtliche Wände waren mit Holz verkleidet, an vier Pfeilern prangten ausgestopfte Hirschköpfe, in der Ecke standen eine alte Jukebox und ein Spielautomat. Der Laden war fast leer, bis auf einen Mann mit Cowboyhut und Jeanshemd, der an der langen Theke Cola aus einem braunen Kunststoffbecher trank. Jimmy hatte es sich mittlerweile in einem der mit rot-weißem Leder bezogenen Separees bequem gemacht.

»Und ich dachte immer, solche Läden gibts nur im Fernsehen«, sagte ich zu ihm.

Er lachte amüsiert, lehnte sich nach vorn, runzelte die Stirn wie ein junger James Dean und mit seinem besten texanischen Akzent versprach er: »Well, young lady, I'ma show you what this place is all about.«

Zurück im Wagen und auf dem Highway, tranken wir aus riesigen Kaffeebechern und aßen Popcorn, Kartoffelchips, Käse, Äpfel, Nüsse, Reiskekse, Schokolade und sonstige Lebensmittel, mit denen wir uns zuvor eingedeckt hatten. Mein Mixtape leierte gerade zum dritten Mal durch und die Sonne ging langsam unter, als plötzlich, mit voller Wucht und einem lauten Knall, etwas auf die Windschutzscheibe des Autos prallte. Geschockt schrien wir beide auf, Jimmy bremste scharf und wir kamen innerhalb weniger Augenblicke zum Stehen. Mein Herz raste, wie erstarrt sah ich auf die Blutspur auf der Scheibe. »Was war das?«, fragte ich, noch immer verunsichert.

»Muss ein Vogel gewesen sein. Echt krass.« Betroffen schwiegen wir eine Weile, dann machte Jimmy die Scheibenwischer an und wischte so lange, bis kein Blut mehr zu sehen war. »Mach dir keine Sorgen, Kat, das war einfach nur ein blöder Zufall. Ist ja nichts passiert.« Jimmy wusste genau, dass ich den Elchschädel verantwortlich machte, aber keiner von uns erwähnte ihn.

Der Abend wurde immer dunkler und die Straße vor uns schien immer länger. »Noch 125 Meilen nach El Paso«, zitierte Jimmy ein Schild am Straßenrand. Zweihundert Kilometer, die uns von einem warmen Abendessen und einem Bett trennten. Spätestens jetzt wurde uns klar, dass unsere Zeitplanung viel zu optimistisch gewesen war. Hungrig, müde und erschöpft trafen wir gegen 23 Uhr endlich in El Paso ein.

Der nächste Morgen. Wieder wurde die Straße zu unserem besten Freund. Waren es gestern noch vor allem weite Felder und breitspurige Highways, die uns begegneten, verlief unser Weg nun entlang der Route 180, die New Mexico mit Arizona verbindet und durch atemberaubende Landschaften führt. Das hier war kein gewöhnlicher Highway mehr, das war Amerika pur. Von unserer Landkarte wussten wir, dass wir streckenweise Indianerreservate durchquerten, und tatsächlich sahen wir ab und an Holzschilder, die einen Eingang zu einer Siedlung der amerikanischen Ureinwohner vermuten ließen. Immer wieder fuhren wir an klapprigen, leer stehenden Holzhütten vorbei. Hin und wieder deutete ein herumstehender Pickup oder ein Banner mit der Aufschrift »Great Food Here!« auf Leben hin, Menschen aber sahen wir so gut wie nie. Herrenlose Briefkästen standen einsam am Straßenrand wie Symbole für ein vergessenes Stückchen Erde.

»Hey, schau mal da!«, rief Jimmy plötzlich, als ich gerade vergeblich versuchte, einen anständigen Radiosender zu finden. Dann sah ich, was er sah, und traute meinen Augen kaum. »Mogollow – Ghost Town 1876«, war dort auf einem großen selbstgemalten Schild zu lesen. Darunter ein Bild von einem lachenden Geist mit einer Spitzhacke und einer Schaufel. »Das müssen wir uns anschauen!«, sagte Jimmy, ohne zu zögern, und hielt den Wagen an. Ein Trampelpfad führte in die Böschungen hinein.

»Wow!« Jimmy stand die Begeisterung ins Gesicht geschrieben. Wir hatten einen echten Fünfziger-Jahre-Autofriedhof entdeckt. Sechs verrostete und verbogene Oldtimer und ein gelber Schulbus parkten hier, so als hätte sie jemand als Touristenattraktion aufgebaut. Jimmy ließ es sich nicht nehmen, das Innere des brüchigen Busses zu erkunden.

»Sei vorsichtig!«, warnte ich ihn, aber er lachte nur und nahm mit einem Satz Platz auf dem mit Sprungfedern gespickten Holzrahmen des Fahrersitzes. Dann lehnte er sich nach vorn, stützte seine Ellenbogen auf den Rahmen, der einst mal eine Frontscheibe gehalten hatte, und schaute zufrieden auf die umliegende Landschaft. »Kaum fährt man mit einem Elchgeist im Kofferraum durch Amerika, landet man auch direkt in einer Geisterstadt. Ich hoffe, du bist zufrieden!«, sagte ich und lachte. Jimmy grinste.

Nach einigen weiteren Stunden Fahrt durch scheinbar unbelebte Landschaften sahen wir es endlich vor uns: Flagstaff, die kleine Stadt vor dem Grand Canyon. Wir folgten den Schildern eine einsame Asphaltstraße bergauf, links und rechts von uns nur dichter Wald. Dann endlich war er da: der Eingang zum Nationalpark. Aus Vorfreude wurde langsam Nervosität und immer wieder feilte Jimmy an seinem Plan, wie er den Elchkopf vergraben wollte. »Bei dem Glück, das wir bisher hatten, werden wir wahrscheinlich noch wegen Müllabladens verhaftet«, scherzte er, doch ich konnte sehen, dass er langsam unruhiger wurde. Offensichtlich bedeutete ihm diese ganze Mission viel. Drei Jahre lang hatte er das hier geplant und nun trennten ihn nur wenige Minuten von der Zielgeraden.

Der Moment, in dem ich den Grand Canyon zum ersten Mal sah, war unbeschreiblich. Der Anblick war so überwältigend, dass er mir regelrecht die Sprache verschlug. Wortlos hielten wir an und mit wackeligen Beinen stiegen wir aus, um die Schönheit dieses Fleckens Erde voll in uns aufzunehmen. »Unglaublich«, murmelte ich schließlich, als mein Blick über die endlos scheinende und in Blau- und Rottönen funkelnde Felslandschaft streifte.

»Ja, wirklich einmalig«, antwortete Jimmy.

Noch bevor ich mich wieder fangen konnte, hüpfte mein Kumpel aus Texas bereits wie eine Gazelle über die Felsen. »Pass bloß auf, das sieht gefährlich aus und ich brauch dich noch als meinen Fahrer!«, warnte ich ihn scherzhaft.

Während Jimmy die Felsen erkundete, fotografierte ich entzückt in alle Himmelsrichtungen hinein, kein Baum, kein herumstehender Tourist war mir zu schade für ein Foto. Nach einer Weile hatte ich alles festgehalten, was festzuhalten ging, und schaute mich nach meinem Freund um. »Jimmy?«, rief ich, doch er war scheinbar spurlos verschwunden. »Jimmy!«, rief ich erneut, diesmal lauter. »Ich finde das nicht mehr lustig, jetzt komm schon!« Langsam wurde ich unruhig. Noch immer war er weit und breit nicht zu sehen. Ich wusste um seine Späße, doch der Abhang war sehr steil, Absperrungen gab es keine und ich fragte mich, wie viele Touristen wohl pro Jahr ausrutschten und in den sicheren Tod stürzten. Nun waren schon ein paar Minuten vergangen. Es gab nirgends eine Treppe oder eine für mich ersichtliche Möglichkeit hinabzusteigen. Mit der Ungewissheit wuchs in mir die Angst, dass etwas passiert sein könnte. Nervös ging ich auf und ab, immer mehr schlimme Gedanken schossen mir durch den Kopf. Das konnte doch alles nur ein schlechter Scherz sein. Erst erzählt mir Jimmy diese Horrorstory mit dem Elchschädel, von dem komische Energien ausgehen, dann knallt uns aus heiterem Himmel ein Vogel an die Scheibe und dann fahren wir auch noch ganz zufällig an einer Geisterstadt vorbei. Und überhaupt, dieser komische Truck Stop mit den vielen Kruzifixen an der Wand, und war da nicht sogar auch ein ausgestopfter Elchkopf irgendwo dazwischen gewesen? Waren das Zeichen? Hatte das Schicksal uns gewarnt und wir hatten die Signale nicht richtig gelesen? Das konnte doch alles nicht wahr sein! Mein Herz klopfte schneller, der Blick in die Tiefe machte mich schwindelig, mein Atem wurde kürzer und meine Sorge wuchs zur Panik.

»Kuckuck!«, schallte es vor einem Felsen unter mir hervor. Der Schreck hatte gesessen! Mit einem unschuldig breiten Grinsen winkte Jimmy mir zu, so als wäre nie etwas passiert. »Dachtest wohl, der Elchgeist hätte mich den Abhang hinuntergestürzt, was?«, scherzte er und zwinkerte mir mit einem Auge zu. Alle Anspannung löste sich in einem Satz.

»Mach so etwas nie wieder!«, schimpfte ich auf ihn ein. »Und jetzt komm, ich will endlich diesen blöden Schädel loswerden!«

Am Ende ging alles ganz schnell. Jimmy fand einen Flecken am Straßenrand, an dem er das Auto parkte. Ich folgte ihm ins Gebüsch, wo er ein Loch buddelte, den Schädel aus seiner Verpackung befreite und ihn, mit Steinen bedeckt, in seine letzte Ruhestätte unter einem Baum bettete. Wie bei einer richtigen Beerdigung hielt er eine kurze Ansprache, dann stand er auf und klatschte sich den Staub von den Händen. Zurück am Wagen, hielt er seine rechte Hand hoch, ich schlug ein und wir lagen uns noch einige Zeit in den Armen. »Ich habs geschafft. Ich habs wirklich getan«, sagte er, glücklich darüber, seine langjährige Mission endlich erfüllt zu haben.

Wieder im Auto und kurz davor, den Weg ins nächste Abenteuer anzutreten, schaute ich wieder verliebt aus dem Fenster. »Versprich mir etwas«, sagte ich zu Jimmy und legte meine Hand auf seine Schulter. »In zwanzig Jahren, wenn wir verheiratet sind und Kinder und feste Jobs haben, kommen wir wieder hierher und besuchen das Grab des Elchschädels, ja?«

»Versprochen, Partner«, antwortete Jimmy, lächelte sein charmantestes Lächeln und fuhr los.

14.

ICH WILL WILDNIS!

Camping in Kanada

VON ANNA PEUCKERT

Ich hasse Orange. Die Farbe steht mir einfach nicht. Eigentlich habe ich auch noch nie jemanden getroffen, der darin gut aussieht. Blöd, denn in der Jackenabteilung des riesigen Outdoor-Kaufhauses in Ottawa wimmelt es vor praktischen Jacken, die einen bei Regen trocken halten, wärmen, wenn es schneit, und luftig sind, wenn die Sonne brennt. Und fast alle sind orangefarben. Der Grund, warum ich mich in diesem Abenteuerladen befinde, ist zum Glück bunter: der Indian Summer! Kurz bevor es in Kanada richtig Herbst wird, gibt die Natur noch einmal alles. Die Sonne schaut noch mal vorbei, kurz bevor der eiskalte Winter anklopft, wird es noch mal zwanzig Grad Celsius warm. Der Himmel ist blau und die Blätter der Ahornbäume verfärben sich grün, gelb, rot, braun und eben: orange. Das weiß ich aus dem Reiseführer und jetzt will ich es auch mit eigenen Augen sehen.

Vor fast vier Monaten hat es mich an Kanadas Ostküste verschlagen, wo ich ein langweiliges Praktikum in einer Eventagentur absolvierte. Bis zu meinem nächsten Job sind es noch drei Wochen. Und weil ich bis jetzt zwar viel über kanadisches Essen (Pommes mit Soße!) und Völkerverständigung (Motze in Kanada niemals über jemanden auf Deutsch, weil du meinst, er würde es nicht verstehen! Im Zweifel hat er immer eine deutsche Großmutter und versteht jedes Wort ...) gelernt, aber noch kaum etwas von der vermeintlich atemberaubenden Natur des Landes gesehen habe, steht mein Entschluss fest: Ich will campen! Raus aus der gemütlichen Hauptstadt am Ottawa River, rein in die Wildnis, für drei Tage in einen Nationalpark weiter östlich ins Land. Dass ich bis jetzt erst einmal in meinem Leben ein Zelt aufgebaut habe – das war im Garten meiner besten Freundin, als ich acht Jahre alt war –, bringt mich nicht von meinem Vorhaben ab. Kann ja nicht so schwer sein.

Zwei Mitstreiterinnen habe ich auch schon gefunden. Amy ist genau wie ich zum ersten Mal hier. Sie kommt aus Manchester in England und hat zusammen mit mir das Praktikum durchgestanden. Seit ich sie an unserem zweiten Tag beim heimlichen Rauchen im Kopierraum erwischte, sind wir unzertrennlich. Wir teilen die Liebe zu Kartoffelchips, britischen Bands und starken Cocktails und verbringen zu viel Zeit beim Shoppen. Uns begleiten wird Lisa, echte Kanadierin mit Outdoorerfahrung, geboren hier an der Ostküste. Lisa habe ich an einem heftigen Abend in einer Karaokebar kennengelernt, der mittlerweile nur noch eine neblige Erinnerung an Nancy Sinatra ist. Am nächsten Morgen blieben von meiner Gesangskarriere nur Kopfschmerzen übrig – und eine tolle neue Freundin, die genauso schief singt wie ich.

»Ihr werdet es lieben! Jedes Kind kann ein Zelt aufbauen!«, versichert Lisa Amy und mir, als wir ein wenig skeptisch nach geeigneter Outdoorausrüstung für unsere große Tour suchen. Um die »Mountain Equipment Company« habe ich in der Mall immer einen großen Bogen gemacht. Jetzt stehe ich zwischen Gasbrennern, Isomatten und Fischhaken und zweifele das erste Mal an meinem Plan. Aber weil Lisa nicht nur große blaue Augen hat, die mich begeistert anstarren, sondern auch diese typisch kanadische Art, die alle irgendwie mitreißt, beruhige ich mich schnell wieder. Amy hingegen ist ein bisschen schwieriger zu überzeugen. Ich konnte sie überhaupt nur überreden mitzukommen, weil ich ihr von den niedlichen Bibern erzählte, die in den Wäldern auf uns warten. Jetzt steht sie etwas verloren zwischen großen Kanupaddeln und schaut mich fragend an. »Brauchen wir dieses ganze Bergsteigerzeug wirklich? Wir könnten doch im Auto schlafen!« Nix da! Ich habe mir das wilde Kanada in den Kopf gesetzt, übernachten in Lisas kleinem Kia zählt nicht. Eine orangefarbene Jacke kaufe ich natürlich trotzdem nicht, mein Anorak muss reichen.

Um Punkt acht Uhr am nächsten Morgen steht Lisas Auto vor meiner Tür und sie in meinem Badezimmer. »Mach schneller! Wir sind schon viel zu spät dran. Eine richtige Wanderung beginnt im Morgengrauen.« Mir ist das ziemlich egal, ich bin einfach nur müde, motzig und verdammt hungrig. »Wir frühstücken im Auto«, ruft Lisa mir zu, als sie mit roten Wangen die Treppen hinuntersprintet.

Amy sitzt schon auf ihrem gepackten Rucksack auf dem Bürgersteig und hängt wild gestikulierend am Telefon, als wir vor ihrem Apartmenthaus ankommen. »Man weiß ja nie, wie lange wir noch Empfang haben. Ich versuche gerade, meinem Vater zu erklären, wo genau wir hinfahren. Falls ein Bär kommt. Oder ein entflohener Mörder aus der Irrenanstalt. Habt ihr GPS-Koordinaten vom Park?«, fragt sie allen Ernstes.

Nein, haben wir nicht. Das hier wird schließlich ein Abenteuer. GPS gilt nicht. Und außerdem sind wir nicht im Niemandsland, sondern in Murphys Point unterwegs. Der Park befindet sich im Südosten des Bundesstaates Ontario, etwa zwei Stunden Autofahrt von Ottawa entfernt. Kurz dahinter liegt der riesige Lake Ontario, einer der Großen Seen der USA, fast so groß wie ein Meer. Die Landschaft raubt einem Stadtmenschen wie mir den Atem, so schön ist sie. Alles ist so verdammt groß.

Je höher sich unser kleiner Kia die Bergstraße hinaufschlängelt, desto mehr kann ich schauen. Wald, so weit ich sehen kann, dazwischen kleine Seen. Langsam werde ich wach und munter, sogar mein Magen hört auf zu knurren. Ich sitze hinten im Mini-Auto, eingequetscht zwischen Schlafsäcken und Provianttaschen, und fühle mich trotzdem riesig. Vom Beifahrersitz aus höre ich Amy immer noch telefonieren. Sie entschuldigt sich gerade bei ihrem Bruder, den sie in England aus dem Schlaf gerissen hat, um ihm unsere Route durchzugeben. Aber Lisa, die am Steuer sitzt, scheint genauso aufgeregt zu sein wie ich. Dabei war sie hier schon oft mit ihren Eltern, hat ganze Sommer im Nationalpark verbracht. Jetzt erzählt sie aufgeregt von Kanufahrten auf hübschen Seen, Nächten voller Glühwürmchen und Marshmallows über dem Lagerfeuer. Genau das will ich auch! Vielleicht hätte ich doch eine orangefarbene Jacke kaufen sollen, denke ich. Vielleicht bin ich doch ein Wandertyp. Vielleicht tausche ich doch das Stadtleben gegen eine Holzhütte in Ontario?

Mit den Rucksäcken auf den Rücken, Proviant in der Tasche und neuen Wanderstiefeln an den Füßen ziehen wir bald darauf los. Unser erstes Lager wollen wir vor Einbruch der Dämmerung am Big Rideau Lake aufschlagen. Wildnis, ich komme!

Nach zehn Metern hat Amy einen Stein im Schuh. Das kann ja heiter werden, denke ich. Aber Lisa ist immer noch ansteckend gut gelaunt und auch ich lasse mir meine Laune nicht von so einem Stadtkind verderben und schaue mich um. Genau so hatte ich mir den Indian Summer immer vorgestellt. Ahornblätter in Postkartenfarben, ein paar Sonnenstrahlen, die es irgendwie durch die Baumwipfel schaffen, und Mücken, so weit das Auge reicht. Moment mal. Mücken? Alles ist voll mit den Biestern. Wir sind erst eine knappe Stunde unterwegs, aber es wird nach jeder Biegung, die der Waldweg nimmt, schlimmer. Die Viecher fliegen mir ins Auge und fiepen in meinen Ohren, panisch fuchtele ich mit den Armen. Amy hinter mir kreischt hysterisch. Lisa läuft lachend voran. Sie kennt das Spiel wohl schon. Ich frage mich, warum sie uns nicht vorgewarnt hat. Immerhin packt sie nun das Mückenmittel aus und bald darauf sind wir eingeschmiert und riechen zitronenfrisch. Ob das die Mücken davon abhält, mich zu stechen? Es juckt schon überall …

Amy ist auch nicht überzeugt, hat aber eine Lösung parat. »Ich habe irgendwo gelesen, dass Rauch die Viecher vertreibt!«, ruft sie und hat schon eine brennende Zigarette im Mund. »Wir rauchen einfach in Schichten! Wenn meine aus ist, machst du dir eine an. Okay?«

Ich versuche noch, mir vorzustellen, wie es wohl ist, keuchend einen Berg zu besteigen und dabei eine qualmende Kippe im Mund zu haben, als Lisa aufschreit: »Spinnst du? Du fackelst uns noch den ganzen Wald ab!« Zwei Sekunden später hat sie

Amy die Zigarette aus dem Mund gerissen und trampelt jetzt wie wild auf der Kippe auf dem Waldweg herum.

Amy schaut ihr mit offenem Mund zu. Ich meine zu sehen, wie eine Mücke auf ihrer Zunge landet. Endlich ist Lisa damit fertig, auf den mittlerweile zerfledderten Zigarettenstummel einzutreten. Sie blickt ernst in unsere Gesichter.

»'Tschuldigung«, murmelt Amy.

Ich zucke mit den Schultern und sage leise: »Wusste ich nicht!« Die Wildnis ist komplizierter, als ich gedacht habe.

Zum Glück kann Lisa niemandem lange böse sein, auch nicht zwei Wildlife-Novizen wie Amy und mir. Sie hat sich immer noch in den Kopf gesetzt, uns zu zeigen, wie toll es hier draußen ist. Ihr nächster Trumpf im Multifunktionsjackenärmel: Biber! Die bauen ihre Dämme im See direkt neben unserem Wanderweg. Ich bin aufgeregt, Amy auch. Wir wollen Biber sehen und schauen suchend die Böschung hinab ins Wasser, aber irgendwie habe ich mir das anders vorgestellt. Aufgeräumter vielleicht. Flauschiger. Ein bisschen mehr wie Baumarktmaskottchen. Stattdessen treiben mitten im See ein paar unordentliche Holzhaufen, drumherum liegt Matsch. Und keiner der Nager lässt sich blicken.

»Die Natur ist kein Zoo!«, lacht Lisa.

Ich bin erleichtert, als wir an unserem Nachtlager am Rideau Waterway ankommen. Unser blaues Drei-Frauen-Zelt steht erstaunlich schnell, auch ein Feuer am Seeufer entfachen wir ohne Probleme. Ich habe fest vor, mich wieder mit Kanadas Natur zu versöhnen. Baked Beans und billiger Wein helfen dabei. Als es dämmert, sitzen wir lachend am Feuer, die Mücken fallen uns kaum noch auf.

»Hier im See war ich immer mit meinem Sandkastenfreund schwimmen, am liebsten nachts«, erinnert sich Lisa. Endlich ist klar, wie wir diesen Trip retten können: Mitternachtsschwimmen! Es ist mittlerweile zwar ziemlich kühl, aber der Wein wärmt. Wir schlüpfen aus unseren Klamotten und sprinten in Unterwäsche zum Wasser. Ich komme nur bis zu den Oberschenkeln, es ist eiskalt. Schon im Mittelmeer bin ich zimperlich, wenn das Meer kälter als 24 Grad Celsius ist. Was habe ich mir nur gedacht. Lisa und Amy sind schon untergetaucht, ich wate auf Zehenspitzen zurück zum Ufer und schmolle. Und denke: Camping und ich, das wird nichts mehr. Meine Wäsche hänge ich über die Leine von unserem Zelt, ich trockne mich ab und verkrieche mich mit dem restlichen Wein in meinem Schlafsack. Dass Amy und Lisa irgendwann zurückkommen, höre ich kaum noch, meine Augen sind zugefallen. Ich träume von meinem weichen Bett in Ottawa und riesigen Plüschbibern.

»Ein Bär!« Amys Schrei reißt mich aus dem Schlaf. »Ein Bär hat unsere Klamotten geklaut!« Plötzlich bin ich hellwach. Das Zelt ist offen, draußen steht meine panische Freundin. Lisa ist mit mir aufgewacht, zusammen versuchen wir zu verstehen, was da gerade passiert ist. »Ich konnte nicht schlafen, die ganze Nacht über habe ich draußen Geräusche gehört. Jetzt, da es hell wird, wollte ich endlich pinkeln gehen. Und da habe ich es gesehen«, stammelt die aufgelöste Engländerin. Lisa und ich können es nicht fassen, wir kriechen nacheinander nach draußen. Tatsache, unsere Unterwäsche vom abendlichen Bad im See ist verschwunden. Lisas Beteuerungen: »Hier gibt es keine Bären«, erreichen Amy nicht. Sie packt hektisch ihre Sachen zusammen und stammelt: »Mir reichts, ich will zurück in die Stadt!« Ich bin ratlos. Der Murphys Point Park hat befestigte Campingplätze, ist für Wanderer freigegeben. Warum sollten hier Bären sein? Und hätte Lisa uns nicht gewarnt? Dann fallen mir die Millionen Mücken wieder ein, die sie uns verschwiegen hat. Und die Holzhaufen, die Biberbaue sein sollen. Offensichtlich haben die Kanadier ein anderes Verhältnis zur Natur. Wer weiß, vielleicht finden sie nichts daran, ihren Schlafplatz mit Unterwäsche klauenden Bären zu teilen?

»Mädels, kommt mal her!«, ruft Lisa vom Ufer. Sie grinst. Ich trotte hinunter, Amy hinter mir, ihren halb gepackten Rucksack fest im Arm. Ha, da ist es wieder: Orange! Hundert Meter von uns entfernt, auf der anderen Seite einer kleinen Sandbank, wehend im Wind. Vier riesige Fahnenmasten stehen da, mit leuchtend orangefarbenen Fahnen. Auf ihnen steht in großen Buchstaben: »Heritage Mica Festival«. Ich verstehe gar nichts mehr, Lisa umso mehr. Wir folgen ihr am Ufer entlang. Mittlerweile ist es hell und ich erkenne, dass das hier alles gar nicht so wild ist, wie es in der Dämmerung aussah. Ein Weg führt uns direkt zum Festivalgelände. Ich sehe eine Bühne hinten am Waldrand, Menschen, die Essbuden aufbauen, und Schilder, die das Theater- und Musikprogramm am Abend ankündigen. Und ein paar Schritte von uns entfernt: unsere Wäsche. Fein säuberlich zusammengelegt, darauf ein Zettel: »Passt das nächste Mal besser auf eure Klamotten auf! Ben.«

Amy und ich sehen fragend zu Lisa. Die ist mittlerweile kaum noch zu halten und läuft lachend auf die Budenbauer zu. »Ben! Du hast uns zu Tode erschreckt!«, ruft sie einem Mann in Jeans und Karohemd zu, der gerade einen Wurststand errichtet. Die beiden umarmen sich. »Das ist Ben«, stellt uns Lisa den Unterwäschedieb vor. »Er organisiert seit Jahren ein Festival hier im Park.«

Im Laufe des Nachmittags erfahren wir, dass die beiden sich seit ihrer Kindheit kennen. Und dass Ben es offenbar liebt, unbeholfene Touristen zu erschrecken. Nur dass seine alte Freundin Lisa in dem Zelt schlief, von dessen Leine er die Wäsche klaute, wusste er natürlich nicht. Und dass ein paar Meter von unserer vermeintlichen Wildnis ein Theaterfestival stattfindet, hat Lisa uns verschwiegen. »Damit ihr wenigstens kurz erlebt, wie toll es in der Natur ist«, behauptet sie. Die restlichen zwei Tage verbringen wir auf dem großen Festivalgelände, sehen Theaterstücke auf der Freilichtbühne, lernen Kanufahren auf dem See und essen Pommes mit Soße. Über uns wehen die orangefarbenen Fahnen des Festivals. Wenn ich heute eine Trekkingjacke kaufen müsste, würde nur eine Farbe in Frage kommen: Orange!

15.

ÜBERFLIEGER-EINMALEINS

Im Fluge durch das Ötztal

VON NINA HÜPEN-BESTENDONK

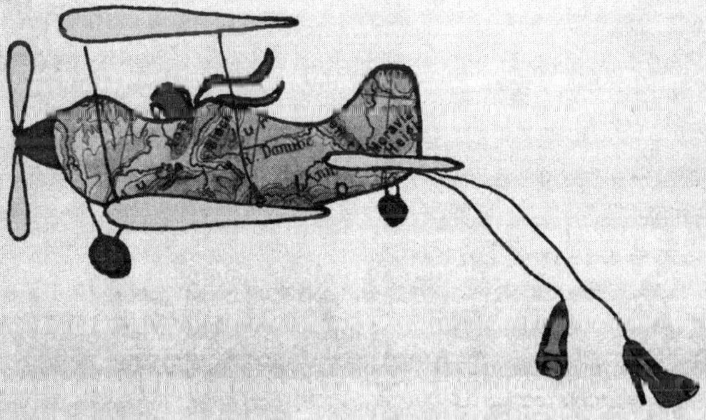

Manchmal muss man Höllenqualen leiden, seine Füße und vor allem sich selbst bemitleiden, die Sinnlosigkeit von Österreichs Gebirgslandschaft verfluchen und sich vor Angst beinahe in den Seidenschlüpfer machen, um einmal richtig zu fliegen und den dabei wohl atemberaubendsten Blick auf dieses Land zu ergattern. Um dann beinahe von einer Tanne erschlagen zu werden.

»Bloß nicht ausrutschen!« Das war eines der vielen Dinge, die mir die letzten Meter beim Besteigen des Hochoetz durch den Kopf gingen. Was hatte ich mir da nur wieder eingebrockt? Wieso noch mal bin ich nicht einfach raften gegangen?

Wann hast du schon mal die Gelegenheit, paragliden zu gehen?, hatte ich mir gedacht und mich vollen Mutes, zusammen mit meinen Freundinnen Yvonne und Kathrine, für diesen Programmpunkt unseres Österreich-Trips entschieden, natürlich ohne einen Gedanken daran zu verschwenden, dass meine schönen blau-roten Wanderschuhe zu Hause in Berlin lagen. So stieg ich also in meinen »Schlüppchen«, wie Uwe, mein Tandempartner, meine Schuhe liebevoll nannte, den Berg hoch. Na ja, nicht ganz, den größten Teil hatte die Seilbahn für unsere kleine Gruppe erledigt. Aber diese letzten, lassen wir es dreihundert Meter sein, brachten mich wirklich zum Nachdenken. Erstens hasse ich Wandern, egal welcher Art. Die Wanderschuhe befinden sich nur in meinem Besitz, weil sie im Berliner Winter zweifellos ein Lebensretter sind und nebenbei auch noch ganz hübsch aussehen. Zweitens bin ich wirklich nicht die Fitteste. Schon nach den ersten fünfzig Metern nutzte ich die Möglichkeit, ein Foto von der atemberaubenden Landschaft zu machen, für eine kleine Verschnaufpause.

Der Gedanke an Umkehr wurde durch die eintretenden Selbstzweifel nur noch drängender. Nicht die Angst vor dem Sprung, davor, dass der Schirm nicht hielt oder wir aus anderen Gründen abstürzen könnten, sondern die Angst vor der eigenen Courage bereitete mir inzwischen Bauchschmerzen. Wollte ich wirklich dreißig lange Minuten mit einem semi-attraktiven Kerl Tausende Meter über dem sicheren Boden verbringen?

Begibt man sich auf einen solchen Flug, sollte man stets darauf achten, nicht blind irgendwelche Formulare zu unterschreiben. Sich fragen zu müssen, was man da eigentlich unterzeichnet hat, ob diese Typen Betrüger sind, man ihnen das Erstgeborene überschrieben oder eine Waschmaschine gekauft hat, tragen nicht gerade zu positivem Karma bei. Ich war kurz davor umzukehren, fest in dem Glauben, dass wir noch stundenlang den kompletten Berg besteigen würden, als die Jungs endlich stehen blieben und die Rucksäcke absetzten.

Jogi, unser Guide, machte Fotos, ich mich locker. Nach einem »Gleich gehts los!« hier und einem »Ich freu mich schon!« da ließ auch ich mich von der Vorfreude der anderen mitreißen und redete mir ein, dass Paragliden, im Gegensatz zu Fallschirmspringen, ja eigentlich ganz entspannt sei.

Weit gefehlt.

Helm auf, Rucksack um, Gurtzeug an. Trockenübungen.

»Hinsetzen!«, deklarierte Uwe. Mein Gurtzeug hatte ein optisch wenig schmeichelndes »Kissen« unter dem Hintern, das einer übergroßen Windel glich. Ich tat wie befohlen, und ehe ich mich versah, lag ich wie eine Schildkröte auf dem Rücken, Uwe über mir. Er zog mich an meinem Geschirr hoch, bis ich ein paar Zentimeter über dem Boden schwebte und meine Nase nur noch wenige Zentimeter von seinem Schritt entfernt war. »Das ist dann auch in etwa die Position, die du später beim Flug haben wirst!« Ich schluckte, auf den Reißverschluss seiner Cargohose blinzelnd.

Uwe streckte mir seine Hand entgegen, um mir aufzuhelfen. »Jetzt üben wir den Start. Mal schauen, ob du das mit deinen Berliner Hipsterschlüppchen hinbekommst«, meinte er, sichtlich zweifelnd. Bloß nicht hinfallen!, wiederholte es sich immer wieder in meinem Kopf, während er mir erklärte, wie das Ganze vonstatten gehen sollte. Mein Herzschlag verdoppelte sich. Beim Paragliden ist es wichtig, dass man beim Start nicht aufhört zu laufen und dabei kräftig zu ziehen, um den Schirm mit Luft zu füllen und anschließend in die Höhe zu bringen. Erst wenn man eine Geschwindigkeit von etwa zwanzig Kilometern pro Stunde erreicht, beginnt der Schirm zu tragen. Kein Tempo, das mit 15 Kilogramm Geschirr auf dem Rücken, leerem Magen und stetig abfallender Motivation in greifbarer Nähe schien. Meine Zweifel wuchsen, aber Cargohosen-Uwe genoss mein vollstes Vertrauen.

Am Schirm angegurtet, Uwe hinter mir, Sonnenbrille auf, das Herz bis zum Hals pochend, stand ich nun da, den Blick in Richtung Abhang. Nur zwanzig Meter zwischen mir und der scheinbaren Unausweichlichkeit, eine Rolle vorwärts zu machen und wie ein dickes Knäuel aus Nina, Uwe, Windelrucksack und Gleitschirmschnüren ins Tal zu kullern. Ich atmete noch einmal tief durch. Yvonne und Kathrine starteten zuerst und brauchten dafür schier endlose Minuten, die wahrscheinlich nur Sekunden waren. Kathrines Start sah sogar ziemlich gekonnt aus. Kurz darauf rannten Yvonne und ihr Pilot auch schon los, schnurstracks auf eine Fahne zu. Ich war kurz davor, die Augen zuzukneifen, um die unvermeidlich scheinende Kollision nicht mit anzusehen, als die beiden einen Schlenker machten, der Schirm griff und sie sanft in die Luft glitten. Yvonnes Freudenschrei löste einen Adrenalinstoß in mir aus.

»Los gehts!«, stupste Uwe nun auch mich an. Jetzt hieß es: nach vorn lehnen und in Startposition gehen. Nur noch ein Atemzug trennte uns von einer halben Stunde trauter Zweisamkeit. Oder dem sicheren Tod.

»Halt!«, brüllte es von rechts.

Was???, schoss es mir durch den Kopf, mein Herz pochte mit neuer Rekordzeit. Stimmte irgendetwas nicht? War etwas locker?

Wurde gerade ein näher kommendes Gewitter über Funk durchgegeben?

»Ich muss noch schnell meine Speicherkarte in der Kamera wechseln!« Jogi. Nicht im Ernst. Uwe hinter mir verdrehte fast spürbar die Augen und meine Körperspannung löste sich ins Nichts auf. Meine beiden Freundinnen segelten derweil davon und ihre Schirme wurden kleiner und kleiner. Endlich hob Jogi die Hand und knipste munter weiter. Wenn diese Bilder nichts werden, dann ... , dachte ich.

»Jetzt warten wir auf den Wind. Okay! Drei ... zwei ... eins ... LOS!« Ich machte die ersten Schritte. Uwe brüllte: »Laufen! Laufen! Laufen!« Ich lief. Mir blieb keine Zeit mehr, über den rutschigen Untergrund oder meine Schlüppchen nachzudenken. Der Widerstand des Schirms war enorm. »Laufen! Laufen! Laufen«, brüllte es wieder von hinten. Ich lief doch! Trotzdem kamen wir nicht mehr von der Stelle. Wie ein Duracellhäschen auf Speed riss ich schwungvoll einen Arm nach dem anderen hoch, stellte ein Bein vor das andere und zog, was zu ziehen war, so als würde mein Leben davon abhängen.

Auf einmal ging alles ganz schnell, ein plötzlicher Ruck und der Schirm gab nach und machte einen riesigen Satz nach vorn. Wir stiegen einige Meter und sackten sofort darauf wieder ab. Mein Herz tat dem gleich. Den Blick starr auf den Boden fixiert, spielte ich gedanklich sämtliche Horrorszenarien und Survivaltaktiken durch, bis wir endlich einige Meter aufstiegen und der Abhang unter uns allein in die Tiefe hinabging.

Ich atmete tief durch und nach einigen weiteren Sekunden – oder waren es Minuten? – entspannte sich langsam, einer nach dem anderen, jeder Muskel in meinem Körper. Geschafft!, dachte ich.

Wir segelten über Baumkronen hinweg, der Wind pfiff in meinen Ohren. Wie befohlen, lehnte ich mich zurück in meinen Liegesitz, ohne darüber nachzudenken, wie nah ich diesem fremden Mann hinter mir gerade war. Mein Herz beruhigte sich langsam. »Alles okay?«, fragte Uwe.

»Alles bestens!«, antwortete ich.

Ich wusste überhaupt nicht, wo ich zuerst hinsehen sollte. Auf den bunten Schirm über uns, den endlosen Wald unter uns, die Bergspitzen in der Ferne oder das glitzernde Tal vor uns. Ich schloss für einen Moment die Augen, ließ die Beine baumeln, fühlte die Sonnenstrahlen auf meinem Gesicht und genoss die Stille und die Leichtigkeit um uns herum. Ich musste tief Luft holen, um Kopf und Bauch klar zu machen, dass das hier real war.

Es dauerte noch eine Weile, bis wir genau über dem Tal schwebten und mir ein unbeschreiblicher Ausblick gewährt wurde. Man konnte das ganze Ötztal sehen, wie es sich zwischen den Bergen hindurchschlängelte. Satte, grüne Wiesen und ein im Sonnenlicht glitzernder Fluss zwischen steil hinaufführenden dunkelgrünen Tannenwaldhängen, die in mit Schneeresten bedeckten Steinspitzen endeten. Wir sanken nur langsam und immer wieder trieb uns ein kurzer Aufwind wieder ein Stück in die Höhe. Wir folgten den anderen beiden hinüber auf die andere Seite des Tals, über einen kleinen natürlichen See, auf dem Ruderboote schipperten und neben dem glückliche Kühe grasten.

Plötzlich sah ich, einhundert Meter von uns entfernt, wie Yvonnes Schirm abdrehte und sie spiralförmig in Richtung Tal flog. Ich sah ihr erstaunt nach.

Uwe reagierte sofort. »Willst du das auch machen? Dadurch verlieren wir viel Höhe, aber es ist eine Riesengaudi!« Gaudi war mein österreichisches Schlüsselwort.

»Na klar will ich!« Kaum ausgesprochen, schnellte auch unser Schirm in kreisenden Bewegungen gen Tal. Ich spürte, wie die Beschleunigung auf mich wirkte, meine Augen vom Wind zu tränen begannen und Himmel, Tal und Berge zu einem einzigen Wahrnehmungsbrei wurden.

Zugegeben, das hier war besser als jede Karussellfahrt. Aber ich bin nicht gerade der Typ Mensch, der in Achterbahnen kreischt und die Hände hochreißt, deswegen brachte ich nur ein eher klägliches »Woohoo« heraus. Das sollte in erster Linie Uwe zur Beruhigung dienen, der nicht glauben sollte, ich hätte keinen Spaß. Sofort bereute ich meinen schlecht gespielten Freudenausbruch und kam mir vor wie Sally, die Harry vor versammelter Mannschaft einen Orgasmus vortäuscht. Hier saß ich also, in einem Paraglider, in was weiß ich wie vielen Hundert Metern über der Erde, und machte einen auf Meg Ryan. Und das beim ersten Date.

Wie von Uwe vorhergesagt, verloren wir einiges an Höhe. Der Boden kam gefährlich nahe und wir setzten bereits zum Landeanflug an. Noch bevor ich mich wieder um mein unpassendes Schuhwerk sorgen konnte, fixierte ich bereits panisch eine Tanne am Rand des Feldes, nämlich die, auf die wir gerade mit Affentempo zurasten. Ohne groß nachzudenken, tat ich, was jeder normale Mensch in meiner Situation getan hätte: Ich betete zu sämtlichen Göttern, versprach, regelmäßig zu spenden, nie wieder zu lügen und künftig ganz bestimmt die Finger von gefährlichen Sportarten zu lassen, sofern ich diese Landung überlebte. Ich hielt die Luft an, bereitete alle Gliedmaßen auf vollsten Körpereinsatz vor und widerstand der Versuchung, mir die Augen zuzuhalten. All meine Hoffnung hing nun an Uwe.

Die erhoffte Kurve kam nicht. Stattdessen sackte der Schirm ab, mir stockte der Atem und mit zusammengekniffenen Augen wartete ich auf den sicheren Aufprall, Knöchelbruch inklusive. Doch plötzlich ein Schlenker.

»Nach vorn lehnen! Und laufen, laufen, laufen!«

Mit mittlerweile weit aufgerissenen Augen stellte ich fest, dass der Boden nur noch wenige Meter von uns entfernt war. Ich tat also wie befohlen und beinahe butterweich setzten wir auf dem Boden auf. »Ah!«, riefen Anspannung, Euphorie und pure Lebensfreude aus mir heraus.

»Laufen!«, drängelte Uwe von hinten und nach nur drei Schritten segelte der Schirm hinter uns auf die Wiese und wir kamen zum Stehen.

Erleichterung floss durch meine Adern und ich konnte es kaum erwarten, mich aus unserer trauten Zweisamkeit zu befreien. Ein paar gelöste Karabiner später hüpfte ich wie ein junges Kaninchen über die Wiese und schrie diesmal voller Inbrunst, gepackt vom Adrenalin. Wäre ich dazu in der Lage gewesen, hätte ich am liebsten mitsamt Gurtzeug einen Salto geschlagen. Stattdessen schlug ich mit Uwe ein und fiel Yvonne und Kathrine, die vor mir gelandet waren, in die Arme.

»Ich will noch mal!«, rief Yvonne, noch voller Endorphine.

»Das war so genial!«, fügte Kathrine hinzu. »Ich könnte echt gleich wieder!« Anscheinend hatte sich die Todesangst eher auf mich konzentriert und meine Freundinnen weitgehend in Ruhe gelassen. Während sie bereits den nächsten Abflug planten, sandte ich in Gedanken ein Stoßgebet gen Himmel: Danke lieber Gott, lieber Schutzengel, liebes Karma und alle, die sonst noch mitgewirkt haben. Das habt ihr wieder toll hinbekommen! Wäre dies eigentlich ein guter Moment, euch auch nach neuen Schuhen zu fragen?

16.

BÉSAME. BÉSAME MUCHO

Die Hitze Havannas

VON YVONNE ZAGERMANN

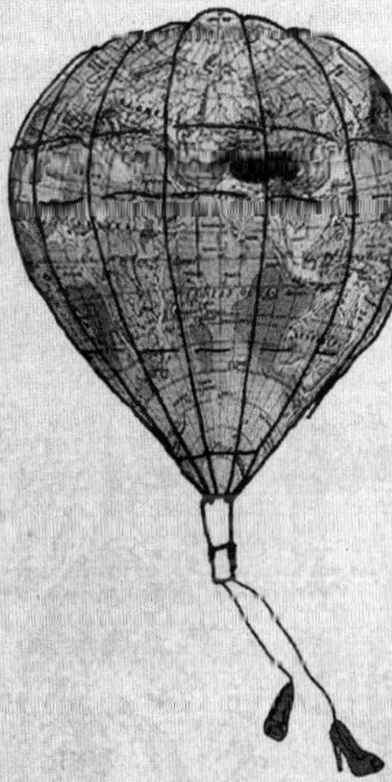

Die Ventilatoren über mir drehen sich, als ginge es um ihr Leben, trotzdem ist es stickig, der Rauch nimmt mir fast den Atem. Der Mojito steigt mir schnell zu Kopf, Schweiß läuft mir den Rücken hinunter und meine Schenkel kleben am Barhocker. Ich habe mich selten so gut gefühlt.

*

»Nein, ich will keinen Backpacker-Urlaub machen. Ich will mich erholen. Schließlich ist es der erste Urlaub seit Jahren. Wie wäre es mit Varadero?« Ich sehe Lena vor mir, wie sie in ihrer Hamburger Wohnung aufgeregt hin und her rennt, so wie sie das immer macht beim Telefonieren.

Vor ein paar Jahren haben wir mal in einer WG zusammengewohnt. Mittlerweile leben wir in verschiedenen Städten und sehen uns nur noch selten, aber weil wir beide Lust auf Urlaub haben und endlich wieder einmal etwas Zeit miteinander verbringen wollen, planen wir jetzt unsere erste gemeinsame Reise. Ich habe ihr Kuba vorgeschlagen. Aber nicht einen All-inclusive-Aufenthalt in einem überfüllten Fünf-Sterne-Hotel in Varadero, dem Touristen-Hotspot, in dem alte, solariumgegerbte Westeuropäer ihre Zigarettenstummel im Sand ausdrücken und den Kellner nach dem nächsten gepanschten Mojito schicken, sondern eine wirkliche Reise nach Kuba. Und damit meine ich, auf eigene Faust von einem Ort zum anderen zu fahren, um das Land zu erkunden und haltzumachen in den lauten, überfüllten Kneipen, in denen alte, wettergegerbte Kubaner Salsamusik spielen und Zigarre rauchen. Und eben echten Mojito trinken. Backpacking statt Beautycase. Davon ist Lena nicht gerade begeistert.

»Wie wäre es mit Varadero? Ich will mich erholen«, wiederholt sie.

»Varadero, ist das dein Ernst? Aber Backpackerurlaub ist doch erholsam.«

Lena läuft hin und her, ich höre ihre Schritte durchs Telefon. »Dann halt nicht nach Varadero«, sagt sie, »dann irgendwohin, Havanna vielleicht, aber keinen Rucksack für mich!«

Fünf Sterne, vier Sterne oder drei Sterne? Rumreisen oder ein Hotel für die gesamte Dauer? In Havanna oder woanders? Einige Wochen und viele Telefonate später haben Lena und ich uns schließlich auf das Drei-Sterne-Club-Hotel »Atlantico« am Playa del Este, zwanzig Kilometer von Havanna entfernt, geeinigt. Mein Traum. Fast. Lenas Albtraum. Fast.

Der Flug ist lang und nervig, die Schwüle, die uns empfängt, haut Lena um, und als wir endlich im Hotel ankommen, ist es bereits dunkel. Trotz des Dämmerlichts erkennt meine Freundin sofort, dass das Zimmer etwas heruntergekommen ist. Für mich ist das ein inneres Fest, aber sie schaut mich nur entgeistert an. »Hier bleib ich nicht. Hast du gesehen, wie dreckig das Bad ist?« Als wir noch zusammenwohnten, war es immer dasselbe Spiel. Lena kam mit den Worten nach Hause: »Gott, wir müssen dringend mal wieder putzen.« Zu dem Zeitpunkt war ich jedoch mit dem Putzen gerade fertig.

Jetzt sitzen wir auf dem Balkon unseres wunderschönen Zimmers im »Hotel Atlantico« und halten Krisensitzung.

»So schlimm ist es doch nicht«, versuche ich es. »Das ist halt Kuba, ein Drei-Sterne-Hotel ist da eben etwas runtergekommen. Ich dachte, das wäre dir klar.« Lena ist stinksauer, ich bin enttäuscht, weil ich weiß, dass sie am liebsten doch in ein Fünf-Sterne-Luxushotel nach Varadero flüchten würde und das am besten sofort.

»Nein, das war mir nicht klar.« Lena zieht die Augenbrauen zusammen.

Ja: Wir sind sehr verschieden, und ja: Ein gemeinsamer Urlaub war vielleicht doch keine so gute Idee. Aber eigentlich mögen wir doch genau das aneinander, unsere Gegensätze, die sich bisher immer irgendwie ergänzt haben, dachte ich.

»Also gut«, sagt sie irgendwann, »dann lass uns unten an der Rezeption fragen, ob wir ein anderes Zimmer haben können.«

Treppauf, treppab stiefeln wir durch das ganze Hotel. Die Rezeptionistin ist sichtlich genervt, ich bin es auch, Lena sowieso. Nach einer halben Stunde stehen wir schließlich in einem anderen Zimmer, das genau so aussieht wie das erste, aber um des lieben Friedens willen ziehe ich mit Lena um.

Am nächsten Morgen laufen wir zum Strand hinunter. Der Sand ist fein, fast weich und wir sind allein, es gibt Palmen und der Himmel ist strahlendblau. »Der Sand hier ist nicht weiß. Der ist ja gelb«, sagt Lena. Von mir aus kann er auch grün sein, ich finde es wunderschön.

»Was hältst du davon, wenn wir heute Nachmittag mal nach Havanna reinfahren?« Vielleicht ist sie ja nach ein, zwei Mojitos etwas entspannter. Lena zuckt mit den Schultern und nickt schließlich.

Mit dem kostenlosen Shuttlebus fahren wir in die Stadt, steigen am Malecón, der Uferpromenade, aus und laufen einfach los. In den fünfziger Jahren war Havanna das Mekka von Hollywoodschauspielern, Mafiabossen und Schriftstellern, und auch wenn die nur noch eher selten zu sehen sind, scheint sich seitdem kaum etwas geändert zu haben. Die Straßen sind voller bunt gekleideter Menschen, Hunde laufen herum und Pferde, es ist laut und staubig und warm. Und um ehrlich zu sein, bin ich jetzt diejenige, die überfordert ist. Ich weiß nicht, wo wir hingehen, links, rechts, links, im Slalom durch die Menschenmenge hindurch. Die Autos hupen, die Busse. Das Menschengewirr wird immer dichter, dazwischen Pferde, Hunde, Pferde. Havanna erschlägt mich.

»In meinem Reiseführer steht, dass ›El Floridita‹ die Stammkneipe von Hemingway war. Die ist hier mit so 'nem Stern gekennzeichnet, das heißt, das ist ein Insidertipp«, sagt Lena und übernimmt das Kommando. Auch wenn das ganz sicher kein

Insidertipp ist, ich bin ein großer Hemingway-Fan und verkneife mir einen Kommentar und Alkohol kann ich jetzt auch gut gebrauchen.

Hemingways Türsteher sieht aus, als würde er nachts im besten Club der Stadt die coolsten Leute reihenweise abweisen. Und da sind wir: verschwitzt, in kurzen Hosen und T-Shirt. Er lässt uns trotzdem rein und auf einmal ist die Hitze weg, ein kalter Schauer läuft mir über den Rücken. Nicht, weil es in der Bar so kalt ist, sondern weil ich daran denke, dass es zu Hemingways Zeiten bestimmt noch keine Klimaanlage gab. Das Gefühl, in derselben Kneipe wie Ernesto zu sitzen, ist dahin und ich bin mir auch ziemlich sicher, dass er keine sechs Pesos für seinen Mojito gezahlt hat. Lena ist trotzdem glücklich und ich bin es dank des Mojitos irgendwie auch.

Nach ein paar Tagen heißt es dann für mich Koffer packen. Ich will noch mehr von Kuba sehen, tiefer in die Kultur eintauchen, die Menschen kennenlernen, die Geschichte, noch mehr Mojitos trinken. Lena will schnorcheln gehen und sich am Strand erholen. Die nächsten Tage macht also jeder von uns das, was er eigentlich den ganzen Urlaub über machen wollte, nur eben jeder für sich. Ich freue mich. Lena freut sich auch.

*

»Miss, Miss, do you have a pen?« Kugelschreiber sind begehrt, aber ich habe leider keine mehr, weil ich schon alle verschenkt habe. Die alte Frau schaut mich enttäuscht an. Dann zupft sie an meinem BH-Träger. »What about your bra?« Bitte was? Ich schüttle lachend den Kopf und ziehe weiter. Bis jetzt habe ich es (abgesehen von lauter schönen Männern) noch nicht entdeckt: das echte Kuba, oder das, was ich mir schwärmerisch darunter vorgestellt habe, weder in Havanna noch in Santa Clara oder Trinidad. Und dann gehe ich durch die Gassen von Sancti Spíritus, ein alter Mann sitzt auf dem Boden und verkauft Zitronen, ich frage ihn, ob ich ihn fotografieren darf, er freut sich und streckt mir danach zwei Zitronen entgegen. Das ist ein guter Deal, denke ich, Fotos gegen Zitronen, doch er will sie mir nicht verkaufen, er will sie mir schenken. Mein Herz macht einen Hüpfer. Ich gebe ihm dennoch etwas Geld und meinen letzten Kugelschreiber, den ich für eine besondere Gelegenheit aufgehoben habe.

Ich laufe weiter, vorbei an Kirchen und heruntergekommenen Häusern, an alten Autos und nackten Kindern, die am Wasser spielen. Die Leute grüßen mich freundlich und lächeln. Kaum ein anderer Tourist kreuzt meinen Weg. Auf einmal fühle ich mich sehr frei.

»Bésame, bésame mucho.« Musik zieht mich in eine Bar. Alte Männer sitzen an der Theke, rauchen Zigarren, reden, gestikulieren wild mit den Händen. In einer Ecke spielt ein Mann Gitarre und singt: »Como si fuera esta noche la última vez. Bésame. Bésame mucho« – Küss mich. Küss mich viele Male. Als wäre es diese Nacht das letzte Mal.

Irgendwie mag ich das Lied und irgendwie gefällt mir dieser Mann. Er schaut mich an und ich schaue zurück. Ich bestelle mir einen Mojito, setze mich neben die alten Männer an die Bar und höre ihm zu. Es ist heiß, der Schweiß rinnt mir den Rücken hinunter, die Ventilatoren über mir drehen sich und ich weiß nicht, ob es der Mojito ist oder die Schwüle, aber auf einmal tanzen wir. Ich verstehe ihn nicht und er versteht mich nicht, aber wir schauen uns an.

Irgendwann nimmt er meine Hand und führt mich aus der Bar, die Straße hinunter, an den Fluss.

Und irgendwann küsst er mich, viele Male, als wäre es diese Nacht das letzte Mal.

Und irgendwann gehen wir zurück und trinken weiter Mojito. Und dann singt er wieder und spielt Gitarre, immer nur das eine Lied.

Und irgendwann stehe ich auf und gehe, ohne mich umzudrehen, die Straße hinunter, zurück in mein Hotel, und warte darauf, dass er nachkommt …

*

Die Ventilatoren über mir drehen sich, als ginge es um ihr Leben, trotzdem ist es stickig, der Rauch nimmt mir fast den Atem. Schweiß läuft mir den Rücken hinunter und ich klebe immer noch in derselben Bar am Barhocker, das Mojitoglas vor mir ist leer, mein Kopf brummt und der Mann mit der Gitarre küsst gerade seine unfassbar gut aussehende Freundin. Die Zeit allein ist um, morgen geht es zurück ins Hotel, zu Lena. Vielleicht erzähle ich ihr einfach, wir hätten uns geküsst, viele Male. Vielleicht auch nicht, sie wird ohnehin nichts erlebt haben und vermutlich sonnenverbrannt von Fischen und Korallen schwärmen. Aber schwärmen kann ich auch. Von Zitronen, von touristenfreien Straßen und Bars und von Momenten wie diesem.

»Oh mein Gott, du glaubst es nicht! Und dann haben wir uns geküsst«, Lena umarmt mich zur Begrüßung, »und gleich treffen wir uns, wir fahren nach Havanna, in so eine Bar, er will mit mir tanzen gehen.« Da bin ich mal ein paar Tage weg und schon lacht Lena sich tatsächlich einen heißen Urlaubsflirt an. Sie ist wunderschön, so verknallt, und sie strahlt. Ein inneres Strahlen, das bis nach Hause reicht. Ach, ja … Bésame. Bésame mucho.

17.

DER TAG, AN DEM ICH SURFEN LERNTE

Von den Wellen San Diegos

VON MARIE-THÉRÈSE PFISTERER

Ich hole tief Luft, dann tauche ich ab. Mein Gesicht strafft sich durch die Kälte des Pazifischen Ozeans. Ich zähle die Sekunden, während ich versuche, mein Surfbrett in die Tiefe des Meeres zu drücken. Die reißende Kraft der Welle zieht mich ein Stück nach hinten, als sie mit voller Wucht über mir zusammenbricht. Das Meer wird wieder ruhig und gelassen. Schwer atmend tauche ich auf. Meine Arme tun weh vom Paddeln, das Salz des Meerwassers brennt in meinen Augen, jede Faser meines Körpers spürt es – das ist Leben pur.

Fünf Monate vorher war mein Alltag noch grau und trüb: An einen kleinen, farblosen Uni-Holztisch gefesselt, verbrachte ich endlose Stunden in der Bibliothek. Auch mein normalerweise so gesunder Lebensstil erreichte einen dramatischen Tiefpunkt. Ein kompletter Kühlschrank voll mit Billig-Energy-Drinks ersetzte Tomaten, Salat und Fisch. Wie sonst hätte ich all die Stunden und Nächte vor meinen Marketingbüchern überstanden? Doch es hatte sich ausgezahlt. Die Belohnung für die ganze Büffelei war ein Auslandssemester in den USA. Kalifornien, genauer gesagt in der Surferhochburg San Diego. Es hätte einfach nicht besser kommen können. Noch Wochen nachdem ich die Zusage erhalten hatte, lief ich mit einem breiten Dauergrinsen umher.

I love California!, will ich lauthals schreien und meine Arme in die Luft reißen, halte mich aber lieber zurück. Schließlich tummeln sich noch etwa zwanzig andere Surfer mit mir im Wasser. Obwohl die Temperaturanzeige meines Autos 29 Grad Celsius angezeigt hat und die Sonne nur so vor sich hin strahlt, ist das Meer eisig. Deshalb sind alle eingepackt in lange Neoprenanzüge, um der Kälte des Pazifiks standzuhalten. Die meisten haben schmale Hüften, leicht trainierte Oberkörper und lange, blonde Haare. Genau wie man sich eben die kalifornischen Surferboys so vorstellt. Ihr Rücken ist durchgedrückt, während sie in den weiten Horizont blicken, immer bereit, die nächste Welle zu nehmen. Wenn es so weit ist, geht das Gepaddle los.

Der Schnellste gewinnt. Sobald die Welle das Brett ergreift, darf man keinen Rückzieher mehr machen, muss das Gewicht nach vorn lehnen, schwupps!, ein schneller Sprung, wobei man einen Fuß in der Mitte des Brettes fixiert, den anderen relativ am Ende. Dann rauscht man die Welle auf und ab, bis sie langsam kleiner und kleiner wird. So machen es zumindest die, die es draufhaben. Bei mir sieht das eher anders aus. Schwupps! – Sprung aufs Brett. Krawumms! – Abgang ins Meer. Wenn ich Pech habe, werde ich im Super-Eco-Waschmaschinenmodus, inklusive Salzspülung, durchgewirbelt, was meine Organe jedes Mal dazu veranlasst, wild in meinem Körper auf und ab zu hüpfen. Trotzdem, aufgeben ist nicht mein Ding und deswegen kämpfe ich. Welle um Welle. Salzspülung um Salzspülung.

Von meinem Surfbrett aus kann ich die berühmte Strandpromenade beobachten, die von Pacific Beach nach Mission Beach führt. Die komischsten Vögel irren dort umher. Aufgetakelte Tussis mit Brustimplantaten und Chihuahua-Hündchen unterm Arm. Skater. Hippies. Der circa fünfzigjährige Mann, der jeden Tag mit Rollschuhen, einem dicken Grinsen und einem lauten Ghettoblaster auf der Schulter die Promenade auf und ab fährt. Diese Fitnessfreaks, die man eigentlich nur als das Produkt von Solarium und Photoshop aus Diät-Werbungen kennt. Rechts ist der Crystal Pier zu sehen, ein Steg, der an die Party- und Shoppingmeile des Distrikts Pacific Beach anschließt und auf dem einige Bungalows stehen.

»Hey Surferchick!«, höre ich auf einmal eine Stimme hinter mir rufen. Ein braun gebrannter Surfer schwimmt geradewegs auf mich zu. Oje, was habe ich jetzt wieder gemacht? War ich im Weg, habe ich irgendwelche Surfregeln gebrochen? Der Surfer ist nur noch wenige Meter entfernt. Die letzte Möglichkeit zum Abhauen. Ein Blick auf seine Arme genügt, um zu wissen, dass ein Fluchtversuch sinnloser ist, als mit meinem Vater eine Diskussion anzufangen. Durchtrainiert und muskulös erreicht mich der dunkelhaarige Surfer. Er ist schätzungsweise Ende zwanzig und offenbar asiatischer Abstammung.

»Ich bin Riley«, stellt er sich mit starkem amerikanischen Akzent vor, als er neben mir ankommt. Fast synchron drehen wir uns beide mit unserem Surfbrett zum Horizont, um nach der nächsten Welle Ausschau zu halten.

»Hi, ich bin Marie«, antworte ich etwas schüchtern. Ich habe mich noch nicht an die offene amerikanische Art gewöhnt. Egal, wo man hingeht – in den Supermarkt, in eine kleine Boutique, in eine Bar –, jeder grüßt einen, wünscht einen schönen Tag oder fängt aus heiterem Himmel ein Gespräch mit dir an. In Europa ist das anders. Ein einfaches »Hallo« eines Fremden wird schon oft mit erschrockenem Blick gewertet.

Eine riesige Welle baut sich vor uns auf, schätzungsweise drei Meter hoch. Die weißen Schaumkronen wirbeln und zucken bedrohlich. Eindeutig zu groß.

»Ich bin gleich wieder da«, zischt Riley und fixiert die Welle. Dann dreht er sich um und paddelt los. Ich tauche wieder ab. Als ich auftauche, sehe ich, wie Riley elegant die Wellen auf und ab surft, die Füße wie ans Brett geklebt. Seine Bewegungen sind leicht und locker. Er steht tief in der Hocke und die Arme drehen sich geschmeidig, sobald er sich in eine Kurve lehnt. Wie macht er das nur? Alles sieht so dynamisch aus, so komplett anders als bei mir.

»Nicht lange und du surfst auch so«, grinst er mich an, als er wieder neben mir ankommt.

Ich lache auf. »Ich glaube nicht, dass ich jemals in meinem Leben so eine Welle surfen werde.«

»Wie wärs mit einem Deal?«, fragt er mich. »Du verbringst heute den Tag mit mir und ich fahr dich zu ein paar richtig coolen Surfspots.« Riley holt kurz Luft, dann fügt er hinzu: »Und wenn du am Ende des Tages keine gute Welle bekommen hast, dann lade ich dich zum Essen ein. Deal?« Das ist zu viel auf einmal. Ich soll den Rest meines Tages mit einem Wildfremden verbringen? Nein, so nett er auch scheint, das kann ich einfach nicht machen.

»Tut mir echt leid«, fange ich an, als ich plötzlich sehe, wie sich sein freudiges Grinsen in tiefe Enttäuschung verwandelt. Ach, was solls. Wird schon schiefgehen. »Okay. Ich bin dabei.«

»Super, auf gehts!« Riley strahlt über beide Wangen. Wie kann man bei solch einem süßen Lächeln auch Nein sagen, denke ich mir nur, als wir zurück zum Ufer schwimmen.

Mitsamt unseren nassen Neoprenanzügen klettern wir auf die grauen Sitze seines Autos und fahren im Angesicht der glühenden Mittagssonne los.

»Als Erstes gehts nach Del Mar«, kündigt Riley an. »Ist gut zum Anfangen.« Etwa eine halbe Stunde kurven wir die Küstenstraße entlang. Hier und da blitzt das Meer zwischen den hohen Felswänden hervor. Der Himmel strahlt in einem unglaublich kräftigen Blau und es ist kein Wölkchen zu sehen. Ein perfekter Sommertag in Kalifornien. Ich strecke meinen Kopf aus dem Autofenster und atme einen tiefen Zug Freiheit ein. »Gleich sind wir da«, sagt der Surferboy zu mir und biegt auf die 15th Street ab. Das Meer erstreckt sich vor uns und genussvoll beobachte ich, wie die Wellen hier viel langsamer und geschmeidiger brechen als in Pacific Beach. Voller Zuversicht springen wir wieder ins Wasser.

Riley entpuppt sich schnell als geduldiger Lehrer. Umgeben von Palmen, einigen Sträuchern, die hier und da den Strand verzieren sollen, und einer roten Eisenbahn, die jede halbe Stunde durch die felsige Natur bimmelt, gibt er mir ununterbrochen Tipps (ich wusste gar nicht, was man alles falsch machen kann). Tiefer in die Knie! Den vorderen Fuß etwas mittiger! Mit den Armen arbeiten! Früher paddeln und später aufstehen! Ein bisschen schräger in die Welle einschneiden! Nach unzähligen Versuchen merke ich langsam, wie ich besser werde. Ich stehe. Ich surfe. Die Welle auf und ab – ein Wahnsinnsgefühl.

»So, jetzt gehen wir zu Scripps«, schlägt Riley vor, »damit du auch mal paar größere Wellen nehmen kannst.« Während der Autofahrt bereitet er mich auf unsere zweite Surfsession vor. »Es gibt dort drei Peaks …«, beginnt er.

»Was?«, werfe ich ein. »Peaks?«

»Also, ein Peak ist der höchste Punkt einer Welle. Von dort aus bricht sie, entweder nach links oder nach rechts. Das kommt ganz auf die Gegebenheiten vom Meeresuntergrund und der Strömung an. Bei Scripps bricht die Welle in beide Richtungen, deswegen ist der Surfspot auch ziemlich beliebt.« Ganz nebenbei erwähnt er, dass Scripps Lebensraum vieler Meeresbewohner sei, unter anderem auch von Rochen. Rochen? Blitzartig erinnere ich mich an Thomas McGregory, einen Australier, den ich vor zwei Jahren am Strand in Peru kennengelernt habe. Seinen Fuß in heißes Wasser getaucht, saß er schmerzerfüllt beim Doktor und musste sich einige Riesenspritzen in sein Bein rammen lassen, um das Gift auszusaugen. Nein, mit Rochen wollte ich ganz sicher nicht ins Wasser.

»Keine Sorge«, beruhigt Riley mich, »da ist fast noch nie was passiert. Spring einfach auf dein Surfbrett, sobald du im Wasser bist, dann verringert sich die Chance schon mal, dass du auf die Stecher trittst.«

Ganz wohl fühle ich mich nicht, als wir durch das flache Wasser streifen. Sobald es etwas tiefer ist, befolge ich Rileys Tipp und springe auf mein orange-blaues Brett.

Das Ambiente ist nicht zu vergleichen mit dem idyllischen Del Mar. Eine graue Häuserfront schließt sich gleich an den dünnen Streifen Sand an und nimmt dem Ort jedes Holiday-Feeling. Ein langer Steg, wohl der längste in ganz San Diego, streckt sich auf unserer rechten Seite über das Wasser. Möwen kreisen in der Luft.

»Schnell! Paddeln!«, ruft mir mein sonnengebräunter Surferfreund zu. Eine gigantische Welle baut sich vor uns auf. Abtauchen? Zu spät, dafür geht es viel zu schnell. Die Welle reißt mich mit, schleudert mich im Kreis umher. Ich weiß nicht mehr, wo oben und wo unten ist. Mein Kopf schmerzt und ich kämpfe um Luft. Vollkommen am Ende, tauche ich wieder auf. Das übliche Anfängerpech. Etwas benommen paddle ich weiter. Riley ist schon einige Meter vor mir. Als ich bei ihm ankomme, bin ich mit meinen Kräften am Ende, will schon fast wieder aufgeben. »Die nächste Welle kriegt du«, muntert er mich auf. »Du darfst hier keine Angst haben, Gewicht immer schön nach vorn lehnen, damit du in die Welle gleitest. Und paddeln musst du! So, als würdest du vor einem Hai fliehen.« Es dauert einige Waschmaschinen-Salzspül-Durchgänge, bevor es endlich klappt. Riley dirigiert mich. Paddeln! Schneller! Lehn dich nach vorn! Jetzt! Aufstehen! Schwupps! Als mich die Welle sanft mitzieht, springe ich auf und rechne schon fest mit einer Salzwasserspülung. Doch irgendwie stehe ich auf meinem Brett und rase die Welle hinunter. Ohjeeeeah! Pures Glücksgefühl – Prickeln im Bauch, Schmetterlinge in der Brust und ein Grinsen, das sich wie von selbst auf mein Gesicht zaubert. Die Welle ist riesig, fast drei Meter hoch. Schaumkrönchen schimmern weiß auf ihr, während ich sie hinunterreite. Sie bricht und gibt mir noch mal einen schnellen Push. Neben mir sehe ich die weiße Gischt. Doch ich stehe immer noch. Erst kurz vor dem Ufer springe ich ab. Das war sie, *die* Welle, *die* Welle meines Lebens, *die* Welle, von der ich schon lange träumte und die ich mich nie zu surfen getraut hätte. Jedenfalls nicht ohne Riley, den Wildfremden, der mittlerweile gar nicht mehr so fremd ist und dem ich meine neuen Surfkünste zu verdanken habe. Er hält beide Daumen in die Höhe und ruft vom Meer aus: »Super! Gleich noch mal!«

Ich verbringe noch Stunden mit Riley im Meer, bis ich meine Arme nicht mehr heben kann, meine Lippen blau sind und ich am ganzen Körper zittere. Zum Essen muss er mich nicht einladen – den Deal hat er eindeutig gewonnen. Wir beschließen, noch den

Sonnenuntergang abzuwarten, und setzen uns in unseren halb abgestreiften Anzügen ans Ufer, während die Sonne in einem kitschigen Rot über dem Horizont schwebt. Ich hatte nicht nur eine 180-Grad-Wendung beim Surfen gemacht, sondern auch einen neuen Freund gefunden. Zum krönenden Abschluss unseres Tages taucht plötzlich eine Gruppe Delfine auf, die der sinkenden Sonne entgegenspringen, bis nur noch ihre dunklen Silhouetten erkennbar sind.

Nachdem die Sonne im Meer verschwunden ist und ich um ein Abenteuer reicher bin, fährt mich Riley nach Hause.

»Gute Nacht«, sagt er und zwinkert mir zu. »Morgen früh hole ich dich um neun Uhr ab, dann wird weiter geübt.« Ohne eine Antwort abzuwarten, grinst er schelmisch, fährt los und winkt mir zu. So sind sie, diese California Boys.

18.

DAS GEHEIME LEBEN EINER APFELPFLÜCKERIN

Sommerjob in Australien

VON SOPHIE SAINT

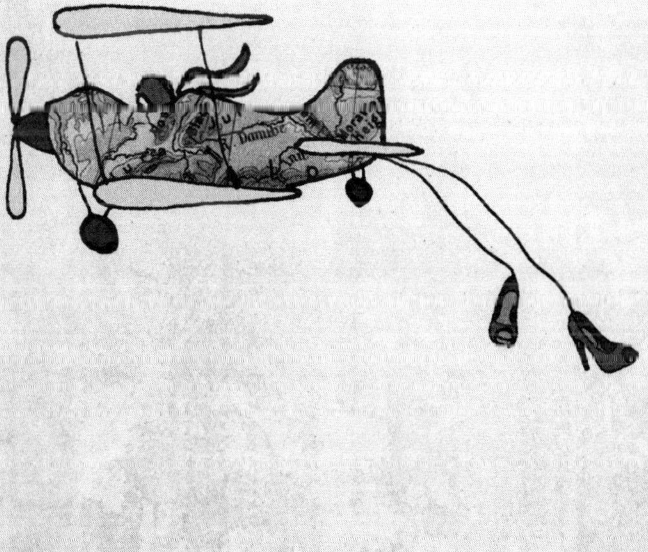

Unter der Sonne Australiens kann es passieren, dass ein Ein-Jahres-Visum in null Komma nichts abläuft. Wenn man ein neues, aufregendes Land erkundet, vergeht die Zeit wie im Flug. Das Leben pulsiert, ständig gibt es etwas zu entdecken, zu essen, zu trinken, selbst Tanzen wird in einem fremden Land zu einer neuen Erfahrung. Genau so erging es auch mir und ich schob die Frage, wie es weitergehen sollte, immer weiter auf. Doch als nahezu acht Monate verstrichen waren, begann mein Magen auf die bohrenden Fragen meiner Mitmenschen langsam nervös zu reagieren. »Weißt du schon, wo du zum Obstpflücken hingehst? Du willst doch dein Working-Holiday-Visum um ein Jahr verlängern, oder?« Die Vorstellung, meine Freunde, Kollegen und Verwandten in Melbourne zu verlassen, um diese seltsame Auflage zu erfüllen, die Teil der Einwanderungsbestimmungen ist, schien mir nicht gerade verlockend. Doch es führte absolut kein legitimer Weg daran vorbei, ich würde in den sauren Apfel beißen müssen.

Als Backpacker in Australien wird man früher oder später zu einem Experten in Visa- und Einwanderungsfragen, ob man es will oder nicht. Ich selbst übernahm schon bald die Rolle eines allwissenden Visa-Gurus, der anderen Reisenden Rat erteilte. Bedingung für ein zweites Working-Holiday-Jahresvisum war, dass man 88 Tage »näher definierte« Arbeit in »ländlichen Gebieten« Australiens verrichtete. Zu den Tätigkeiten zählten die Ernte oder das Verpacken von Obst und Gemüse, die Bewirtschaftung, Pflege sowie das Stutzen von Weinreben … Die Liste ließe sich endlos fortsetzen. Jedenfalls wurde jegliche romantische Vorstellung, in einem Sommerkleidchen, ein Körbchen schwenkend, fröhlich über die Wiesen zu tollen, sofort zunichte gemacht. Man musste die Jobsuche außerdem auf die Gegenden beschränken, die die Regierung für »ländlich« erachtete, was die Sache nicht gerade erleichterte. Und das Schlimmste: All das musste bewältigt werden, bevor mein Jahr vorüber war. Das konnte ja heiter werden!

Ich packte also meinen Rucksack, der schon ziemlich mitgenommen aussah, und bereitete mich auf meine Reise vor. Bei dem Gedanken daran, dass alle meine Freunde sich weiterhin im immer aufregenden, immer pulsierenden Großstadtleben austoben würden, während ich mich an die entlegensten Orte im Bundesstaat Victoria begab, wurde ich traurig und neidisch.

Die ersten Wochen verbrachte ich auf verschiedenen Biohöfen. Doch wenn man täglich vier bis sechs Stunden für Kost und Logis vollkommen ab vom Schuss arbeitet, bekommt man ein ziemlich gutes Gefühl dafür, was vollendete Langeweile ist. Auf einem der Höfe hatte ich immerhin acht Katzen, die mir Gesellschaft leisteten. Schade nur, dass ich gegen Katzenhaare allergisch bin.

Zu guter Letzt kam ein Freund der Familie vorbei, sammelte mich ein und besorgte mir Arbeit in einem Obsthain in der Nähe von Melbourne. Ich stellte mir vor, wie jede Menge Apfelpflücker am Ende eines fruchtbaren Tages zufrieden ihren saftigen Lohn kassierten. Nach der riesigen Lücke, die meine Abwesenheit von der Großstadt in meinem Leben hinterlassen hatte, klang mein neuer Job nach einer willkommenen Abwechslung. Außerdem hatte ich erst 24 von den vorgegebenen 88 Tagen hinter mich gebracht, mir blieb also nichts anderes übrig, als die Zähne zusammenzubeißen. Doch bei der ganzen Sache war mir immerhin eines klar geworden, und zwar dass mein Platz definitiv in der Stadt war.

Ein Freund aus Melbourne brachte mich mit dem Auto nach Warragul, einer kalten, windigen und grauen Ortschaft. Während der Fahrt unterhielten wir uns noch, doch je näher wir dem Ziel kamen, desto stiller wurde ich. Der Ort war vollkommen verlassen. Wir bogen in eine Straße ein, die ziemlich zugeparkt war, und mit Entsetzen musste ich feststellen, dass wir uns mitten auf der Hauptstraße befanden. Sie bestand aus Pubs, in denen sich nur alte Männer aufhielten, schmuddeligen Spielhöllen mit Slot Machines, tristen Pizzaläden und Asia-Imbissbuden sowie einem

Bahnhof. Auf dieser Straße befand sich außerdem das Motel, in dem ich für die Dauer meines Aufenthalts ein Zimmer gebucht hatte. Die Aussicht, die nächsten paar Monate hier verbringen zu müssen, war so deprimierend, dass ich mich am liebsten auf die Motorhaube geworfen hätte. Ich war bereit, mich den ganzen Weg zurück nach Melbourne daran festzuklammern, als hinge mein Leben davon ab. Doch stattdessen ließ mein Freund den Motor aufheulen und rauschte davon, nachdem er meinen Rucksack auf dem Gehweg abgestellt hatte. Während ich den Rücklichtern des Wagens hinterherstarrte, war mir, als würde mein glückliches australisches Leben mit ihnen in der Ferne verschwinden. Ich könnte schwören, dass sich in dem Moment die Wolken zusammenzogen und »Depressville« noch eine Spur trostloser wurde.

Was mein Motel betrifft, das »O & H Hotel and Bistro«, wird es mir immer ein Rätsel bleiben, wofür »O & H« eigentlich steht. Ich betrat das Restaurant, das in Beige gehalten war, und ignorierte die neugierigen Blicke der beschwipsten älteren Männer, die an der Bar lehnten.

»Hallo Schätzchen, was kann ich für dich tun?«, sprach mich das gut gelaunte, freundliche Mädchen hinter der Bar an. Sie war etwa 16 Jahre alt, und nachdem sie meinen Pass kontrolliert und mir die Zimmerschlüssel überreicht hatte, nahm sie mich zur Seite und flüsterte mir zu: »Du weißt schon, wie es da oben aussieht, oder?« Ich schluckte. »Es ist ein Motel im alten Stil ... recht spartanisch eingerichtet.« Ich war ihr dankbar für die ehrlichen Worte, doch da meine Arbeit am nächsten Tag beginnen sollte und meine letzte Fluchtmöglichkeit soeben davongefahren war, hatte ich ohnehin keine andere Wahl.

Ach du Scheiße, dachte ich bei mir, setzte aber ein entschlossenes Gesicht auf und nahm den Zimmerschlüssel an mich. Ich bin schon so viel herumgekommen und habe an den seltsamsten Orten übernachtet, so schlimm wird es schon nicht sein. Die berühmten letzten Worte?

Im Großen und Ganzen stellte sich das Motel als gar nicht so schlecht heraus. In meinem Mikrokosmos des Apfelpflückens zählte ich bereits kleinere Lebensnotwendigkeiten zum Luxus. Die Waschräume waren zahlreich und wunderbar sauber, aus den Warmwasserhähnen kam tatsächlich warmes Wasser und es gab Toilettenpapier. Die Bezeichnung »Küche« war etwas großzügig gewählt, denn sie bestand lediglich aus einer Mikrowelle und einem Wasserkocher. Und da es nicht genügend Tassen und Besteck für alle gab, ging es dort ab sechs Uhr morgens, wenn die Apfelpflücker ihren Tag begannen, ziemlich hektisch zu. Ab 19 Uhr wurde Abendessen zubereitet, was mit der dürftigen Küchenausstattung eine wahre Herausforderung darstellte, doch die Ergebnisse waren erstaunlich. Ich habe jedenfalls festgestellt, dass eine Tasse nicht nur für Getränke da ist, sondern ebenfalls als Schüssel, Teller und alles Mögliche andere dienen kann. Die, die ich gern benutzte, habe ich nie aus den Augen gelassen, da ich wusste, wie hart sie umkämpft war. Man konnte froh sein, wenn man in der Schublade eine Plastikgabel fand.

Wer noch nie Äpfel gepflückt hat, definiert harte Arbeit wahrscheinlich anders als ich. Es war körperlich extrem anstrengend, zumal die Arbeit in meinem Obsthain straff organisiert war. Es kam gar nicht in Frage, sich gemütlich an einen Baum zu lehnen und sich inmitten der Äpfel einen Schluck Cidre zu gönnen. Vielmehr hieß es: sechs Uhr – aufstehen, sieben Uhr – an die Arbeit, 17 Uhr – nach Hause mit dem lädierten Körper.

Der Lohn war dürftig, man bekam gerade einmal dreißig Dollar pro gefüllte Holzkiste. Und da es unmöglich war, den Tag heil zu überstehen, wenn man versuchte, sich allein durchzuschlagen, machten wir uns zu zweit an die Arbeit und teilten anschließend den Lohn. Die Kisten reichten mir bis zur Hüfte und sie zu füllen, konnte einen verzweifeln lassen. Jedes Mal, wenn man seine Äpfel aus der Tasche in den Behälter schüttete, schien er tiefer und tiefer zu werden, als wollte er sich niemals füllen. Zumindest kam es einem an schlechten Tagen so vor und leider schienen die schlechten Tage bei mir zu überwiegen. Wir pflückten schon fast manisch. Denn von dem Lohn mussten wir schließlich leben, unsere Verpflegung und Unterkunft im Motel wollte auch bezahlt werden. Wir machten also immer nur kurze Pausen, um schnell ein Sandwich, einen Müsliriegel oder einen der verhassten Äpfel hinunterzuschlingen. »An apple a day keeps the doctor away«, wie man so schön sagt. Wenn das wahr ist, werde ich die nächsten drei Leben von Arztbesuchen verschont bleiben.

Als wir mit der Ernte der delikaten Red Delicious fertig waren, war aus unserer Truppe ein richtig gutes Team geworden. Wir hatten angefangen, zu scherzen und uns mit lustigen Geschichten zu unterhalten, um von den Schmerzen und den Schrammen an den Armen abzulenken. Unser Motto war: »Those who pick together, stick together« – Wer zusammen pflückt, hält zusammen. Wir halfen uns gegenseitig, und doch fühlte ich mich ein bisschen wie eine Außenseiterin. An den Wochenenden brach ich Hals über Kopf auf und floh nach Melbourne. Diese kurzzeitigen Aufenthalte in der Zivilisation bildeten die einzigen Lichtblicke während meiner eintönigen Arbeitswochen. Auch wenn ich dadurch die feuchtfröhlichen Grillpartys meiner Pflückerkollegen und damit die Gelegenheit, Bande zu knüpfen, verpasste. Und glücklicherweise entkam ich dadurch auch den samstäglichen Kostümpartys im Pub.

Nach den ersten Wochen änderte sich das Wetter. Der trübe, düstere Himmel riss auf und der Nieselregen wurde von der unglaublich heißen, blendenden Sonne abgelöst. Sie ließ den Obsthain weich und saftig grün aussehen, was einen wunderschönen Kontrast zum strahlend blauen Himmel bildete. Doch mit der australischen Sonne ist nicht zu spaßen. Zehn Stunden Arbeit bei der Hitze laugt einen vollständig aus, man ist schon nach den ersten Bewegungen klitschnass.

Und so passierte es, dass ich mit meinen in Stiefeln steckenden, schweißnassen Füße an der obersten Leitersprosse abrutschte. Ich schnappte nach Luft, ruderte mit den Armen, um mein Gleichgewicht wiederzufinden, und beförderte mit dieser Aktion einen ganzen Haufen prächtiger, reifer Äpfel, die ich gerade hatte pflücken wollen, auf den Boden.

»Scheiße! Verdammte Scheiße!«, rief ich aus und schlug aus lauter Frust auf die stacheligen Zweige ein, die mir seit Wochen die Arme zerkratzten. Die Leiter geriet unter meinem Wutausbruch bedenklich ins Wanken und schlug gegen den Baum.

Plopp! Plopp! Der dumpfe Aufprall abstürzender Äpfel ließ mich in meinem Zorn innehalten. Langsam stieg ich die Leiter hinab, atmete tief ein und schloss die Augen, um die Ruhe und Coolness, die mir in der Hitze abhanden gekommen waren, wiederzuerlangen.

»Nur noch eine Woche, nur noch eine Woche«, murmelte ich in mich hinein. Diese Äpfel waren doch wirklich die letzten Schweine! Golden Delicious waren so empfindlich, dass man sie beim Pflücken mit Samthandschuhen anfassen musste. Wenn sie auch nur ein bisschen gequetscht wurden oder einen kleinen Schlag abbekamen, hatten sie nach kurzer Zeit braune Stellen.

»Mark, mir reichts jetzt, ich hab die Nase voll!« Wutschnaubend zerrte ich an den Ästen herum. »Ich habe Kratzer bis zum Hals, ich sehe aus, als hätte ich mir einen Straßenkampf mit einer Katze geliefert und den auch noch verloren. Wenn ich im Supermarkt stehe, muss ich schon meine Ärmel runterkrempeln, sonst ernte ich entsetzte Blicke und kleine Kinder fangen an zu weinen.«

Mark kicherte. Er war mein treuer frankokanadischer Partner, ein sehr lieber und ruhiger Typ, der sich meine Schimpftiraden in aller Ruhe anhörte. Er war wie ein Fels, an den ich mich anlehnen konnte, wenn ich wieder einmal einen Tiefpunkt erreichte. Vorsichtig schob er sich zu unserem Eimer und leerte eine Tasche

Äpfel hinein. Dabei hielt er sich den Rücken, schnitt eine Grimasse und wischte sich den Schweiß aus dem Gesicht.

»Wenigstens bist du in einer Woche hier raus und durch, während wir alle noch weiterschuften müssen …« Abrupt brach er ab und eilte zu den Bäumen zurück. Als ich aufsah, entdeckte ich Jason, unseren Aufseher, der auf uns zukam. Jason trug eine große, dunkle Sonnenbrille, hatte seine Kappe tief ins Gesicht gezogen, und den Reißverschluss seiner Weste bis oben hin geschlossen. Auch wenn er eigentlich ein kleiner Mann war, wirkte er auf uns drei Meter groß. Er war sozusagen der König des Obsthains. Jason drehte regelmäßig Kontrollrunden, bei denen er sich an uns heranschlich, um dann plötzlich neben einem aufzutauchen wie eine Erscheinung, dass man fast einen Herzinfarkt bekam. Zwei Leute hatte er schon gefeuert, weil sie zu grob mit den Äpfeln umgegangen waren. Wann immer er einem also »erschien«, gab man sich beschäftigt und lugte immer wieder zu ihm hinüber, um zu sehen, wie er auf den persönlichen Ernteerfolg reagierte. Schließlich bedachte er unseren Eimer mit einem zufriedenen Nicken und verschwand. Ich begann wieder zu atmen.

»Macht weiter so! Ihr könntet vielleicht noch einen Tick schneller arbeiten«, ertönte seine Stimme zwischen den Bäumen hervor.

»Pah! Der hat gut reden!«, zischte ich Mark zu und blickte mich hastig um, für den Fall, dass Jason noch in der Nähe herumschlich. »Ich wette, er hat selbst seit Millionen Jahren nichts mehr gepflückt.« Mark grinste und nickte stumm. Natürlich nützte es nichts, sich darüber aufzuregen. Doch in der erdrückenden Hitze, in der mir der Schweiß den Rücken hinunterlief und meine Füße in den viel zu warmen Stiefeln kochten, half es, um ein wenig Dampf abzulassen. Zum Glück war Mark so geduldig, oder aber er hatte eine Methode gefunden, mich erfolgreich auszublenden.

Endlich war es fünf Uhr. Wie Zombies traten von überallher schmutzige Apfelpflücker aus dem Schatten der Bäume, müden

Schrittes und die leeren Taschen um ihre Bäuche gebunden. Die Tickets für meine Eimer abzugeben und im Gegenzug meinen Lohn zu erhalten, war immer ein süßer Abschluss für einen anstrengenden Tag. Ich ließ mich erschöpft auf eine herumstehende Kiste fallen und genoss die kühle Brise, die versuchte, die Schweißperlen auf meiner Stirn zu trocknen. Hinter der großen Lagerhalle standen reihenweise Kisten voller Äpfel. Plötzlich tauchte Jason auf, die Hände in den Hosentaschen und die Sonnenbrille noch auf der Nase, obwohl das Tageslicht schon langsam verschwand. Er lief von Eimer zu Eimer und inspizierte sie genauestens. Vor einem blieb er länger stehen, auf dem Schild konnte ich aus der Distanz gerade den Namen »Mark« ausmachen. Unser Eimer.

Ich stupste meinen Partner an. »Scheiße, scheiße, scheiße! Ich glaube, das ist unserer!« Jason nahm die Hände aus den Taschen und besah sich die Äpfel genauer, wendete und befühlte sie. »Oh nein, oh nein, oh nein!« Ich spürte, wie sich mir der Magen umdrehte, als er einen anderen Aufseher zu sich rief.

»Mist! Er wird uns feuern! Das ist unser Eimer. Wir sind bestimmt zu unvorsichtig geworden, als wir versucht haben, schneller zu machen!« Vor Angst hätte ich fast nach Mark gegriffen und ihn geschüttelt. Wenn ich jetzt gefeuert würde, wie sollte ich dann rechtzeitig an mein Visum kommen? Die Bewilligung meines Visums war wie eine glänzende Trophäe, die am Ende dieser langen, anstrengenden Arbeit auf mich wartete. Doch jetzt, da sich Jason und eine Million Äpfel dazwischenschoben, schien sie in weite Ferne zu rücken. Wie viele Hürden würde ich noch nehmen müssen, um das zu bekommen, was ich mir so sehnsüchtig wünschte?

Jason stapfte zu seinem Büro hinüber und schlug wütend die Tür hinter sich zu. Von den aufgeregten Apfelpflückern, die sich vor seiner Tür versammelten, drang dumpfes Gemurmel zu uns herüber.

Als die Tür zum Büro geöffnet wurde, sprang ich auf.

»Habt ihr eine Ahnung, wo Mary ist?«, rief Jason der Masse entgegen.

Gott sei Dank, dachte ich und ließ mich erleichtert auf die Kiste fallen. Auch Mark war die Erleichterung anzusehen. Die arme Mary und ihr Partner wurden gefeuert, weil sie zu sorglos mit den Äpfeln umgegangen waren und außerdem ihre Eimer nicht bis obenhin gefüllt hatten. Zugegeben, ich war nicht gerade die schnellste Pflückerin, aber ich habe versucht, vorsichtig zu sein, und mehr Wert auf Qualität als auf Quantität gelegt. Trotzdem tat mir Mary leid.

Schließlich war mein letzter Freitagabend herangerückt, auf den ich im örtlichen Pub mit Bourbon anstieß, da mein Körper den billigen Cidre nicht vertrug. Ich war unendlich froh, dass alles vorbei war, und sogar ein bisschen stolz auf mich, dass ich es durchgestanden und überlebt hatte. Es floss jede Menge Alkohol und wir tauschten unsere Erinnerungen an die letzten Monate aus. Zum Beispiel, als Jason von seinem Quad versehentlich über den Lenker abstieg. Oder als der Traktor über meine Tasche fuhr, aber mein Handy wie durch ein Wunder überlebte. Die kleine Maus, die in unserer »Küche« wohnte. Oder als Mark von der Leiter fiel, dabei den Baum mitnahm und es Äpfel regnete. Meine Schultermuskeln konnten es mittlerweile mit denen eines Wrestlers aufnehmen, mein Hintern und meine Oberschenkel waren so straff wie noch nie und wahrscheinlich war ich für das ganze Leben gezeichnet: körperlich wegen meiner zerschundenen Arme und psychisch vom Aufstehen vor Sonnenaufgang. Doch an diesem Abend kamen so viele Geschichten über diese seltsame Erfahrung zusammen, die mir alle verwehrt geblieben wären, hätten die Einwanderungsbestimmungen mich nicht dazu gezwungen. Dann hätte ich nie dieses andere Gesicht Australiens kennengelernt, sondern nur das schimmernde Großstadtleben.

Ich war fertig mit den Äpfeln und mit Warragul. Den Obsthain werde ich sehr wahrscheinlich nie wiedersehen und es wird eine Weile dauern, bis ich wieder einen Apfel essen kann, aber ich hatte überlebt und war im Besitz des goldenen Tickets, eines Visums – endlich! Ich war bereit für ein zweites Jahr Australien mit allen Überraschungen, die es parat haben würde.

19.

MEXIKO HINTER ZÄUNEN

Die zwei Gesichter von Guadalajara

VON KATHRINE OPSHAUG-BAKKE

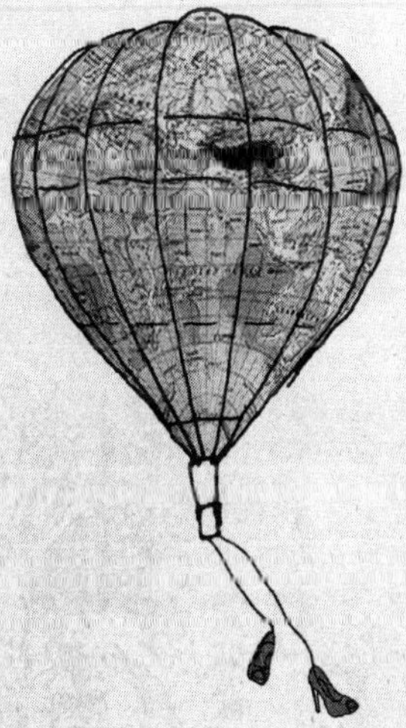

Die haben dort Tiger im Garten, zwei riesige Swimmingpools und massenhaft Drogen!«, sagte Juan, als wir in sein Auto einstiegen. Ich war in Guadalajara, der zweitgrößten Stadt Mexikos, deren Name fast unaussprechbar ist. Berlin – Paris – Mexico City lagen hinter mir und für den nächsten Monat würde ich mexikanisch sprechen, leben und atmen, das hatte ich mir vorgenommen.

Juan, mein mexikanischer Kumpel, wohnte bei seinen Eltern in einer der Gated Communitys. Wir hatten uns zwei Jahre vorher im Deutschunterricht an einer Sprachschule in Berlin kennengelernt und waren unzertrennlich gewesen. Trotz unserer unterschiedlichen Herkunft – ich war aus Norwegen und er aus Mexiko – verstanden wir uns auf Anhieb gut. Meistens trug er einen Hut, seit er sich schon vor Berlin seine langen Dreadlocks abgeschnitten hatte, und auch sein starker britischer Akzent war auffällig, wenn er englisch sprach. Später erfuhr ich, dass er drei Jahre in verschiedenen besetzten Häusern in London gelebt hatte; erstaunlich für jemanden, der so behütet in einer Gated Community aufgewachsen ist. Juan und ich waren grundverschieden und dennoch wurden wir binnen kürzester Zeit die besten Freunde. Es war ein trauriger Abschied, als sein Visum für Deutschland nach zwei Jahren nicht mehr erneuert wurde und er endgültig zurück nach Mexiko musste. Ich vermisste ihn sehr und so kam es, dass ich mich, zwei Monate, nachdem er Berlin verlassen hatte, auf dem Weg nach Guadalajara befand, um ihn zu besuchen.

»Welcome to Tijuana. Tequila, sexo y marihuana.« Das berühmte Lied von Manu Chao über Mexikos Sin City Tijuana lief im Autoradio, als wir vom Flughafen in die Stadt hineinfuhren. Juan summte mit und grinste mich von der Seite an. »Toll, dass du hier bist«, sagte er. Ich nickte, grinste auch, sah abwechselnd Juan an und dann aus dem Fenster, die Tiger und die Drogen hatte ich schon wieder vergessen. Ich kannte Juans Humor und nahm die Ankündigung nicht allzu ernst.

Die Gated Community, in der Juans Familie wohnte, war von hohen Zäunen umgeben. Sie umschlossen das Gelände, so weit das Auge reichte, unterbrochen nur von einem Überwachungsgebäude, vor dem zwei streng aussehende Wachmänner in Uniform Juans Auto anhand eines Passworts registrierten. »Bienvenido« – Willkommen – stand auf einem Schild, aber willkommen schien hier bei Weitem nicht jeder zu sein. Von außen erinnerte dieses Wohngebiet eher an ein Gefängnis, wie ein Ort aus einem Martin-Scorsese-Film. So etwas hatte ich noch nie gesehen. Dort, wo ich herkam, sperrten wir noch nicht einmal die Türen ab, wenn wir das Haus verließen.

Die Gated Communitys waren geschlossene Wohnanlagen. Sie hatten sich über die Jahre etabliert, erklärte mir Juan, nachdem sich mehr und mehr reiche Einwanderer, Rentner und Angestellte großer Korporationen in Guadalajara niedergelassen hatten und ein sicheres Zuhause suchten. Die normalen Regeln, die für andere Menschen der Stadt zutrafen, galten hier nicht, das sollte ich schnell lernen. Es war das Getto der gehobenen Mittelklasse. Hier bauten die Reichen ihre Häuser neben Golfplätzen, hier bezahlten sie für ihre Sicherheit.

Einmal an den finster dreinblickenden Kontrolleuren am Eingang vorbei, eröffnete sich mir eine andere Welt. Entlang einer schmalen Straße reihten sich bunt gestrichene Häuser und eine kleine Kirche, während ein paar Kinder auf der Straße spielten. Überall erschufen Gras und Bäume eine kleine, heile Welt. Für einen Moment fühlte ich mich wie am Drehort einer amerikanischen Fernsehserie: Gleich würden wir um die Ecke in die Wisteria Lane einbiegen und sämtliche Desperate Housewives würden in ihren Vorgärten die Blumen gießen. Bei genauerem Hinsehen merkte ich, dass die Häuser immer größer und luxuriöser wurden, je weiter sie vom Eingang am unteren Teil der Siedlung entfernt standen. Ganz oben, auf dem Hügel in der Mitte, meinte ich sogar, schlossähnliche Bauten zu erkennen.

Sämtliche Häuser dort oben waren weiß und umgeben von noch mehr und noch höheren Zäunen.

Juans Eltern wohnten, zu meiner Erleichterung, in einem normalen zweistöckigen Gebäude. Einen Pool gab es nicht, dafür aber einen Garten. An der Tür erwartete uns Juans Mutter, elegant gekleidet in einer traditionell mexikanischen Bluse und mit demselben offenen Lächeln, das ich bereits von ihrem Sohn kannte. Sie schloss mich herzlich in die Arme und hieß mich wie eine alte Freundin willkommen. »Hast du Hunger, mi hija?« Wie es sich für eine echte mexikanische Mama gehört, ging es sofort ums Essen. Das ließ ich mir nicht zweimal sagen. Es gab Koriandersuppe und Quesadillas satt.

Am nächsten Tag wollte ich Guadalajara auch außerhalb der Zäune erkunden. Nach der 15-minütigen Fahrt ins Zentrum überreichte Juan einem Mann, der in Dunkelblau gekleidet war, Geld. »Das ist die Automafia«, erklärte Juan, »die passen auf, dass der Wagen nicht geklaut oder beschädigt wird.« Erstaunt und etwas bestürzt schaute ich ihn an. Mexiko wurde mir langsam unheimlich.

Zu Fuß liefen wir durch farbenfrohe Straßen, vorbei an unzähligen Taco-Imbiss-Buden, 24-hours-Drogeriemärkten, Brautmodegeschäften. An Frauen, die am Straßenrand selbst bestickte Blusen und Tücher verkauften, und jungen Männern mit engen Hosen und gegelten Haaren. Das Lachen der mit Seifenblasen spielenden Kinder, das Gitarrenspiel der traditionell gekleideten Straßenmusiker, das lebendige Durcheinander der Sonnenterrasse eines beliebten Cafés, all das machte das Lebensgefühl dieser Stadt aus, den Puls Guadalajaras.

Irgendwann kamen wir zum Hospicio Cabañas, dem ältesten und größten Krankenhauskomplex Lateinamerikas, der mittlerweile als Museum genutzt wird. Die über zweihundert Jahre alten riesigen Wand- und Deckenmalereien gehören zum Weltkulturerbe und ich legte mich auf eine Bank, um sie besser studieren zu können. Zum einen sind sie unglaublich bunt und lebendig, zum anderen entdeckte ich bei genauerem Hinsehen auch immer mehr düstere Motive von Krankheit und Tod.

Mein erster Eindruck von diesem Land war ebenso zwiegespalten. Einerseits gab es all diese Schönheit, die Kultur und eine Menge liebevoller Menschen, andererseits kursierte jedoch eine Angst, die kaum greifbar war, aber die die Menschen dazu brachte, hinter Zäunen zu leben und Schutzgelder zu bezahlen.

Zurück in der Gated Community, besuchten wir Juans Kumpel Tico. Seine Wohnung hatte eine riesige Dachterrasse, auf die Tico uns einlud. Seine Eltern waren im Urlaub, er hatte das Haus für sich. Ich war überrascht, als er mich in fast akzentfreiem Deutsch begrüßte. Mit seinen dunkelblonden Haaren und den vielen Sommersprossen sah er so gar nicht typisch mexikanisch aus. Sein Vater hatte in Deutschland studiert und seinen Sohn deshalb in Guadalajara auf eine deutsche Grundschule geschickt.

»Ich muss nur kurz raus, um ein paar Freunden etwas zu geben. Kommt ihr mit?«, fragte er uns. Die beiden Jungs diskutierten kurz, irgendwie sah Juan nicht zufrieden aus, aber wir begleiteten Tico trotzdem.

In seinem neuen BMW mit verdunkelten Scheiben fuhren wir zu einer Tankstelle außerhalb der Community. Kaum saßen wir im Auto, klingelte Ticos Telefon, er antwortete knapp, legte dann schnell wieder auf. Auf einem kleinen Parkplatz hinter der Tankstelle hielten wir schließlich an. »Bleibt sitzen!«, befahl Tico, stieg aus und lief hinüber zu einem weißen älteren Kombiwagen. In seiner Hand hielt er ein kleines braunes Päckchen. Er reichte es dem Fahrer des Kombis durch das Fenster, sie schüttelten sich die Hände, dann drehte er sich um und lief ruhig zum Auto zurück. Ich saß wie erstarrt.

»Tico verkauft nebenbei ein paar Drogen, nur harmlose Sachen, um sich etwas Taschengeld dazuzuverdienen«, erklärte Juan, als er meinen Gesichtsausdruck bemerkte. Beim nächsten

Mal würde ich genauer fragen, bevor ich mit den beiden irgendwohin mitfuhr.

Die erste Woche ging vorüber und schnell wurden Dinge, die mich zu Anfang noch in Erstaunen versetzt hatten, zur Routine. Jeden Morgen frühstückte ich mit Juans Mutter, meist allein, da Juan schon früh arbeiten musste. Während wir Brote schmierten und Kaffee tranken, putzte Haushaltshilfe Rosa die Wohnung.

»Sie hat sechs Kinder und einen Mann, der sie schlägt und ihr Geld wegnimmt, um dafür Drogen zu kaufen. Dabei ist sie doch noch so jung«, sagte Juans Mutter eines Tages, mit Tränen in den Augen, zu mir. »Sie will ihn aber nicht verlassen«, fügte sie hinzu, deutlich traurig darüber, nicht mehr für Rosa tun zu können. Rosa sah um einiges älter aus als ihre 29 Jahre, dennoch kam sie stets mit einem fröhlichen Lachen zur Arbeit.

An einem Abend, am Ende der zweiten Woche, saßen Juan und ich wieder im Auto und fuhren den Berg hinauf. Die Swimmingpools häuften sich, jedoch auch die Anzahl der Wachhunde. »Dort wohnt ein Politiker, in seinem Garten gibt es zwei Tiger, die als Haustiere gehalten werden. Und da drüben, da wohnt mein Kumpel Carlos.« Juan sprach mit einer Leichtigkeit, die einer Wettervorhersage glich.

Carlos schien kein kleiner Fisch zu sein, der Haus- und Zaungröße nach zu urteilen. »Sein Vater ist ein bekannter Drogenpapst, für den hat auch Tico früher gearbeitet. Aber mach dir keine Sorgen, er ist gerade auf Reisen«, erklärte Juan. Er selbst hatte zwar nichts mit Drogen am Hut, war aber mit diesen Jungs aufgewachsen, und wenn sie gerade alle zu Hause waren, trafen sie sich. In Berlin hatten wir uns häufig über sein Heimatland unterhalten und oft schien er frustriert über die mexikanische Politik und den Einfluss der Drogenkartelle. Dass er jedoch Tür an Tür mit solchen Jungs wohnte, überraschte mich.

»Hände hoch!« Ein großer, stämmiger Mann mit schwarzer Schirmmütze stand mit grimmigem Gesichtsausdruck am Hauseingang. Hinter ihm ein riesiger Hund, der aussah, als könnte er mit einem Biss meinen Arm abreißen. Wollte der uns nach Waffen kontrollieren? Drogen suchen? Er kannte doch Juan, was war da los? Erschrocken nahm ich die Hände hoch. Wenn sein Vater so etwas wie der Pate von Guadalajara war, wollte ich ganz sicher kein Risiko eingehen. Der Mann kam näher und starrte unmittelbar auf meine Achselhöhle, so als würde er etwas Verstecktes darin suchen. »Muy bien, du kannst reingehen!« Noch immer sah er mich ernst an, bevor er plötzlich laut auflachte.

»Er wollte nur checken, ob du Haare unter den Armen hast.« Auch Juan kugelte sich förmlich vor Lachen. Offenbar glaubte man hier noch, dass europäische Frauen sich nicht die Achseln rasierten. Eine seltsame Art, das Eis zu brechen, aber durchaus eine, die funktionierte.

Der Garten, in den Carlos uns führte, glich einer kleinen Parkanlage. Hier gab es einen Pool mit olympischen Ausmaßen, etwa zehn Fahrräder, drei Kanus und diverses Reitequipment. »Ich baue gerade ein Aktivitätshotel auf, mit Pferden, Klettermöglichkeiten, Mountainbiking und Paddeln«, erzählte uns Carlos, der selbst so gar nicht sportlich aussah. Geldwäsche, dachte ich, sagte aber nichts. Man hätte tatsächlich glauben können, dass hier ein Hotel gebaut wurde.

Ich dachte an Rosa, die Haushälterin, und daran, wie der Drogenkonsum ihres Mannes ihr Leben zur Qual machte. Hier saßen wir und spekulierten über ein drogenfinanziertes Hotel, so als wäre nichts Schlimmes daran. Carlos machte einen netten Eindruck, aber wohl fühlte ich mich in seiner riesigen Küche nicht. Als mein Blick dann auch noch auf die vielen kleinen, braunen Papierpakete auf dem Tisch in der Abstellkammer fiel, musste ich an Tico denken und daran, wie Drogen sich in dieser Welt einen Platz geschaffen hatten, der ihnen nicht gebührte. Keine Polizei kam hierher. Wer für seine Sicherheit bezahlte, konnte sich selbst die vom Leib halten.

Bumm! Plötzlich, mit einem lauten Knall, wurde es dunkel. Ein Tier brüllte. »Estás bien?«, hörte ich Juan sagen.

»Sí, alles klar«, antwortete ich aus einem Reflex heraus, obwohl absolut nicht alles in Ordnung war. War das etwa ein Schuss gewesen? Was, wenn die Tiger von dem Nachbargrundstück geflohen waren und jetzt zu uns herüberkamen, weil sie verwirrt und vielleicht sogar hungrig waren? Was, wenn ein Drogendealer von seinem Boss erschossen worden war, weil er seinen Auftrag nicht ausgeführt hatte oder versuchen wollte, ihn zu hintergehen, und jetzt kurzer Prozess mit ihm gemacht worden war? Was wenn ... Carlos ging zum Lichtschalter und drückte ihn ein paar Mal. Es klickte im Dunklen.

»Nichts Schlimmes, ist bestimmt nur wieder ein Stromausfall. Ich habe vergessen, die Rechnung zu bezahlen.« Erleichtert, doch keinen Raubtieren und Gangstern über den Weg zu laufen, fiel die Spannung von mir ab, aber ich wusste, dass ich Carlos sicher nie wieder freiwillig besuchen würde. Juan zündete eine Kerze an, Carlos kramte eine Taschenlampe hervor und leuchtete mir grinsend ins Gesicht. Ich hob genervt die Hand, Juan lachte leise. »Alles klar?« Ich nickte, Carlos nahm die Taschenlampe runter und leuchtete in Richtung der Tür. Ich stand erleichtert auf, wartete, bis Juan und Carlos sich umständlich verabschiedet hatten, und ging, in der Hoffnung, tatsächlich nicht auf irgendeine Leiche oder einen Tiger zu treffen, hinaus.

Juan und ich fuhren den Berg wieder hinunter, die Häuser wurden wieder kleiner und die Straßen wieder bunter. »Was steht für morgen auf dem Programm? Vielleicht Tee trinken mit ein paar Bankräubern?« Nach dem anfänglichen Schrecken war ich schon wieder zu Späßen aufgelegt.

Juan lachte, dachte kurz nach und sah mich mit einem breiten Grinsen an. »Nein, morgen fahren wir zum Strand nach La Manzanilla. Die einzige Sache, vor der du dich dort hüten musst, ist der Alkoholgehalt der Margaritas.«

20.

DSCHUNGELPRINZESSINNEN

Abenteuer im Amazonas

VON KATJA HENTSCHEL

Ganze drei Monate waren Louisa und ich nun schon durch Südamerika getingelt und mittlerweile zu einem eingespielten Team geworden. Zusammen liefen wir über Märkte, flanierten durch hippe Stadtviertel und tranken Café con leche in kleinen Cafés. Abends schlüpften wir in enge Kleider und High Heels und zogen um die Häuser – Kulturwissenschaften nannten wir das. Lou quatschte Jungs an und ich machte Erinnerungsfotos, wenn sie mit einem von ihnen rumknutschte – Arbeitsteilung nannten wir das. In Bolivien hatten wir zusammen Dynamit in die Luft gejagt, waren in Peru unbemerkt einer Entführung zum Opfer gefallen und in Venezuela nur knapp einer Verhaftung entgangen. Brasilien war die letzte Station auf unserer Reise und wir erwarteten viel, denn diesmal kamen wir mit einer Mission.

An einem Grenzübergang zwischen Bolivien und Peru hatten wir eines Nachts drei Spanier kennengelernt, die uns von ihrem unglaublichen Ausflug an den Amazonas erzählten. »You have to go!«, hatten sie uns beschworen, als wir mit offenen Mündern ihren Beschreibungen vom Regenwald lauschten. Mit Begeisterung berichteten sie von ihrem Dschungelguide Flavio, der in meinem Kopf zu einem tapferen Tarzan wurde, der mit bloßen Händen Alligatoren aus dem Fluss holen und sämtliche Pflanzenarten des Regenwalds rückwärts und alphabetisch geordnet aufsagen konnte.

»Ich wette, der ist voll süß«, hatte Lou immer wieder gesagt und jedes Mal leuchteten unsere Augen bei dem Gedanken an unser bevorstehendes Dschungelabenteuer.

Manaus, 4. März, neun Uhr morgens. Bepackt mit tütenweise Snacks und einem Jahresvorrat an Mückenspray, Pflastern und Filmrollen trafen wir Flavio am Porto de Manaus, dem Hafen, von dem uns ein Motorboot zur anderen Seite des Amazonas bringen würde. Der große, breitschultrige Gerard-Butler-Verschnitt unserer Fantasie war in Wirklichkeit ein etwas in die Jahre gekommener Gigolo, der sich die Nächte in Bars um die

Ohren zu schlagen schien und dabei mit jeder Frau flirtete, die ihn auch nur eines Blickes würdigte.

»Ich glaube, der hat noch 'ne Fahne von letzter Nacht«, flüsterte Lou mir zu, hob die Augenbrauen und runzelte die Stirn. So langsam sahen wir unsere Aussichten auf das große Abenteuer, das wir uns ausgemalt hatten, in weite Ferne schwinden.

Zugegeben, allen Widrigkeiten zum Trotz sah Flavio nicht schlecht aus. Irgendwo zwischen den schulterlangen, dunkelblonden Strähnen, den Augenringen und dem fleckigen T-Shirt steckte ein Typ, der sicher schon das ein oder andere Herz gebrochen hatte. Ich spürte auf Anhieb, dass hinter der Machofassade ein netter Kerl schlummerte, und irgendwie mochte ich ihn.

»You have to buy tickets for the boat and toilet paper«, dirigierte Flavio. Na toll. Als wäre es nicht schon schlimm genug, die nächsten drei Tage ohne Strom und Warmwasser auskommen zu müssen, mussten wir uns nun auch noch darauf vorbereiten, uns vielleicht bald den Po mit Palmenblättern abzuwischen.

»Du drei und ich drei«, sagte ich zu Lou. Wäre doch gelacht, wenn wir dieses Dschungeldingens nicht hinkriegen würden.

*

In meinem Kopf spielte gerade *Survivor* von Destiny's Child, als wir uns umständlich einen Hang hinuntertasteten. An dessen Ende wartete unser Gastgeber Ricardo auf uns. Ihm gehörte die Lodge, die, tief im Dschungel gelegen, für die nächsten Tage unsere Basis werden würde. Insgeheim hofften wir, dass zumindest er mit freiem Oberkörper und nur einem kleinen Fetzen braunem Leder um den Schritt gewunden auf uns warten würde. Irgendein Tarzan musste hier schließlich zu finden sein. Als sich Ricardo als vollständig bekleideter Mittfünfziger entpuppte, waren wir tatsächlich etwas enttäuscht. »Bem-vindas, amigas!«, begrüßte er uns und führte uns in seine große, zweistöckige

Lodge, deren Wände aus Holz und deren Dach aus getrockneten Palmenblättern bestanden. Zu dem Gebäude gehörte noch eine kleine Gruppe weiterer Häuser, die drei dort ansässige Familien bewohnten. Ein schmaler Steg verband die Lodge mit dem anliegenden Kanal. Hier trafen wir auch auf Maria, Ricardos Frau, die uns ebenfalls sehr herzlich begrüßte und uns anschließend auf eine kleine Tour durch das Haus mitnahm.

»Aaaaaaahhh!«

Als ich gerade mein Prinzessinnenbett – toll, so ein Moskitonetz – Probe liegen wollte, hörte ich plötzlich ein Kreischen aus dem Bad. »Wasn los?« Schnell rannte ich rüber, um nach Lou zu sehen.

»Spinne!«, schrie sie und zeigte panisch auf ein Insekt, das die Hauptrolle in einem Hitchcockfilm verdient hätte. »Boah ist das eklig! Ich putz mir die Zähne lieber im Fluss, als dass ich da noch mal reingehe«, maulte Lou und auch ich sah mich bereits die nächsten drei Tage im Wald pinkeln gehen. Mutig rettete ich dennoch den Spiegel von der Badezimmerwand, stellte ihn in unserem Zimmer auf und fing an, mir die Haare zu machen. »Machst du dich etwa hübsch für die Affen und Tiger?«, spottete meine Freundin mit einem schelmischen Grinsen.

»Sehr witzig«, konterte ich. »Ich will lediglich ein Foto von mir mit einem Krokodil und darauf muss ich schließlich gut aussehen.« Ein Urlaubsfoto als Totschlagargument. Zwei Minuten später saß auch Lou neben mir vor dem Spiegel und zog sich den Lidstrich nach.

Perfekt gestylt, stapften wir kurz darauf durch den Dschungel. »Nach Giftschlangen Ausschau halten«, hatte uns Flavio gewarnt, und so liefen wir mit auf den Boden gebanntem Blick hinter ihm her. Jeder noch so kleine herumliegende Ast war eine potenzielle Schlange, jeder Kratzer an meinem Fuß ein möglicher Todesbiss. Spätestens jetzt bereute ich es, Sandalen zu tragen.

Als wir immer tiefer in den Regenwald hineingingen, stellte sich der verwegene Brasilianer schnell als menschliches Dschungelwikipedia heraus und erklärte uns so einiges über das, was da um uns herum krabbelte. Hier ein Chamäleon, da ein Ameisenhaufen, zu allem wusste er einen schlauen Kommentar. Als er schließlich mit einem Stöckchen eine Vogelspinne aus ihrem Bau lockte, sahen Lou und ich uns beeindruckt an.

»Steckt mehr Tarzan in ihm, als ich gedacht hätte«, musste ich eingestehen.

Nachdem wir eine Stunde quer durch den Regenwald gestiefelt waren, kamen wir schließlich an einer Stelle vorbei, an der mehrere Lianen an einem Baum herunterhingen.

»Do you want to swing on a liana?«, fragte Flavio, und während Lou sofort aufgeregt Kamera und Jutebeutel zur Seite schmiss, gingen mir sämtliche Horrorszenarien meiner Schulzeit durch den Kopf. Ich hatte noch lange nicht die Peinlichkeit überwunden, es im Sportunterricht nie geschafft zu haben, mehr als 15 Zentimeter an der Stange hochzuklettern. Alles, was meine Oberarme an Muskelkraft vorzuweisen hatten, war im Bestfall dem Tragen von Venti Caramel Latte Macchiatos zuzuschreiben. Ich machte mir also wenig Illusionen, diese Lianenhangelaktion elegant zu meistern.

»Huaaaa!« Lou jauchzte vor Freude, als sie, scheinbar federleicht, einen Meter über dem Boden vor und zurück schwang, und auch Flavio hatte sichtlich Spaß an den Rankengewächsen.

»Come on, you can do it«, motivationsfloskelte er und auch Lou drängte, dass ich mir diese einmalige Gelegenheit nicht entgehen lassen dürfte. Angespornt von dem Vertrauen, das die beiden in meine Hangelkünste setzten, nahm ich all meinen Mut zusammen, schnappte eine Liane, lief drei Schritte zurück, sprang in die Luft und schrie los, als ich bemerkte, wie die Zentimeter unter mir vorbeizogen. Nach zwei Sekunden dann die sofortige Ernüchterung. Wie ein Kotelett plumpste ich auf den Boden und schickte damit mehrere Hundert Käfer in den sicheren Tod durch Erdrücken. Ebenfalls auf dem Boden lag Lou – allerdings vor Lachen.

»Sehr komisch«, schnaufte ich und bemerkte zu meinem Entsetzen erst jetzt, dass Lou alles auf Video aufgenommen hatte. Flavio hingegen, ganz Gentleman, half mir auf, klopfte sanft den Dreck von meinem Rücken und fragte mich, ob alles in Ordnung sei.

»Screw lianas« – Scheiß auf Lianen –, fügte er mit einem Zwinkern hinzu.

Zurück in der Lodge hatte Maria bereits mit den Vorbereitungen für das Abendessen begonnen. Draußen dämmerte es und der Himmel färbte sich in kräftigen Orange- und Pinktönen. Lou verschwand unter der Dusche – die Spinne vom Morgen hatte sich mittlerweile verkrochen –, während ich mich ans Ende des Stegs setzte, die Füße im Wasser baumeln ließ und darauf wartete, dass die Sonne ganz im ruhigen Amazonas versank. Ohne lange nachzudenken, entschied ich, dem Sonnenuntergang ein paar Meter entgegenzuschwimmen. Schnell zog ich mein Kleid über den Kopf, ließ mich in den warmen Amazonas gleiten und eine Weile auf dem Rücken durch das Wasser treiben, während ich mit geschlossenen Augen dem Konzert aus leisem Grillenzirpen, Vogelgezwitscher und Froschquaken lauschte.

»I would get out of there if I were you!«, riss mich eine Stimme plötzlich aus meiner Kuschelrockposterromantik. Flavio. Ich sollte raus? Aber wieso denn? Es war doch gerade so schön. »Alligators«, erklärte er trocken, mir klappte die Kinnlade runter.

»Waaaas?« Panik. Ich wusste nicht, ob ich zuerst schreien, die Umgebung nach Krokodilen absuchen oder schwimmen sollte, entschied mich aber spontan für Option A und C. In den Sekunden, die zwischen mir und dem rettenden Steg lagen, sah ich mein Leben an mir vorbeiziehen. Jeden Augenblick würden sich zig scharfe Zähne in meinen Schenkel bohren und mein Bein abreißen, so wie ich sonst immer nur Hähnchenkeulen abriss. Jetzt war ich der Broiler und für eine Sekunde bereute ich es, damals in der Zehnten nicht doch, wie alle anderen, zum Vegetarier mutiert zu sein. Als ich nach einer gefühlten Ewigkeit am Steg ankam, hielt Flavio mir heldenhaft seine Hand entgegen, an der ich mich, so schnell ich konnte, hochzog. Erst jetzt merkte ich, dass ich lediglich in Slip und Spitzen-BH vor ihm stand. Flavio grinste mich vielsagend an. Langsam beschlich mich das Gefühl, dass der Spruch mit den Krokodilen nur ein Trick gewesen war, um mich aus dem Wasser zu lotsen und mir einen Blick unters Kleid abzuluchsen. Mit zur Seite geneigtem Kopf, misstrauischem Blick und entschlossen in die Taille gedrückten Fäusten stellte ich ihn zur Rede: »There are not really any crocodiles in the water, are there?« So leicht ließ ich mir kein Krokodil aufbinden. Flavio lachte charmant, doch anstatt zu antworten, klatschte er mit vor sich ausgestreckten Armen dreimal in die Hände und machte dann ein ziemlich ulkig klingendes Grunzgeräusch.

So lockt man Alligatoren an, sagte er. Als ich ihn gerade auslachen wollte, sah ich es plötzlich. Ein gut drei Meter langer Alligator schwamm an genau der Stelle, an der ich eben noch munter vor mich hin geplanscht hatte. Ich schluckte.

»They come out to hunt when the sun sets«, erklärte Flavio, »but seeing you in your underwear is a nice side effect.« Jetzt wurde ich tatsächlich ein bisschen rot und war mir nicht ganz sicher, ob ich mich für das Kompliment bedanken sollte oder die Tatsache, dass ich dank ihm nun nicht als tragische Schlagzeile auf Seite vier der *Bild*-Zeitung enden würde. Sonnenuntergang hieß immer auch Hauptjagdzeit für Krokos, hatte er gesagt, aber das Gefühl ließ mich nicht los, dass es auch Hauptjagdzeit für Flavio war.

Auf den Schock folgte Euphorie. Ich war noch am Leben! Keine Liane, Giftschlange oder Riesenechse konnte mich klein-, noch weniger totkriegen. So langsam wurde aus mir eine echte

Jane und dabei war das nur der erste Tag! Sicher würde ich am Ende des Dschungelaufenthalts Krokodile als Haustiere halten und jeden Morgen mittels Lianentaxi Bananen pflücken gehen.

Passend zu meiner Siegerstimmung gab es zum Abendessen gegrilltes Haifischfilet. Wir aßen, lachten, leckten uns die Finger und klatschten Beifall, als Flavio nach dem Essen eine Flasche Cachaça auf den Tisch stellte und lauthals »Caipirinhas!« rief.

Der Abend wurde immer später und wir immer betrunkener. Flavio erzählte uns von seinen Reisen durch Europa, wo er sich mit Gelegenheitsjobs über Wasser gehalten hatte, während er die Nächte durchfeierte. Vor zwei Jahren war er nach Manaus zurückgekehrt, mit dem Plan, sich niederzulassen und eine Familie zu gründen, doch bislang war die Richtige nie dabei gewesen. Bei flackerndem Kerzenlicht, berauscht von seinen Geschichten und dem Alkohol der süßen Cocktails, merkte ich weder, wie die Zeit verging, noch scherte ich mich um all die kleinen Mücken, die um meinen Kopf schwirrten. Lou legte sich irgendwann schlafen und auf einmal saßen nur noch Flavio und ich am Tisch. Draußen hatte es irgendwann angefangen zu regnen. Das prasselnde Geräusch legte sich wie ein Schleier auf diesen Augenblick, und als irgendwann die Kerze erlosch, nahm Flavio meine Hand und führte mich zur Tür. »Have you ever danced in the rain?«, fragte er und zog mich, ohne eine Antwort abzuwarten, hinaus auf den Steg und an sich heran. Mit einer Hand auf meinem Rücken und der anderen in meiner tanzten wir ohne Musik, lediglich zum Klang der Regentropfen, die eindrucksvoll auf den Fluss und auf uns herunterprasselten. Unsere Schritte wurden größer und unsere Bewegungen schneller. Meine Drehungen, die zu Anfang noch schüchtern waren, wurden selbstbewusster, mein Atem kürzer. Immer schneller wirbelte er mich im Kreis, immer wilder tanzten wir über den Steg. Ich lachte und drehte mich und lachte noch mehr, bis irgendwann meine Knie nachgaben und ich endgültig in seiner Umarmung versank. Er sah mich an, ich spürte das Verlangen in seinem Blick und auf einmal waren seine Lippen nur noch wenige Zentimeter von meinen entfernt …

Da stand ich also, umgeben vom großen, unberechenbaren Dschungel, nur wenige Meter entfernt von hungrigen Krokodilen, giftigen Spinnen und riesigen Schlangen. Alles Mögliche hätte passieren können, und doch war die einzige Gefahr, die mir je drohte, die, dem Charme eines brasilianischen Machos zu verfallen. Happy End nennt man das wohl.

21.

ALLES KOMMT ANDERS

Freiwilligenjahr in Peru

VON LORNA STOKES

Du musst mich jetzt aber langsam wirklich loslassen, Mama, sonst verpasse ich meinen Flug. Im Ernst, Mama! Das ist der Aufruf für meinen Flug. Ich muss jetzt los. MAMA!«

Sie hat bestimmt noch etwas geantwortet, aber ich konnte nichts mehr verstehen, weil ihre Worte in einem lauten, kläglichen Schluchzen untergingen. Ich bin mir ziemlich sicher, dass es etwas gewesen sein wird wie: »Aber du bist doch meine Kleine ...«

Es ist nicht so, dass ich weniger panisch und aufgewühlt gewesen wäre als sie. Ich war gerade mal 18 Jahre alt und im Begriff, meine erste Reise nach Südamerika anzutreten – allein! Doch im Gegensatz zu ihr hatte ich vor dem Abschied am Flughafen wasserfeste Mascara aufgetragen.

Ich hatte eine Riesenangst und nicht die geringste Ahnung, was mich erwarten würde. Aber meine Sorgen erwiesen sich als kindisch und – im Nachhinein – vor allem als unglaublich lustig. Zum Beispiel: Wo würde ich meine Lieblingsmascara herbekommen, falls sie mir ausging? Würde es in Peru Pflegespülung zu kaufen geben? Während einer meiner Shoppingtouren für die Reise hatte ich mir eine Fotokamera zugelegt, in dem sicheren Glauben, dass ich meine Digitalkamera dort ohnehin nicht würde aufladen können. Außerdem hielt ich es für ausgeschlossen, dass ich eine Möglichkeit hätte, die Fotos herunterzuladen. Doch obwohl ich offensichtlich davon ausging, dass es in Peru keine Stromversorgung gab, hielt mich das nicht davon ab, meinen Föhn und mein heiß geliebtes Glätteisen einzupacken. Nicht auszudenken, was passieren würde, wenn mich jemand in einem abgelegenen peruanischen Dorf mit unfrisierten Haaren sehen würde! Darüber hinaus hatte ich mich mit einem lächerlich großen Vorrat an Luftpostbriefpapier eingedeckt, da es dort natürlich auch kein Internet geben würde und ich gezwungen wäre, auf die gute altmodische Art zu kommunizieren.

Als ich mehr als 15 Stunden später am Flughafen von Lima ankam, war ich benommen vom Jetlag, leicht überfordert und vollkommen überwältigt. Mir wurde mit einem Schlag bewusst, dass mein Zuhause über zehntausend Kilometer hinter mir lag und ich mir nicht wirklich erklären konnte, was ich hier eigentlich machte. Ich wusste nur, dass ich von dieser Reise nach Peru geträumt hatte, seit ich denken konnte. Meine Tante hatte mir einmal, als ich klein gewesen war, ein Plüschlama geschenkt. Seitdem war ich von der Idee, diese Tiere in echt und in freier Natur zu sehen, besessen. Jetzt war aus dem Traum auf einmal Realität geworden. 18-Jährige betonen ja immer, wie selbstständig, unabhängig und erwachsen sie sind. Und dann reisen sie einmal um die halbe Welt, weil sie sich als Kind in ein hässliches, unfreundliches und spuckendes Tier verliebt haben? Wie auch immer, nun war ich hier. Was blieb mir anderes übrig, als das Abenteuer anzunehmen und meinen Kindheitstraum endlich zu verwirklichen?

Nach einem vierstündigen Aufenthalt flog ich weiter nach Cuzco, weil ich dort die nächsten Monate ehrenamtlich in einem Waisenhaus arbeiten wollte. Mir gefiel die Vorstellung, über längere Zeit an einem Ort zu bleiben und die Kultur und die Menschen richtig kennenzulernen. Ich wollte meine Zeit lieber sinnvoll verbringen, als einfach nur meinen Rucksack aufzusetzen und Flugmeilen zu sammeln. Ich würde bei einer Gastfamilie wohnen, die mir die Organisation, über die ich nach Cuzco gekommen war, vermittelt hatte. Dadurch würde ich nicht nur, wie ich hoffte, mein Spanisch verbessern können, sondern auch den Alltag der Einheimischen miterleben.

Als ich mit dem Taxi ankam, warteten sie schon vor ihrem Haus und empfingen mich mit einem breiten Lächeln. Doch ich war leicht enttäuscht, als ich feststellte, dass mein peruanischer Gastvater knallblaue Nike-Trainingshosen und dazu ein »Manchester United«-T-Shirt trug. So viel zu meiner naiven Vorstellung von einer schlichten, ja asketischen peruanischen Lebensweise.

»Hola, me llamo Lorna«, stellte ich mich mit meinem unsicheren Anfängerspanisch vor. Ich machte Anstalten, ihnen die

Hand zu geben, wurde aber plötzlich unsicher. War es in Peru üblich, sich die Hände zu schütteln, küsste man sich nicht vielleicht eher zur Begrüßung oder sollte ich sie umarmen? Doch wie sich herausstellte, war Händeschütteln genau das Richtige. Vielleicht war die interkulturelle Kommunikation doch leichter, als ich anfangs gedacht hatte.

Ich legte mein Gepäck ab und wir stellten uns einander vor. Meine Gastmutter, María, arbeitete ebenfalls in dem Waisenhaus, in dem ich anfangen würde. Mein fußballvernarrter Gastvater in Trainingshosen hieß Víctor und war Kfz-Mechaniker. Sie hatten eine kleine Tochter, Cruz, die – zu meiner Freude – einen gestrickten Pulli mit einem großen, roten, lächelnden Lama darauf trug.

»Toma esto« – Trink das – sagte María und reichte mir eine Tasse Tee. »Er hilft gegen die Übelkeit.« Ich nahm einen tiefen Schluck und bereute es sogleich. Der Tee schmeckte nach Gras.

»Cuzco liegt hoch über dem Meeresspiegel, daher wird unseren Besuchern oft schlecht. Aber das Gute an der Sache ist, dass wir nie ein Heimspiel verlieren.« Víctor war sichtlich stolz, mit der Stärke seiner Mannschaft prahlen zu können. Männer und Fußball! Anscheinend konnte ich noch so weit reisen, diesem seltsamen Machostolz entkam man nirgends.

Nach unserer erfolgreichen ersten Annäherung war es an der Zeit, die Bombe platzen zu lassen. »Ich muss euch was sagen«, begann ich und machte ein ernstes Gesicht. Mir war bewusst, dass ich mit meinem Geständnis in dieser Kultur kaum auf Verständnis stoßen würde. »Ich bin Vegetarierin, ich esse kein Fleisch.«

Ungläubige Blicke in meine Richtung. »Du isst kein Fleisch?« María brauchte eine Weile, um ihre Gedanken zu sammeln, aber da sie den Umgang mit europäischen Gästen gewohnt war, antwortete sie schließlich: »Kein Problem, dann mache ich eben Hühnchen.«

Das würde nicht leicht werden, so viel stand fest.

Am nächsten Morgen klingelte mein Wecker um sechs Uhr. Ich war nervös, weil es mein erster Arbeitstag war, und ich wollte unbedingt einen guten Eindruck hinterlassen. Ich tastete unter dem Bett nach meinen Flipflops und machte mich auf den Weg zur Dusche. Nachdem ich den Wasserhahn aufgedreht hatte, wartete ich darauf, dass das Wasser warm würde. Doch es passierte nichts. Aus dem Duschkopf schoss eiskaltes Wasser, egal in welche Richtung ich drehte. War vielleicht etwas kaputt?

Ich wickelte mir das Handtuch um und begab mich auf die Suche nach María. »Irgendwas stimmt mit der Dusche nicht. Das Wasser wird nicht warm.«

»Ja, guapa, so ist das eben: Mal ist es kalt, mal ist es warm. So waschen wir uns immer.« Mit einem Lächeln widmete sie sich wieder der Frühstückszubereitung. Alles klar. Kalte Dusche also.

Als ich danach den Stecker in die Steckdose steckte und den Föhn einschaltete, gab er nicht das leiseste Geräusch von sich. Aus Verzweiflung versuchte ich das gleiche Spiel mit meinem Glätteisen. Wieder nichts! Zum zweiten Mal heute Morgen überkam mich das flaue Gefühl, dass mir die Kontrolle über die Situation abhanden kam. Offenbar war die Spannung, die mein Föhn benötigte, höher als die auf der Steckdose. Wie sehr ich auch am Stecker rüttelte, er würde niemals funktionieren. Grrrrrr, na gut. Dann eben Strubbelfrisur.

Ich band meine Haare mit einem Haargummi zusammen, legte mein Bedürfnis, einigermaßen passabel auszusehen, ab und lief zusammen mit María zur Arbeit.

Ich kann nicht genau sagen, mit welchen Erwartungen ich das Waisenhaus eigentlich betrat. Schließlich hatte ich noch nie in einer ähnlichen Einrichtung gearbeitet. Das Einzige, was ich zur Vorbereitung bekommen hatte, war ein achtseitiges Heft mit Regeln. Nummer sieben lautete: »Stiehl nicht von deiner Gastfamilie oder der gemeinnützigen Organisation.« Ach nee, wirklich? Zum ersten Mal seit meiner Ankunft in Peru bereiteten mir die kulturellen und sprachlichen Barrieren die geringsten Sorgen. Was mich viel mehr beunruhigte, war die Frage, wie ich mit den Kindern umgehen sollte. In meiner naiven Vorstellung hatte ich mir ein Klassenzimmer voll trauriger, gebeutelter Zehnjähriger ausgemalt, die dasaßen und ihr Schicksal beweinten. Doch nichts dergleichen.

Ich hörte sie, noch bevor ich sie sehen konnte. Vom Flur aus schallte ein wilder, ohrenbetäubender Kriegsschrei zu uns herüber, als wir den Eingang des Waisenhauses passierten. War das vielleicht eine seltsame Initiationszeremonie für neue Freiwillige? Oder bereiteten sie schon meine Opferung vor?

Der Kriegsschrei entpuppte sich als ein englischer Kinderreim, den sie sangen, um mich willkommen zu heißen. Eigentlich eine wirklich süße Geste, doch hätten sie mit Mistgabeln und Teufelshörnern um ein Feuer getanzt, hätte es denselben Effekt auf meine Nerven gehabt.

Kaum waren sie mit dem Singen fertig, löste sich die achtzigköpfige Gruppe auf. Die Kinder stoben in verschiedene Richtungen davon, um ihre Klassenzimmer aufzusuchen. Als sie an mir vorbeiliefen, grüßten sie mich mit einem »Hola« und schenkten mir ihr breitestes Lächeln, während ich herumstand und auf Anweisungen wartete.

»Okay, Lorna. Wir sehen uns zum Mittagessen.«

Moment mal, Mittagessen? Es war gerade mal neun Uhr ... Was sollte das heißen? Doch bevor ich Einspruch erheben oder nachfragen konnte, was zum Teufel hier eigentlich passierte, verabschiedete sich María lächelnd von mir und verließ mit ihrer Gruppe von zwanzig Kindern den Raum. Die restlichen Mitarbeiter und Kinder folgten ihnen.

Aber ich bin doch als Assistentin hier!, schrie ich innerlich. Verzweifelt sah ich mich nach dem Lehrer um, dem ich assistieren sollte – vergebens. Er war nirgends aufzufinden. Und allmählich wurde mir klar, dass ich die Lehrerin war! Ich versuchte, den

Ausdruck blanker Panik auf meinem Gesicht zu überspielen, und überlegte krampfhaft, was um alles in der Welt ich jetzt tun konnte. Sie hatten mich nicht einmal gefragt, ob ich überhaupt dafür qualifiziert war. Was, wenn die Polizei vorbeikam und eine Kontrolle durchführte? Ich hatte keine Ahnung, was Fragen zur Gesundheit und Sicherheit anging. Wo war der Erste-Hilfe-Kasten? Der Feuerlöscher? Und noch wichtiger: Wo bunkerten die Lehrer heimlich ihren Alkohol? In dem Moment hatte ich jedoch nicht viel Zeit, diesen Geheimnissen auf den Grund zu gehen. Denn vor mir hatte ich zwanzig Sechsjährige, die mich erwartungsvoll ansahen und offenbar bereit waren, einen Vormittag mit Unterricht und Spielen zu beginnen. Sie sahen aus wie Mini-Teufelchen und mit jeder Sekunde, die ich zögerte, wurden sie unruhiger und aufmüpfiger. Was gibt es Schöneres, als ins kalte Wasser gestoßen zu werden?

Wo sollte ich anfangen? Ich konnte ja kaum Spanisch, das Einzige, was ich überzeugend zum Ausdruck bringen konnte, war: »Una cerveza, por favor.« Doch ein Bier würde mich in dieser Situation nicht weiterbringen.

»¿Hablas inglés?« – Sprichst du Englisch? –, fragte ich versuchsweise, doch sie starrten mich nur an. Natürlich konnten sie kein Englisch, aber ihr müsst zugeben – einen Versuch war es wert.

Ich bekam sie immerhin dazu, sich im Kreis auf den Boden zu setzen, und beschloss, als Erstes ihre Namen herauszufinden. Nachdem ich mehrmals wie eine Verrückte mit dem Finger auf mich gezeigt und den Satz »Me llamo Lorna« wiederholt hatte, fingen sie, einer nach dem anderen, an, mir ihre eigenen Namen entgegenzurufen.

»Soy Maria.«

»Soy Juan.«

»Soy Pablo.«

»Soy Juan.«

»Soy Sole.«

»Soy Juan.«

»Soy Pablo.«

»Soy Juan.«

Die Peruaner schienen nicht gerade kreativ zu sein, wenn es darum ging, sich Namen für ihre Babys auszudenken. Juan oder Pablo, das machte die Sache einfacher. Denn so waren die Chancen, den richtigen Namen zu erwischen, falls ich mit einem von ihnen schimpfen wollte, immerhin fifty-fifty.

Mit der Ruhe, die während unserer kleinen Vorstellungsrunde geherrscht hatte, war es urplötzlich vorbei, als Juan Nummer zwei María einen Schlag verpasste und sie anfing zu weinen. Noch bevor ich auf den Angriff reagieren konnte, flog etwas Gelbes, wums!, gegen meinen Kopf und meine Brille krachte zu Boden. Juan Nummer zwei, der inzwischen aufgehört hatte, María zu hauen, schnappte sich mit einer schnellen Bewegung meine Brille und rannte ans andere Ende des Raums, wo er sich unter einem großen Tisch versteckte. Während ich versuchte, zu Juan zu gelangen und mir meine Brille und meine Würde, oder was davon übrig geblieben war, wiederzuholen, bewarf mich Pablo weiterhin aus einiger Entfernung mit Tennisbällen. Scheiße, tat das weh! Für einen Sechsjährigen konnte der Kleine verdammt gut zielen.

»Pablo, hör auf damit! Ich meine es ernst, Pablo!« Mein lauter, drohender Ton und mein bestes wütendes Lehrergesicht interessierten ihn nicht die Bohne. »Pablo!«, brüllte ich, mit meiner Geduld am Ende. Kein Wunder, dass er nicht reagierte. Er war Juan Nummer eins und nicht Pablo. Oh Mann, das konnte ja heiter werden!

Nachdem ich mir meine Brille im Kampf mit Juan Nummer zwei zurückerobert hatte und wieder unter dem Tisch hervorgekrabbelt war, konfiszierte ich die Bälle von Juan Nummer eins und versuchte, Ruhe und Ordnung ins Klassenzimmer zu bringen. Ich beschloss, sie ein wenig malen zu lassen, das würde sie ablenken und beruhigen. Ich hatte nicht die leiseste Ahnung, dass ich sie in Wirklichkeit nur mit gefährlich spitzen Waffen ausstattete, mit denen sie mich malträtieren würden. Einen Moment lang sah es ganz so aus, als würde Ruhe einkehren. Ich holte Stifte und Papier heraus, die Kinder nahmen sich, was sie brauchten, setzten sich an den Tisch und malten. Ich klopfte mir innerlich selbst dafür auf die Schulter, dass es mir gelungen war, diesen Augenblick vollkommener Ruhe zu schaffen.

»Aaaaaaaaahhhhh!!!« Keine zwei Minuten hatte er gehalten, schon heulte eines der Kinder, als wäre ein großes Unglück geschehen. Juan, oder war es Pablo?, weinte, weil eines der Mädchen ihm seinen Stift weggenommen hatte. Ich lief hinüber und ging zwischen den beiden Kindern in die Hocke, um die Wogen zu glätten, woraufhin mir der Junge prompt einen angespitzten Buntstift ins Bein rammte. Ich schrie auf, schnellte in die Höhe und gab mir alle Mühe, nicht zu fluchen – ich hatte nicht vor, ihnen eine Reihe englischer Kraftausdrücke beizubringen. Stattdessen versuchte ich mit aller Gewalt, Juans/Pablos Faust zu öffnen, um ihm den Stift abzunehmen, und kämpfte gegen die Tränen an.

In dem ganzen Tumult kam irgendwann Sole auf mich zu, tippte mich an und versuchte, mir etwas zu sagen. Aber sie konnte noch so laut mit mir reden und mich noch so fest antippen, ich verstand kein Wort: »Maestra, necesito ir al baño. Maestra, necesito ir al baño.«

»No entiendo, Sole«, antwortete ich fast flehend.

»Maestra, necesito ir al baño. Necesito ir al baño!«, wiederholte sie nur immer wieder. Und als ich endlich begriff, war es bereits zu spät. Auf ihrer Hose breitete sich ein nasser Fleck aus. Ach Mensch, sie musste aufs Klo! Das war es, was sie mir hatte sagen wollen.

Dieser erste Vormittag war die Hölle. Die Kinder schrien rum, hauten sich gegenseitig, hauten mich, weinten und eine machte sich sogar in die Hose. Als es Mittag wurde, versteckte ich mich in der Vorratskammer, um mich auszuheulen. Dass ich das Mittagessen verpasste, war mir egal. Ich wollte nur noch nach Hause, wo es Regeln gab und Struktur, wo die Steckdosen funktionierten. Wie war ich eigentlich auf die Idee gekommen, dass mir diese Reise guttun würde? Ohne die geringste Erfahrung und ohne auch nur ein vernünftiges Wort Spanisch sprechen zu können.

Es klopfte an der Tür. Scheiße, irgendjemand hatte mitbekommen, dass ich hier drin war.

»Lorna?« Es war María. Ich öffnete die Tür einen Spaltbreit, sie quetschte sich hindurch und setzte sich auf einen umgedrehten Eimer. »Guapa, was ist denn los?«

»Ich schaff es nicht, ich schaff es einfach nicht!«, schluchzte ich, während ich mir mit dem Ärmel Rotz und Tränen aus dem Gesicht wischte. Ich muss so unglaublich komisch ausgesehen haben, wie ich heulend in der Vorratskammer stand, umgeben von Eimern, Wischmopps und Reinigungsmitteln.

»Was schaffst du nicht?«, fragte María.

»Das hier«, sagte ich und klang dabei so trotzig wie eine Zwölfjährige.

Sie sah mich an und lächelte. Plötzlich kam sie mir vor wie der weiseste Mensch der Welt. »Am Anfang ist es immer so. Man sagt, man schafft es nicht, und dann schafft man es doch. Man muss nur auf sich selbst hören, es ist alles da drin«, erklärte sie und deutete auf meine Brust. »Heute ist es schwer, aber morgen wird es leichter sein. Und jetzt geh wieder rein.«

Sie stand auf und hielt mir die Tür auf. Ich ging wieder rein, bereit, einen zweiten Anlauf zu wagen. Marías Worte hallten noch in meinem Kopf nach. Ich schaff es, ich schaff es, ich schaff es, sagte ich mir im Stillen immer wieder vor.

»Podemos jugar al fútbol?« – Können wir Fußball spielen? –, fragte Juan alias der Junge mit den Tennisbällen. Auch wenn er ein teuflischer Tennisballwerfer war, hatte dieses Kind zweifellos ein Lächeln, das ein Herz aus zweihundert Metern Entfernung zum Schmelzen bringen konnte.

»Vámonos!«, erwiderte ich freundlich und jagte sie, mit dem Fußball in der Hand, in den Hof hinaus. Vielleicht war es ja doch gar nicht so schwer.

In den ersten paar Wochen, in denen ich in Cuzco lebte und arbeitete, hatte ich Schwierigkeiten, mit dem Kulturschock klarzukommen. Aber gleichzeitig war es auch ein schönes Gefühl, ein wenig verloren zu sein und mich treiben zu lassen. María behielt recht, der Job wurde leichter und mit jedem Tag wuchs mein Selbstvertrauen. Zu Hause waren meine Tage strukturiert gewesen, jeder Moment durchgeplant, es hatte vorgeschriebene Regeln gegeben und meine Handlungen wurden von anderen beurteilt – von meiner Familie, meinen Freunden, von Gleichaltrigen. Es tat gut, mich von alldem loszureißen und endlich einmal so sein zu können, wie ich eigentlich sein wollte. Auf dieser Reise habe ich gelernt, mich selbst zu achten, aus meiner neu gewonnenen Freiheit zog ich mein Selbstvertrauen – und die Erfahrung, wie es ist, mitten im Dezember mit eiskaltem Wasser in einem undichten Eimer Wäsche zu waschen. In diesen vier Monaten ehrenamtlicher Arbeit habe ich mehr über das Leben gelernt als in 16 Jahren Schule: dass es Zeiten geben wird, in denen nichts so läuft, wie man es sich vorgestellt hat, und dass man sie überwinden kann, indem man die Zähne zusammenbeißt. Ein paar Monate später sind die schlechten Zeiten schon wieder vergessen, die guten aber behält man für immer.

22.

SPANISCHE JUNGS

In Sevilla liegt etwas in der Luft

VON ASTRID WEISS

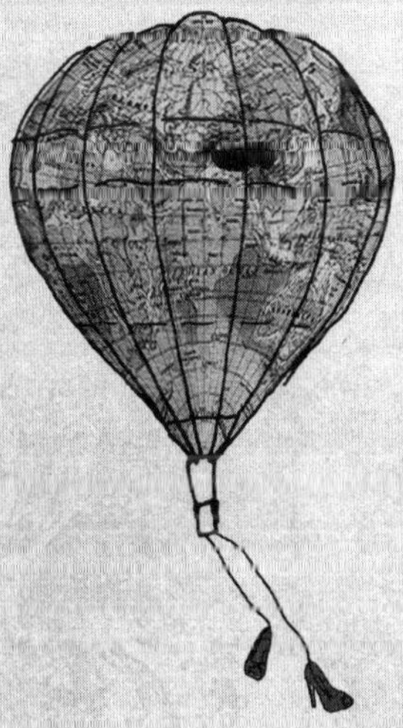

Es ist, als ob wir an der Grenze unser altes Ich abgestreift und ein neues übergezogen hätten. Mit dem ersten Fuß auf spanischem Boden saugen wir das Leben in uns auf und tauchen ein in eine andere Welt, aus der wir erst vier Tage später wieder zurückkehren werden. Irgendwie geläutert. Irgendwie glücklich. Irgendwie ernüchtert.

Nun, so fern ist die spanische unserer deutschen Welt doch gar nicht, mag man denken, für uns aber ist sie es schon. Für eine kleine Weile. Traum, Alltagsflucht, Irrsinn, Illusionen, Spaß.

Eigentlich sind Sabine und ich zwei absolut normale junge Frauen, doch dieses Normale stört mich schon seit Längerem. Man steht auf, macht Kaffee, liest Zeitung, fährt zur Arbeit, erledigt den Haushalt, trifft Freundinnen, geht joggen, liest ein Buch, putzt sich die Zähne, duscht, geht schlafen. Steht auf, ...

Bis zu diesem einen Tag, an dem wir uns in Weinlaune entschlossen zu verreisen. Irgendwohin. Nur kurz. In eine Stadt im Süden. Billig sollte die Reise sein, ohne großen Komfort, einfach drei, vier Tage raus aus dem Alltag und genießen, erleben, sehen, beobachten. So stehen wir am Flughafen in Sevilla und warten darauf, dass uns die beiden Spanier, die wir auf unserer ersten gemeinsamen Reise in Rom auf der Spanischen Treppe kennengelernt und mit denen wir eine ausgelassene Partynacht erlebten hatten, abholen. Vielleicht hätten wir ein Hotel buchen sollen, vielleicht hätten wir woanders hinfliegen sollen, aber irgendetwas verleitete uns dazu, die zwei Spanier anzurufen, um die Tage bei ihnen zu verbringen. Bei zwei Männern, die wir nur einmal im Leben gesehen haben. Was haben wir uns dabei nur gedacht?

In der Ankunftshalle des Flughafens wimmelt es von Leuten. Sabine keucht unter der Last ihres schweren Rucksacks hinter mir her. Sie geht so zögerlich, dass ich fürchte, sie kehrt in der nächsten Sekunde um und lässt mich hier allein.

»Das ist so ein Schwachsinn, was wir hier tun«, jammert sie dann auch schon wieder los. »Ich habe dir gleich gesagt, dass wir uns nicht einfach bei denen einnisten können. Wir kennen José doch gar nicht.« Sabine schaut mich an wie ein trotziges kleines Kind. Ich höre ihre Bedenken nicht zum ersten Mal. Im Grunde höre ich seit Tagen nichts anderes von ihr.

»Aber du fandest die zwei in Rom doch auch echt nett. Ich darf dich daran erinnern, wie du hinterher Carlos nachgetrauert und dich geärgert hast, dass du so schüchtern gewesen bist.«

Sabines Miene hellt sich wieder etwas auf. Allein das Wort »Carlos« lässt sie schon dahinschmelzen. Sie hat ihren neuen Kater sogar so genannt und ihren Nachbarn, der Karl heißt, findet sie seit unserer Romreise umwerfend süß. Der Mann ist 55, hat graue Haare und einen Bierbauch.

»Du wirst sehen, das werden die Tage unseres Lebens. Sevilla ist traumhaft. Die Spanier sowieso. Wir werden feiern, am Strand liegen«, Sevilla liegt gar nicht am Meer, aber zum Glück weiß das Sabine noch nicht, »die Nächte durchmachen, tanzen, Cocktails trinken, Paella essen, genießen, Lebensfreude tanken.« Ein wenig versuche ich auch, mich selbst davon zu überzeugen, dass wir das Richtige tun. Zumindest scheine ich Sabine umgestimmt zu haben. Aber dass ich im Endeffekt nur daran denke, mich in einen der Spanier zu verlieben, zu heiraten und für immer in Spanien zu bleiben, sage ich ihr nicht. Sie würde mich für verrückt erklären.

Als wir aus der Flughafenhalle hinaustreten, bin ich von einer auf die nächste Sekunde schweißgebadet, meine Haare kleben und ich habe Angst, dass mir auf der Stelle der Atem wegbleibt. Motorengeräusche, Hupkonzerte, laute Stimmen, Kinderquengeln, zuschlagende Autotüren. Zusammen mit der unerträglichen Schwüle präsentiert sich uns Andalusien auf den ersten Blick nicht gerade wie das gelobte Land, das wir erwartet haben.

In meinen Träumen hatte ich mir immer vorgestellt, dass mein Spanier mich stürmisch und leidenschaftlich, mit einem Strauß roter Rosen in der Hand, begrüßen würde, überglücklich strahlend, dass ich endlich für immer bei ihm sein würde. Und dies natürlich direkt auf dem Rollfeld des Flughafens. José jedoch sehe ich erst nach einigen Minuten auf der anderen Straßenseite. Er lehnt relativ unbeeindruckt an seinem Auto, ein kurzes »Hola« und ein Küsschen auf die Wange sind alles, was er an spanischer Leidenschaft für mich aufbringt.

Etwas wortkarg verstaut er unsere Koffer in seinem Wagen und ich habe auf einmal das dringende Bedürfnis, in einem Erdloch verschwinden zu können. In einem kühlen Erdloch. Einem mit Dusche.

Seine Wohnung haut uns um. Nicht, weil sie so groß ist. Nein, sie ist erstens total aufgeräumt, ziemlich ordentlich, ziemlich deutsch irgendwie. Zweitens ist sie angenehm kühl, offen, zweistöckig, recht spartanisch eingerichtet zwar, aber mit Stil. Im Wohnzimmer führt eine Treppe nach oben in ein kleines, aber sehr schönes Bad mit einer großen Dusche – wie ich mich darauf freue. Doch das Highlight erleben wir erst zum Schluss. Eine weitere Treppe führt auf eine Dachterrasse mit überwältigendem Blick über Sevilla, die Stadt unserer Träume. Das Beste: ein kleiner Swimmingpool in der Ecke. Ich wundere mich, warum dieser nicht größer ist, man kann darin nicht einmal einen Schwimmzug machen. Nichts mit Frühsport. Ich erfahre, dass man in einem solchen Pool auch nicht schwimmt, sondern nur steht. Bevorzugt mit einem alkoholischen Getränk in der Hand.

Es dauert auch nicht lange und wir bekommen unser erstes Dosenbier gereicht. Mittags um zwölf. Pünktlich zu diesem Ereignis erscheint Carlos auf der Terrasse und begrüßt uns auf seine mir noch bekannte coole, lässige Art. Sabine wird ganz kleinlaut und strahlt dabei von einem Ohr zum anderen.

Wir stoßen an und ehe ich weiß, wie mir geschieht, habe ich mein allererstes Bier überhaupt auch schon ausgetrunken. Ich hasse Bier. Eigentlich. Spanisches Bier dagegen scheint mir zu schmecken. José gibt mir ein zweites und ich trinke auch das.

Mittags um eins schon leicht beschwipst zu sein, macht auch aus unserer kleinen Poolparty eine überraschend lustige Angelegenheit. Sei es das Bier, das in mir wirkt, oder die spanische Lebensart, die nun aus mir herausbricht – José und ich kommen uns näher. Nicht sehr nah, aber doch unverkennbar so nah, dass ich beginne, seine Absichten einzuschätzen. Ich erhasche eine Ahnung auf meine mir schon länger im Kopf herumgeisternde Frage, was José wohl dazu bewogen hat, uns so ohne Weiteres bei sich aufzunehmen.

Zum Glück verschiebt er weitere Annäherungsversuche auf später – vermutlich, um die Spannung zu erhalten – und tut endlich etwas für mein Wohlbefinden und dafür, dass ich nicht um vier Uhr nachmittags sturzbetrunken in der Gosse liege. Er beginnt zu kochen und ich könnte ihn dafür knutschen. Als ich jedoch den Berg Knoblauch sehe, den er für seine Gazpacho bereitlegt, wird mir schlecht. Ich schaue ihm trotzdem interessiert beim Zubereiten dieser kalten Gemüsesuppe zu. Als er mir anschließend detailgenau erklärt und vorführt, wie man eine Tortilla macht, bin ich schwer begeistert und finde ihn auf einmal sehr sexy als offensichtlich erfahrenen Hobbykoch. So lasse ich es sogar geschehen, dass er mir zwischendurch tief in die Augen blickt.

»Me gustan estas aquí.« Was heißt das noch mal? Ich schlucke und mir wird etwas flau in der Magengegend, denn ich spüre, was nun kommt. Schon fühle ich seine Lippen auf den meinen, wie sie mir einen flüchtigen, aber nach mehr verlangenden Kuss schenken. Ich kann nicht behaupten, dass mir das nicht gefällt, doch ehrlich gesagt, fühlt es sich nicht besonders herausragend anders an. Dabei war ich mir so sicher, dass ein echter Spanier, noch dazu einer aus Andalusien, so küssen kann, dass ich nie mehr etwas anderes würde tun wollen, als diesen Menschen zu küssen. Dass ich anschließend, als sei nichts geschehen, Zwiebeln schneiden würde, wäre mir nie in den Sinn gekommen.

Natürlich gibt es zum Essen Wein. Sabine schaut mich hilfesuchend an.

»Ich mag keinen Alkohol mehr«, flüstert sie mir zu und nimmt einen großen Schluck.

»Du kannst ruhig laut reden, die verstehen uns nicht. Meinst du, das geht hier immer so? Jeden Tag?«

»Sicher. Ich frage mich nur, wie man das durchhält bis hinein in die Nacht.«

Die Antwort folgt prompt. Als José nach einiger Zeit aufsteht und sich an einer Hanfpflanze zu schaffen macht, ahne ich bereits, was kommt. Mir fiel der kleine Topf mit der sicher auch in Spanien verbotenen Pflanze gleich auf und Sabine und ich amüsierten uns noch darüber.

Wer sich verbotenerweise einen Dachpool zulegt, der schreckt scheinbar auch vor Hanfanbau nicht zurück. Ich habe noch nie in meinem Leben Drogen genommen, nicht einmal Zigaretten geraucht, doch auf einmal bin ich Zeuge einer beginnenden Drogensession und mir wird mulmig. Ich habe Abenteuer gesucht, aber habe ich so was damit gemeint?

»Die machen hier jetzt echt 'ne Drogenparty?« Sabine ist nicht minder verwundert.

»Ich nehme nichts.« Dennoch beobachte ich recht interessiert, wie sich die beiden Spanier ihre Joints drehen.

»Lass uns abhauen. Das wird mir zu heiß hier.« Sabine steht schon auf und ich habe Angst, dass sie nun wirklich ernst macht und den Rückweg antritt.

»Wo willst du hin? Bleib da. Wir sagen einfach, dass wir das nicht wollen.«

»Die finden das doch absolut uncool von uns!« Sabine setzt sich zögerlich wieder hin. »Irgendwie hab ichs geahnt.«

Carlos zündet seinen Joint bereits an und schon jetzt nervt mich der Gestank, der sich in Windeseile ausbreitet. Sabine lacht auf einmal. »Wir sind echt zu blöd. Wir sind solche Dorftrottel.

Echt, 'ne tolle Abenteuerreise bisher. Wir erleben Spanien pur. Auf der Dachterrasse!«

Ich lehne Josés Angebot, an seinem Joint zu ziehen, dankend ab. Er schaut mich an, als ob ich gerade gesagt hätte, dass ich vom Mond komme. Vermutlich tue ich das auch in seinen Augen. Dieser Mond ist ein kleines Kaff in Deutschland. Wo man glaubt, dass man gewappnet ist, einfach so mal nach Spanien zu fahren, zu wildfremden Machos, die sich ins Fäustchen lachen, dass sie ohne großes Zutun zwei willige Frauen ins Haus bekommen.

»Seguro? Es muy bueno.«

Es dauert nicht lange und die beiden haben sich ins Lachdelirium gekifft. Sie nehmen kaum mehr Notiz von uns langweiligen Tussis und scheinen extrem viel Spaß zu haben. Irgendwie findet auch Sabine die Situation bald sehr lustig. Vielleicht hat sie der Drogennebel in seinen Bann gezogen. Passivrauchen gibt es ja sicher auch bei Joints. Ich selbst verliere immer mehr die Lust auf diese Art Spanien.

Plötzlich fühle ich mich gar nicht mehr so unternehmungslustig und bereit für grenzenlose Abenteuer. Im Bruchteil einer Sekunde falle ich zurück in wohlbekannte Bahnen: normal, typisch, vernünftig. Unter einem fadenscheinigen Vorwand erkläre ich den anderen, dass ich an die frische Luft muss. Sie kriegen das gar nicht richtig mit und es ist mir ziemlich egal, dass keiner unserer Gastgeber auch nur im Entferntesten daran zu denken scheint, für mich den Fremdenführer zu spielen.

Aufatmend ziehe ich gleich darauf die Tür hinter mir ins Schloss. Die Hitze schlägt mir zwar schon wieder brutal ins Gesicht, doch ich lasse mich nicht unterkriegen. Ich will das echte Spanien kennenlernen. Aber auf meine Art. Allein.

Wie zu maurischen Zeiten schleppe ich mich alsbald die Giralda hinauf, das fast achtzig Meter hohe ehemalige Minarett, das als das Wahrzeichen Sevillas gilt. Ich bin fasziniert von dem Gedanken, dass der Muezzin diesen Weg vor Jahrhunderten fünfmal am Tag gehen musste. Oben genieße ich den atemberaubenden Blick über die wunderschöne Stadt, die mich in ihrer Architektur so sehr an nordafrikanische Städte erinnert.

Vor der Kathedrale Santa María de la Sede, der größten gotischen Kirche der Welt, bestaune ich die Pferdekutschen und rieche, was meine Spanischlehrerin einst den »Duft Sevillas« nannte. Doch selbst der Gestank der Pferdeäpfel nimmt dem Zauber dieser Stadt nichts.

Ich schlendere durch die engen Gassen, der Schweiß rinnt mir in Bächen am ganzen Körper hinab, doch ich will keine der romantischen Calles versäumen. In einer Tapasbar bestelle ich mir sogar Dinge, die ich zu Hause niemals essen würde: einen Teller mit Oliven, einen mit eingelegtem Gemüse, einen weiteren mit Sardellen, Garnelen und anderen Meeresfrüchten, weitere Teller mit verschiedenen Wurst- und Käsesorten, speckummantelten Pflaumen, Fleischklößen, Erdnüssen ... Hier, inmitten dieser traumhaften Stadt, werden sogar meine Geschmacksnerven langsam spanisch. Ich sauge Sevilla mit allen Sinnen in mich auf und warte nur noch darauf, dass es sagt: Bleib hier, du gehörst hierher.

Gegen Abend komme ich noch einmal an der Kathedrale vorbei. Dort haben es sich inzwischen zwei Straßenmusikanten gemütlich gemacht. Ein Gitarrist spielt verträumt eine wunderschöne Melodie, die der andere Musikant mit seinen Kastagnetten rhythmisch begleitet. Ein etwas älteres spanisches Paar tanzt dazu gekonnt und in wallender Garderobe einen Flamenco. Das bunte Kleid der Dame ist atemberaubend schön und umspielt ihren etwas fülligen Körper. Beinahe ergriffen bestaune ich die graziösen Bewegungen, denen der Nachthimmel und die Lichter der Stadt eine wundersame Schönheit verleihen.

Immer wieder singt einer der Musiker eine Strophe, dann rufen sie sich etwas zu und stets scheinen sie dabei die beiden Tanzenden aufzufordern, nicht aufzuhören, weiter ihre kleinen, schnellen Bewegungen zu vollführen, ihren Füßen keine Pause zu gönnen.

Ich löse meinen Blick von dem tanzenden Paar und schaue in den sternenklaren Nachthimmel. Mit den Klängen der Guitarra flamenca im Ohr atme ich die immer noch warme Nachtluft tief ein und fühle mich angekommen.

Nichts könnte diesen Moment besser machen. Alles ist gut, so, wie es ist.

Ich hatte geglaubt, dass ich ein solches Gefühl nur erreichen könnte, indem ich mich neu erfinden würde. Fernab von Altbekanntem, Eingefahrenem, Typischem. Dabei war ich sehr schnell zurückgefallen in altbewährtes Verhalten, war doch nicht so spanisch und abenteuerlustig gewesen, wie ich geglaubt hatte zu sein. Weh hat es nicht getan, »typisch« zu bleiben. Im Gegenteil.

Ich bin ganz deutsch nach Spanien gefahren und habe mich verliebt. Nicht in José, auch nicht in einen anderen Spanier, sondern in eine Stadt und deren Lebensgefühl.

Ich würde wiederkommen, das verspreche ich mir in dieser Nacht. Vielleicht würde ich einen Flamencokurs belegen, vielleicht einen Spanischkurs, vielleicht würde ich auch einfach wieder die Giralda besteigen oder nur ein Glas Wein trinken …

Irgendetwas typisch Spanisches eben.

23.

VON LACHS, VULKANEN UND DER EINSAMKEIT

Parkwanderung in Neuseeland

VON LEA HAJNER

»Mach dich auf, in die Welt, in ein anderes Land, wo es dir gefällt, bis zum Rand und übers Meer, dich hält hier nichts mehr.« JEANS TEAM – DAS ZELT

26. FEBRUAR 2009

Endlich befinde ich mich, zwei Monate nach Anfang meiner Weltreise, dort, wo ich ursprünglich hinwollte. Am Anfang eines echten kleinen Abenteuers, abseits der Touristenpfade, die sich um die Welt spinnen.

Ich bekomme eine Gänsehaut, als ich am Parkplatz des ältesten Nationalparks Neuseelands, dem Tongariro National Park, aus dem warmen Auto steige. Die meisten Besucher kommen hierher, um auf den Spuren Frodos durch Modor zu wandeln und die karge Vulkanlandschaft zu Fuß zu erforschen. Mein Plan sieht vor, nach der Hälfte der Strecke des sogenannten Tongariro Crossings, eine der beliebtesten Eintagestouren Neuseelands, einen der weniger begangenen Wege einzuschlagen, den Northern Circuit. Mit Zwischenstopp in zwei abgelegenen Hütten will ich den Vulkan Ngauruhoe, der in *Herr der Ringe* als Schicksalsberg diente, komplett umwandern. Rund um den Vulkan und into the wild.

Die erste Nacht verbringe ich gemeinsam mit einigen anderen Wanderern in einer typischen Nationalparkhütte, läppische dreißig Gehminuten vom Parkplatz entfernt. Eine Gruppe von vier Frauen um die fünfzig winkt mich zu sich, als wir uns zum Sonnenuntergang vor der Hütte versammeln. Eine von ihnen schenkt mir Rotwein ein. Wir stoßen auf unsere bevorstehenden Wanderungen an und bestaunen eine Weile gemeinsam die Schönheit der Natur um uns herum. Die Sonne verglüht buchstäblich hinter dem Mount Taranaki, einem spitzen Vulkan an der Küste, und der herbe Rotwein aus dem Plastikbecher schmeckt überraschend gut.

Als die Sonne verschwindet, wird es stockdunkel. Kurz darauf klettern wir alle in unsere Stockbetten, ich stecke meine Kopfhörer ins Ohr, rolle mich in meinem Schlafsack zusammen und schlafe bei laufender Musik ein.

> *»Light up, light up, as if you have a choice, even if you cannot hear my voice, I'll be right beside you dear«*
>
> SNOW PATROL – RUN

27. FEBRUAR 2009

6.40 Uhr. Zum Frühstück gibt es Zimtschnecke und schwarzen Tee mit einem Teelöffel Milchpulver, das ich mir aus einer großen Packung in der Küchennische stehle. Mit dem Plan, so früh wie möglich zu starten, um die Scharen an Tageswanderern zu vermeiden, die um sieben am Parkplatz aus dem Bus steigen, mache ich mich 15 Minuten später auf den Weg.

Die ersten eineinhalb Stunden vergehen schnell und schon stehe ich am Fuße des Ngauruhoe-Vulkans. Der Aufstieg sieht auf den ersten Blick so aus, als wäre er in einer guten Stunde zu schaffen. Ich verstecke meinen großen Wanderrucksack hinter einigen Sträuchern abseits des Weges und packe die wichtigsten Sachen für die nächsten Stunden in meine heißgeliebte Tommy-Hilfiger-Handtasche, die ich locker über die Schulter werfe. So ausgerüstet hat wohl selten jemand einen Vulkan bestiegen.

Der Aufstieg gestaltet sich mühsamer als gedacht. Das vulkanische Schotterfeld fordert für jeden zweiten Schritt bergauf einen gerutschten Schritt bergab. Nach über zwei Stunden erreiche ich den Krater des aktiven Vulkans. Ich umrunde ihn, beobachte die Rauchschwaden, die aus dem Innern hervorstoßen, und packe schließlich genüsslich mein Mittagessen aus, auf das ich mich schon die letzten zwei Stunden gefreut habe: Räucherlachsbrötchen mit einem Stück Gurke. Manche Träume muss man sich eben selbst erfüllen.

Der Abstieg geht um einiges schneller. Ich hefte mich an die Fersen eines geübten Geröllsurfers und schaue mir seine Technik ab. Einige nicht ganz ungefährliche Brocken Stein meiner Nachfolger überholen mich während des Abstiegs. Umso erleichterter bin ich, nach etwa vierzig Minuten wieder bei meinem Rucksack anzukommen und meine mit Sand und kleinen Steinen gefüllten Schuhe ausleeren zu können. Ich schwöre mir, das nächste Mal richtige Wanderschuhe einzupacken.

Das darauffolgende Stück Weg verläuft schnurgerade wie ein amerikanischer Highway inmitten einer menschenleeren Vulkanlandschaft. Am Ende steht mir ein steiler Anstieg auf den Tongariro-Gipfel bevor, der zweite auf meiner Tour. Ich verstecke wieder meinen Rucksack hinter einigen Steinen, denn Pflanzen gibt es hier, in der vulkanischen Gefahrenzone eins, keine.

Kurz nach meinem ersten Schritt in Richtung Gipfel kommt mir ein verschwitzter junger Mann entgegen, auf seinem Kopf eine Haube, auf der seitlich ein Tirol-Aufnäher prangt. In meinem besten Tirolerisch frage ich ihn: »Bisch du leicht a Tiroler?«

Der Mann stoppt und schaut mich verdutzt an. »I beg your pardon?« Umsonst mein schöner Dialekt – der Mann ist Tscheche und, in meinen Augen, ein wahnsinniger Extremsportler. Für ihn ist der Tongariro nämlich bereits der dritte Gipfel an diesem Tag. Ruapehu (2797 Meter) und Ngauruhoe (2291 Meter) hat er bereits vor Mount Tongariro (1978 Meter) bestiegen. Allein. Mein Ehrgeiz macht sich bemerkbar und ich steuere zielsicher auf den Gipfel zu.

Vom höchsten Punkt des sonst eher unspektakulären Tongariros genieße ich den Blick auf die bereits zurückgelegte Strecke, bevor ich den steilen Abstieg zu den türkis leuchtenden Emerald Lakes beginne. Die meisten Tageswanderer sind schon kleine Ameisen am Horizont vor mir und am Rande der Smaragdseen verabschiede ich mich endgültig von dem vielbegangenen Crossing, um mein Tagesziel, die Oturere-Hütte, zu erreichen, wieder mit Rucksack.

Als ich endlich ankomme, finde ich die Hütte verlassen vor. Damit habe ich in meinen kühnsten Träumen nicht gerechnet. Immerhin steht die Eingangstür weit offen und ich mache es mir, mehr schlecht als recht, in der Hütte bequem. Langsam wird es dunkel und von Nordosten ziehen Gewitterwolken auf. Da es hier ohnehin keinen Handyempfang gibt, beschließe ich, den Akku noch etwas zu leeren, indem ich leise und nur für mich Musik höre.

Im Sommer vor meiner Reise verbrachte ich viele Wochenenden in Biwaksäcken auf Bergen, allerdings immer in Begleitung von guten Freunden, die ich mir jetzt innigst herbeiwünsche. Umso erfreuter bin ich, als am Abend plötzlich eine hagere Gestalt mit einem riesigen Rucksack auf die Hütte zusteuert. Donald, der Hüttenwirt, kommt schwerbeladen mit Vorräten für die nächste Woche zurück.

Im Kerzenschein schreibe ich einige lose Gedanken und die Geschehnisse des Tages in ein kleines Tagebuch, als Donald sich zu mir gesellt. Er ist etwas besorgt, nachdem er per Funk mit den anderen Hüttenwarten gesprochen und erfahren hat, dass das Wetter schlecht wird und nun keiner der anderen Wanderer mehr plant, meinen Weg zur Oturere-Hütte einzuschlagen. Ein mulmiges Gefühl breitet sich in mir aus, aber die Strecke zurückgehen, will ich auf keinen Fall. Per Funk teilt Donald dem Wart der nächsten Hütte mit, dass ich morgen, im Laufe des Tages, dort eintreffen werde, dann schaltet er den Funk wieder ab. Die Batterien reichen nur für wenige Minuten pro Tag.

In der Nacht tobt ein mächtiges Gewitter über dem Nationalpark und die Tür zum Hauptraum lässt sich nicht versperren. »Was soll denn schon passieren? Hier, mitten im Nationalpark?«, beruhige ich mich selbst und versuche, mich zu entspannen.

Einige gewaltige Donnerschläge später flüchte ich in eine kleine Kammer mit zwei Stockbetten und verklemme die Tür mit einem Stück Holz. Endlich entspanne ich mich und schlafe ein.

> *»Here I am, I'm on my own, for the first time really on my own, so will I make it, 'till it work alright, can I make it through the night«* NICE LITTLE PENGUINS – FLYING

28. FEBRUAR 2009

Für den zweiten Tag habe ich mir eine lockere Drei- bis Vier-Stunden-Wanderung ohne viel Steigung vorgenommen, also den Wecker auf halb zehn gestellt und gehofft, dass sich das Wetter bis dahin bessert. Als der Himmel um zehn noch immer nicht aufklart, verabschiede ich mich dennoch von Donald und stampfe in einem aus einem schwarzen Müllsack selbstgebastelten Regenrock – Outdoor Fashion mal anders – in Richtung des vom Nebel verborgenen Mount Ruapehu. Der Regenvorhang reißt nicht ab und ich erreiche die Hütte in dreieinhalb Stunden ohne Pausen. Picknicken im Regen macht einfach keinen Spaß.

Auch diese Herberge ist leer und die Tür zum Kämmerchen der Hüttenwärterin fest versperrt. Meine Kleidung ist nass, ich habe nicht genug Trockenes mehr zum Wechseln und in der Hütte gibt es keine Heizung oder Aufwärmmöglichkeit. Von Unterhaltung und Ablenkung mal ganz abgesehen. Abbruch ist auch keine Option, ich habe lediglich die Wahl des kleineren Übels. Nass, aber entschlossen ziehe ich weiter.

Die nächsten sechs Stunden vergehen so langsam wie keine sechs Stunden in meinem Leben zuvor. Ich werde zusehends erschöpfter, der Regen nimmt kein Ende, der Weg ist von Bächen durchdrungen, über die das Regenwasser abläuft, und ich bekomme den Unterschied zwischen österreichischen Alpen und neuseeländischer Vulkanlandschaft regelrecht ins Gesicht gepeitscht. Durch das ständige Überqueren von Flüssen saugen sich meine Schuhe komplett mit Wasser voll. Meine Socken hab ich vor der Wanderung per Hand mit etwas Waschmittel aus der Tube gewaschen und offenbar nicht gründlich ausgespült: aus meinen Schuhen quellen bei jedem Schritt Seifenblasen.

Gegen Nachmittag wird der Wind immer stärker und es gibt kaum ein Kleidungsstück an mir, das nicht komplett durchnässt ist. Plötzlich werde ich samt meinem großen Rucksack von einer starken Böe erfasst und stolpere rücklings in einen kleinen Graben. Aus meinem rechten Knöchel schießt ein heftiger Schmerz durch meinen Körper. Mir wird von einer Sekunde auf die nächste heiß und in meinem Augenwinkel leuchten gleißend weiße Sterne auf. Das Gefühl der Machtlosigkeit gegen die Natur lässt meinen Tränen freien Lauf. Wie in aller Welt bin ich hier gelandet und warum? Habe ich mein Glück zu oft herausgefordert? Meine Tränen schmecken warm und salzig, und als ich mich von dem ersten Schock erholt habe, höre ich mich selbst wie ein Kleinkind schluchzen. Ich denke an meine Mutter und ihre beruhigenden Worte, die sie mir in dieser Situation sagen würde: »Tief durchatmen. Ganz tief durchatmen.« Also bleibe ich noch etwas liegen und hole einige Male tief Luft. Ich stelle mir vor, nicht allein zu sein, sondern Freunde um mich zu haben. Der Gedanke an sie hilft, ich reiße mich zusammen und stehe wieder auf. Der Schmerz in meinem Fuß lässt bereits nach.

Also trotte weiter vor mich hin und konzentriere mich auf die Grundbedürfnisse meines Körpers. Wenn ich Durst habe, trinke ich, wenn ich schwach werde, esse ich einen Müsliriegel. Aufs Klo muss ich glücklicherweise nur einmal, es ist definitiv kein Vergnügen, im kühlen Regen die Hose auszuziehen. Mein Körper und mein Geist haben ein simples Abkommen getroffen.

Nach Stunden des Gehens durch die trübe Landschaft bleibe ich kurz stehen und nehme meinen Rucksack ab, um meine Schultern zu lockern. Ich blicke zurück auf den Ngauruhoe, den ich jetzt schon fast umwandert habe, und lasse den Moment auf mich wirken.

Als ich Whakapapa, den kleinen Ort auf halber Höhe des Mount Ruapehu, erreiche, kann ich selbst kaum glauben, dass ich angekommen bin. Erschöpfung und Angst verfliegen und ich male mir alles Schöne aus, was ich mir jetzt gönnen möchte. Allem voran eine heiße Dusche. Das Mädchen hinter dem Empfang im Hostel gibt mir ein Mehrbettzimmer mit Heizung, das ich für diese Nacht allein nutzen darf, ohne draufzuzahlen. Zusammen mit dem Zimmerschlüssel drückt sie mir einen aufgewärmten Gemüse-Pie in die Hand. »Du siehst so aus, als könntest du etwas Warmes zu essen brauchen.«

Nach den Ereignissen der letzten Tage falle ich am frühen Abend wie ein Stein in das wohlig warme Bett. Ich höre, wie das Holz knarrt, spüre, wie die Spiralen der Matratze gegen meinen Rücken drücken, atme tief durch und lasse den Tag noch einmal Revue passieren. Wir sind wohl zu mehr fähig, als wir uns oft zutrauen, sei es zu Hause oder auf Reisen, und wenn wir uns trauen, dauert es eine Weile, bis wir uns daran gewöhnt haben. Und dann wird es Zeit für ein neues Abenteuer.

24.

TAGEBUCH EINER PRESSEREISE

Hütten und High Heels in Norwegen

VON NINA HÜPEN-BESTENDONK

Berlin, 11. April 2011, Skype-Chat mit Katja: »Hey Nina, Lust auf eine Pressereise nach Norwegen?«

Ich: »Da fragst du noch?«

Natürlich würde ich fahren! Es war immerhin das erste Mal in meiner zweijährigen Laufbahn als Bloggerin für die »Travelettes« und ihr Online-Reisemagazin, dass sich mir eine solche Möglichkeit bot. Das Programm versprach einiges: hübsche Herrenhäuser, Hochseeangeln, eine Fahrt mit einer historischen Bahn und natürlich das Jazzfestival. Schließlich lief das Ganze unter dem Motto »Eine musikalische Reise durch Trøndelag«. Schnell zum Chef und Urlaub beantragt, ein paar Mails verschickt und schon war ich Teilnehmerin meiner ersten Pressereise. Wie wohl die anderen Mitreisenden so waren? Was für Journalisten begaben sich wohl üblicherweise auf solche Reisen? Vielleicht waren ja sogar noch andere Blogger dabei? Oder jemand von der *Spex* oder *Intro*? Ich legte alle meine Hoffnung dahinein, dass mir das Motto der Reise zumindest den einen oder anderen Gleichgesinnten bescheren würde. Doch mein Traum von heißen Musikjournalisten löste sich schnell in Luft auf, als die Teilnehmerliste einige Tage später per E-Mail ins Haus flatterte.

Natürlich googelte ich sofort jeden Namen. Drei von sechs hatten keinen Eintrag. Müssen ja sehr erfolgreiche Journalisten sein, dachte ich, nicht ohne einen Hauch von Ironie. Von einer Dame eines Jazzblatts fand ich immerhin einen Artikel. Zumindest einer hatte schon mal was von Social Media gehört. Mit Leopardenmantel, Pilotenbrille und Kapitänsmütze lächelte er mich von seinem Profilfoto aus an. Nummer zwei hatte schon mehr zu bieten als Facebook: eine eigene Homepage. Ich klickte mich zwanzig Sekunden lang durch unzählige Schönwetteraufnahmen, bis ich den »Über mich«-Bereich entdeckte. »Nur Reisen ist Leben, wie umgekehrt das Leben Reisen ist«, prangte es über dem Lebenslauf und dem Foto eines wohlproportionierten Mittfünfzigers. Die zusätzlichen Worte »Caravan Revue« reichten schließlich aus, um diese Seite ganz schnell wieder zu verlassen und meine Träume von wilden Nächten mit gut aussehenden Musikredakteuren ad acta zu legen.

Zwei Wochen später. Die Bahn in Richtung Flughafen Tegel rattert unter meinem Hintern und ich male mir aus, wie ich zwischen Mr Caravan und Kapitän Leopard an der Hotelbar sitze, einen Akvavit nach dem anderen kippe und darauf warte, dass ein heißer Ole-Bjørn vorbeikommt und mich auf seinen Fjord entführt. Ich bin gerade dabei, die Veranda meines roten Blockhauses zu fegen, die Kinder spielen im Garten und Ole-Bjørn kommt von einem Angelausflug zurück, als ich einen Ausweis unter die Nase gehalten bekomme. Noch etwas verwirrt von meinem Tagtraum schaue ich auf.

»Ticketkontrolle!« Scheiße, da war doch was. Monatsticket abgelaufen. Wir befinden uns exakt eine Station vor meinem Ziel. »Das sind dann vierzig Euro.«

Fängt ja gut an, denke ich, als ich den Flughafenterminal erreiche.

Terminal D. Check-in-Schalter. Ich stelle mich brav an und lächle einem Typen zu, der vor mir in der sich in Serpentinen windenden Schlange steht. Ich frage mich, ob er wohl Deutscher ist oder Däne. Oder Norweger. Eine Frau hinter mir beschwert sich über die lange Wartezeit. Eine Dame vom Bodenpersonal läuft durch die Reihen und verteilt Handgepäcksaufkleber. Ihre Uniform trägt ein Air-France-Logo. Moment mal, Air France? Ich schaue mich um.

»Entschuldigung? Ist das nicht der Schalter für Scandinavian Airlines?« Nachfragen kostet ja nichts.

Die Dame grinst. »Nein, das ist unschwer erkennbar der Check-in für Air France, aber Sie können gerne mit uns nach Paris kommen!« Sehr witzig. Ich treffe den Blick des Schönlings vor mir und fühle mich für einen Moment wie Bridget Jones. Das hat ja gut geklappt mit dem professionellen Auftreten, Nina, denke ich. Umso professioneller winde ich mich mit Handy, BVG-Knolle und E-Ticket in der einen, Trolley in der anderen Hand, Handgepäck über der Schulter und meinem unglaublich umständlichen Trench-Cape aus der Schlange. Ich meine, der Mantel sieht super aus, aber eine besonders praktische Wahl war das jetzt nicht. Als wäre das alles nicht schon peinlich genug, liegt der Scandinavian-Airlines-Schalter natürlich direkt neben der Schlange nach Paris. Ich tue so, als wäre nichts gewesen, und trete vor.

»Wait a second, please«, sagt der Mann am Schalter und weist mich auf die imaginäre Linie hin, hinter der ich zu stehen habe. Er hält mich offenbar nicht für eine Deutsche, was ich sofort als Kompliment auffasse. Das hat der Typ damals in dem Pub in Ost-London auch nicht geglaubt. Ich bilde mir ein, ich könnte den Leuten beinahe jede europäische Nationalität verkaufen. Die wirklich südländischen mal ausgeschlossen. Vielleicht sollte ich das künftig mal genauer testen.

»So.« Ich blicke zu dem Typen hinter dem Schalter und sehe ihn fragend an.

»Es tut mir sehr leid, aber Ihr Flug ist überbucht!«

Jetzt bloß nicht ausfallend werden. Professionell und seriös, Nina. »Nun, ich muss meinen Anschlussflug bekommen.« Braves Mädchen. Ich zeige ihm mein Ticket. Er grübelt. Und tippt. Ich warte. Warum spricht der Typ eigentlich plötzlich deutsch?, frage ich mich.

»Ich habe noch einen Platz gefunden. Reihe 15 am Fenster.«

Ich lächle. Geht doch. Ich bedanke mich, nehme meine Bordkarten entgegen und mache mich auf den Weg. Eine Zigarette, Toilettengang, Nachschminken und schon gehts los.

Die Maschine ist womöglich das kleinste Passagierflugzeug, in dem ich je geflogen bin, und die Treppe zum Einstieg absolut nicht Drei-Wetter-Taft-tauglich. Ich lasse meine Haare trotzdem wehen. In meiner Sitzreihe angekommen, muss ich lachen.

Irgendwas musste ja faul an der Sache sein. Ich blicke auf einen Fensterplatz, nun ja, ohne Fenster.

In Kopenhagen angekommen, stelle ich schnell fest, dass der einzige Weg, auf diesem Flughafen eine Zigarette zu rauchen, der nach draußen ist. Zwei Stunden Aufenthalt sollten für diese Mission mehr als genug sein. Da ich kein Dänisch kann und nur an jedem dritten Schild Hinweise auf Englisch angebracht sind, irre ich wie ein verlorener Hund umher. Als ich endlich draußen vor dem Flughafengebäude stehe, ist die erste halbe Stunde schon vorbei. Ich blicke auf ein Parkhaus. Hallo Kopenhagen.

Zwei Zigaretten und einen Grande-Caramel-Frappuccino später erreiche ich das Gate und setze mich neben einen älteren Herrn. Sein Shirt trägt die Aufschrift »Vintage«. Einen Moment lang blicke ich mich nach Anna, unserer Organisatorin, um. Sie trägt eine rote Tasche als Erkennungsmerkmal bei sich. Niemand zu sehen, außer ein paar Hühnern mit grünen »Health Care«-Jutebeuteln. Ich lehne mich zurück und warte darauf, dass etwas passiert. Schon kurz darauf springt Vintage auf und quatscht eine Frau mit Brille an. Rote Tasche. Das war ja klar. Ich hätte eigentlich schon an dem »4YOU«-Rucksack mit Werbeaufdruck eines Weinfestes erkennen müssen, dass es sich bei Vintage um einen Gratisreisejäger handelt. Ich überlege kurz, ob ich mich an dem Gespräch beteiligen soll, doch vorerst beobachte ich lieber. Vintage arbeitet freiberuflich fürs Radio, kommt aus Berlin-Marzahn und ist Rentner.

»Treffen wir noch mehr Leute hier?«, fragt er nach seiner kurzen Vorstellung.

»Ja, noch zwei aus Berlin.« Das wäre dann wohl mein Einsatz. Ich hebe meine Hand und winke wie die Queen in ihren besten Zeiten.

»Sie sind also die Dame von der Jazz-Zeitung?«, fragt Vintage.

Äh. Nein. Wie erkläre ich dem Mann jetzt, dass ich für einen Blog schreibe? »Online-Reisemagazin«, sage ich.

Ich höre mir Geschichten an, von einer Dame aus dem Schrebergarten, die eine Freundin hat, deren Tochter, die auch ... Schnell wird mir klar, dass Mr Caravan und Kapitän Leopard nicht das größte Übel dieser Reise sein werden. Ich bin froh, dass der Flug nach Trondheim feste Sitzplätze hat. Ist eigentlich schon mal jemandem aufgefallen, dass es keine Reihe 13 in Flugzeugen gibt? Das verkürzt leider den Abstand zwischen Vintage und mir.

Als wir, angekommen in Trondheim, unsere Reiseleiterin treffen, kenne ich bereits Vintages komplette Lebensgeschichte, die er am Kofferband zum Besten gegeben hat. Kerstin ist Deutsche und vor Jahren nach Norwegen ausgewandert. Sie scheint nett zu sein, wenn man ihr auch ihre Aufgabe, für Trøndelag Werbung zu machen, auf Anhieb anmerkt. Schon beim Kennenlernen lässt sie immer wieder kleine Vorteile und Anekdoten über die Region einfließen. Nun tauchen auch endlich Jazz, Mr Caravan und der Mann, den Google nicht kannte, auf. Doch einer fehlt. Wo ist denn mein pornobebrillter Leojackenfreund? Und dann steht er da, der Mann, in den ich inzwischen all meine Hoffnungen lege. Doch Engelschor und Lichterscheinung bleiben aus. Immerhin hat er einen irgendwie sympathischen hessischen Dialekt. Gemeinsam werden wir ins Hotel gefahren, unterwegs gibt es Schnittchen und allerhand Informationen über das Land. Ich blicke aus dem Fenster.

Das ist also Norwegen. Ich war vorher noch nie in Skandinavien und all mein Wissen über den nördlichen Teil Europas habe ich von Michel aus Lönneberga und den Erzählungen aus Bullerbü. Berge, Wälder und das Meer ziehen an mir vorüber. Irgendwie hatte ich mir das genau so vorgestellt. Atemberaubende Landschaft, wohin man schaut, und hier und da ein rotes Blockhäuschen. Ich sehe eine Möwe und lächle. Möwen machen glücklich. Tief atme ich ein und bin mir zum ersten Mal sicher, dass Vintage, Jazz und Co. meiner Stimmung auf dieser Reise nichts anhaben können. Ich brauche nur das Meer um mich herum und schon ist alles irgendwie gut.

Ziemlich erschöpft von der Anreise, einem darauffolgenden Pressetermin mit einem Kammerorchester, sehr gutem Essen und einem Glas Wein am Hafen, falle ich am Abend in die weißen Laken meines Hotelbettes. Weiße Bettwäsche hat für mich in etwa denselben Effekt wie Möwen. Dank ihr dauert es nur wenige Sekunden, bis ich eingeschlafen bin.

Das Programm der nächsten Tage lässt keine Verschnaufpausen zu und ich erfahre die Vielseitigkeit von Norwegen im Schweinsgalopp. Ich steige in einen Fischeranzug und werde mit einem Schnellboot von Insel zu Insel gefahren. Wind und Wasser peitschen mir ins Gesicht. Jemand macht Fotos und ich bin mir sicher, dass ich darauf aussehen werde wie ein Botoxunfall im Feuerwehrkostüm. Wir besuchen einen kleinen Bauernhof mit weißem Bauernhaus, und während ich den leckeren selbst gemachten Käse aus Milch von hauseigenen Kühen mit selbst gemachtem Brot aus selbst angebautem Getreide mit selbst gemachtem Tee aus selbst gepflückten Kräutern zu mir nehme, sehe ich aus dem Fenster und bin irgendwie zurück bei meiner Ole-Bjørn-Fantasie.

*

Als sich die anderen während des Angelausflugs dafür interessieren, wie die Angeln funktionieren und in welcher Tiefe die Dorsche zu fangen sind, sitze ich im Boot, höre alten Seemannsgeschichten zu und betrachte die Landschaft. Graue, raue Felsen, bedeckt mit moosartigen Pflanzen, ragen überall aus dem Meer. Immer wieder bleibt mein Blick an einem der kleinen Holzhäuser hängen, so lange, bis es nicht mehr zu sehen ist. Ich bin fasziniert von der Einsamkeit, die mich umgibt, von dem, was sich seit Hunderten von Jahren nicht verändert hat. Ich stelle mir vor, wie Segler alter Handelsschiffe genau diese Häuser betrachtet, genau einen solchen Seeadler mit ihren Blicken verfolgt und genau diese Felsen umfahren haben, die ihnen wohl oft zum Verhängnis wurden.

Mir ist kalt. Ich habe nicht aufgepasst, in welcher Tiefe ich angeln muss. Immer wieder kurble ich mir einen Wolf an dieser Angel. Ohne Ergebnis. Im Prinzip ist mir das auch ganz recht. So bleibt es mir erspart, wie ein Mädchen schreiend um Hilfe zu betteln, wenn es darum geht, das Tier vom Haken zu lösen und ihm den Garaus zu machen.

Wir schlafen in Fischerhütten, besichtigen eine alte Mine, besuchen Konzerte, residieren in Herrenhäusern und rocken ein Rockmuseum. Na ja ... Kapitän Leopard und ich rocken das Rockmuseum. Schließlich seile ich mich zum ersten Mal seit Tagen ab, um ausgiebig shoppen zu gehen. Ich laufe durch die Straßen von Trondheim, vorbei an kleinen Geschäften mit antikem Schmuck und alten Büchern, Kleidung von lokalen Jungdesignern, Cupcake-Bäckereien und liebevoll eingerichteten Eisdielen. Die Nachmittagssonne wirft ein wundervolles Licht auf die bunten Holzhäuser und ich genieße die kurze Zeit für mich.

Am letzten Abend betrete ich splitternackt das Bad meines Vier-Sterne-Hotelzimmers – einen Stern Abzug bekommt es wegen des fehlenden Pools, eine Tatsache, die mich nicht den neu gekauften Badeanzug testen lässt. Ich schließe die Tür hinter mir und denke als Erstes: Wer zum Teufel möchte Ganzkörperspiegel in einem Badezimmer? Drei-Sterne-Hotel.

Ich schmeiße mich in das Kleid, das ich kurz vor meiner Abreise gekauft habe, und in die farblich passenden Zwölf-Zentimeter-High-Heels. Kaum unten angekommen, komme ich mir bereits total fehl am Platz vor. Natürlich hat niemand außer mir den Dresscode für den Gala-Abend ernst genommen. Mit sechs Jeans- und Turnschuhträgern begebe ich mich stöckelnd auf den

Weg in einen Speiseraum einer anliegenden Villa. Umgeben von Silberbesteck, Holzvertäfelungen und Stühlen, die aus einem Rittersaal stammen könnten, dinieren wir und lassen die letzten Tage Revue passieren. Es entfacht eine Diskussion darüber, welcher Teil der Reise uns am besten gefiel, und ich bemerke dabei immer wieder, wie Mr Caravans Blicke an mir haften bleiben.

Auf dem Weg in meine Suite, die High Heels in der Hand, laufe ich durch die Halle am Eingang. Aus der Hotelbar höre ich eine bekannte Melodie und halte an. Neben dem Tresen steht ein Koffer und dahinter ein Mann, der einen CD-Player bedient. Zwei Paare tanzen. Ich schließe die Augen und lächle zu den Klängen von *Fields of Gold*. Ich betrachte meine High Heels und überlege für eine Sekunde, die Bar zu betreten und einen Absacker zu trinken. Doch irgendwie ist mir heute Abend nicht nach Lonesome Lady. Ich fühle mich zwar wie eine gefallene Heldin, aber habe keine Lust auf Whisky oder Cognac und eine Lady mit Cola Light ist dann irgendwie auch bescheuert. Umständlich fummle ich meine Zigaretten aus meiner viel zu kleinen Handtasche und biege hinter den Aufzügen des modernen Hotels nach rechts, um einen kleinen überdachten Innenhof zu betreten. Ich setze mich auf einen Stuhl, stelle meine Schuhe neben mir ab und brauche noch mal genauso lange, um mein Feuerzeug zu finden. Als ich aufschaue, um mir die Zigarette anzuzünden, bin ich nicht mehr allein. Einen Tisch weiter sitzt ein Kerl in Hoteluniform und zündet sich ebenfalls ein Erfrischungsstäbchen an. Er lächelt, ich fühle mich ertappt, aber lächle ebenfalls und versuche, mir dabei die Zigarette anzustecken. Als das Feuerzeug beim dritten Versuch immer noch streikt, steht der Blonde auf, kommt zu mir rüber und gibt mir Feuer.

»Tusen Takk!« – Danke sehr –, sage ich, die einzigen beiden norwegischen Wörter, die ich in den letzten drei Tagen gelernt habe. Ich muss sie so akzentfrei ausgesprochen haben, dass der Typ mich gleich auf Norwegisch anspricht.

Ich schaue ihn mit aufgerissenen, fragenden Augen an. »I'm afraid, I can't understand Norwegian«, erkläre ich meine sprachliche Unzulänglichkeit.

»Why are you traveling with this strange group of people?«, fragt der Uniformierte.

Ein Lächeln breitet sich auf meinem Gesicht aus. »It's complicated«, antworte ich und ziehe mit halb geschlossenen Augen an meiner Zigarette. »What's your name?«

»Ole-Bjørn. And yours?«

25.

VON KONZERTEN UND KLEINEN KATASTROPHEN

Zum Reggaefestival in Frankreich

VON INA FISCHER

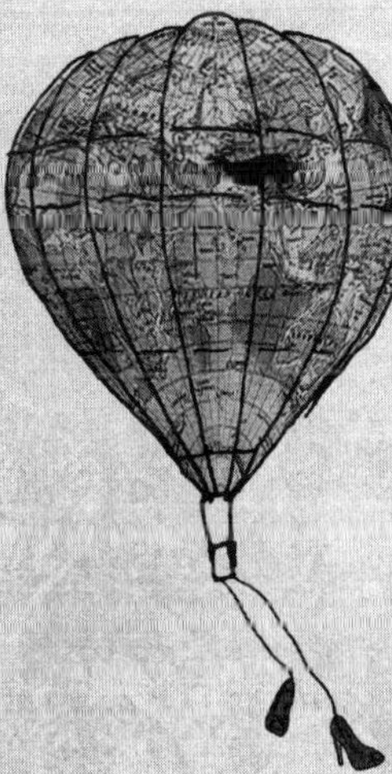

Ich muss zweimal hingucken, um das Szenario zu verarbeiten, welches sich vor meinen Augen abspielt: Während ich meine Zehen in den Sand bohre, laufen ausschließlich Menschen mit Dreadlocks links und rechts an mir vorbei. Ein Obstverkäufer bietet tropische Früchte und Smoothies an, an einem der vielen weiteren Stände kann man Taschen, T-Shirts, Armbänder und andere Accessoires mit Jamaika-Flaggen-Aufdruck kaufen. Der süßliche Geruch von Marihuana liegt in der Luft und aus allen Himmelsrichtungen ertönt Reggaemusik. Es ist so verdammt heiß, dass ich meinen schweren Reiserucksack auf den Boden sacken lasse und mir gierig Luft zufächere.

»Sista, cum ovaa heeere!«, ruft der Obstverkäufer mit einem unmissverständlichen jamaikanischen Akzent und winkt mich zu sich.

Nein, ich befinde mich weder in Kingston noch in irgendeiner anderen jamaikanischen Stadt. Ganz im Gegenteil, diesen Sommer hat es mich nach Südfrankreich verschlagen. Anstatt, wie sonst auch, meinen Urlaub an der Ostsee zu verbringen, habe ich mich von zwei Freunden überreden lassen, sie hierher zu begleiten. Ins französische Bagnols-sur-Cèze, zu Europas größtem Reggaefestival. Dass es hier von Rastafaris und Freizeithippies nur so wimmeln würde, war mir von Anfang an klar. Aber dass das gesamte Festivalgelände einer Art Mini-Jamaika gleichen würde, damit hatte ich nicht gerechnet. Ich beschließe jedoch, Gefallen an der Situation zu finden. Spart immerhin 'ne Menge Kohle für das Flugticket in die Karibik, denke ich mir und schleife mein Gepäck zum Zeltplatz, wo meine Freunde Dennis und Leon bereits ungeduldig auf mich warten.

»Inaaa, du musst unbedingt unsere Nachbarn fragen, ob sie ein paar Zeltheringe übrig haben. Ich hab unsere irgendwie vergessen«, fleht Dennis mich kleinlaut an.

Ist ja klar, dass sich die beiden Jungs lieber auf meine notdürftigen Französischkenntnisse verlassen, anstatt es selbst zu versuchen. Ich kann zwar auf Französisch erklären, dass mein Enkel aus Clermont-Ferrand zu Besuch kommen und ich daher gern zwölf Baguettes kaufen würde, leider habe ich aber keine Ahnung, was »Zelt« oder »Hering« übersetzt heißt. Wenn ich Pech habe und unsere Zeltnachbarn kein Englisch sprechen, werde ich wohl oder übel zur guten alten Zeichensprache greifen müssen.

»Bonjour, je m'appelle Ina, parlez-vous anglais?«, frage ich nervös und wippe von einem Bein auf das andere, während unsere Nachbarn auf dem Boden vor ihrem Zelt sitzen und seelenruhig eine riesige Wassermelone in Stücke schneiden.

Wie sich herausstellt, sprechen Martina und Gaspard nur gebrochenes Englisch, sind aber trotzdem sehr erfreut, meine Bekanntschaft zu schließen, und bieten mir ein Stück Melone an, welches ich dankend annehme. Mit Müh und Not schaffe ich es, ihnen verständlich zu machen, wonach ich suche. Wenige Sekunden später holt Martina ein halbes Dutzend Heringe aus ihrem Zelt und drückt sie mir lächelnd in die Hand.

Ich bin froh und erleichtert über die Hilfsbereitschaft der beiden und beschließe, mich auf typisch französische Art bei ihnen zu verabschieden – als Zeichen meiner Dankbarkeit, sozusagen. Nur, wie viele Wangenküsse geben sich die Franzosen zur Begrüßung und zum Abschied noch mal? Zwei? Drei? Oder doch nur einen? Unschlüssig stehe ich in der Gegend herum. Wenn ich noch länger warte, könnte die Sache peinlich werden, also beschließe ich, einfach nachzufragen. Interesse zeigen an der Landeskultur gibt sicher auch 'nen Pluspunkt, denke ich mir.

»Combien de fois est-ce qu'on se baiser en France?«, frage ich also mit einem Augenzwinkern. Da soll erst mal einer sagen, ich würde mich hier nicht zurechtfinden!

Tatsächlich sind Martina und Gaspard sichtlich beeindruckt von meinem Konversationsversuch, beide starren mich mit riesigen Augen an und Martina klappt sogar die Kinnlade runter. Dann rauscht sie ohne ein weiteres Wort davon. Jetzt bin ich es, die überrascht die Augen aufsperrt.

»Was ist denn los?«, frage ich Gaspard, der mittlerweile deutlich amüsiert vor sich hin gluckst.

Schnell ist der Irrtum aufgeklärt. »Se baiser« heißt auf Französisch nicht nur »küssen«, sondern ebenfalls, wie mir Gaspard mit einem breiten Grinsen erklärt, »ficken«. Na prima, mal wieder bin ich zielsicher ins Fettnäpfchen getappt! Mit knallrotem Kopf entschuldige ich mich gefühlte hundert Mal bei Gaspard und bitte ihn, meine Tollpatschigkeit auch bei Martina zu entschuldigen. Dann ziehe ich mich so schnell wie möglich in unser Zelt zurück, vergrabe mich unter meinem Schlafsack und hoffe, dass ich vom Erdboden verschluckt und ins echte Jamaika gebeamt werde. Dort spricht man wenigstens kein Französisch.

Gegen Abend habe ich mich einigermaßen von meinem groben Fauxpas erholt und lasse mich wieder draußen blicken, wo Dennis bereits eifrig damit beschäftig ist, Dosenravioli auf dem Campingkocher zu erwärmen.

»Mmmh, lecker Festivalessen«, ziehe ich ihn auf und setze mich zu Leon in einen unserer Klappstühle.

»Das hier ist wahres Festivalessen!« Mit einem Zischen öffnet Leon eine Dose Bier und reicht sie mir. »Prost!«

Von den Künstlern, die hier die Bühne betreten, habe ich so gut wie keine Ahnung. Die Jungs haben mir zwar ein »Knaller-Line-up« versprochen, das kann bei den beiden aber so gut wie alles bedeuten. Lediglich einen Act möchte ich mir unbedingt ansehen, und zwar Reggae-Newcomer Gyptian. Sein Lied *Hold You* wird seit Wochen in jedem Club auf und ab gespielt und zählt zu meinen absoluten Lieblingssongs. Klar, dass ich mir seinen Liveauftritt am letzten Festivaltag keinesfalls entgehen lassen werde.

Für den heutigen Abend habe ich aber genug erlebt. Da die ersten Konzerte erst am nächsten Tag stattfinden, trinken wir noch gemütlich ein paar Bier und flüchten uns dann ins Zelt, wo wir vor den Abertausenden Mücken sicher sind.

Eingequetscht zwischen dem scharchenden Dennis und dem im Schlaf redenden Leon ist es ziemlich unmöglich einzuschlafen. Auch Ohrstöpsel helfen hier nur mäßig und ich wälze mich eine gefühlte Ewigkeit lang hin und her, während hundert Meter weiter *No Woman, No Cry* in der Endlosschleife läuft. Glücklicherweise fallen mir irgendwann schließlich doch die Augen zu.

Am nächsten Morgen werde ich von brütender Hitze geweckt, die unser Zelt kurzerhand in eine subtropische Zone verwandelt hat. Mir rinnt wortwörtlich der Schweiß den Körper hinunter, während ich versuche, mich so schnell wie möglich aus Schlafsack und Strickjacke zu pellen. Nachts ist es doch so kühl gewesen! Ich reiße stöhnend die Zeltöffnung auf und schnappe nach Luft. Gleichzeitig blicke ich in fünf verdutzte Gesichter. Neben Dennis und Leon sitzen auch Martina und Gaspard vor unserem Zelt und schlürfen genüsslich Kaffee aus Plastikbechern.

»Croissant?«, fragt mich der Fünfte im Bunde. Er stellt sich als Vinnie vor und erklärt, er zelte allein, daher freue er sich sehr über unsere Gesellschaft. Während ich nach dem Croissant greife und mich bedanke, lächelt er mich freundlich an. Seine Zähne blitzen strahlend weiß im Gegensatz zu seiner dunklen Haut und er trägt Dreadlocks und ein verwaschenes T-Shirt mit der Aufschrift »Forever loving Jah«. Klischeehafter geht es wohl kaum, aber trotzdem (oder vielleicht gerade deshalb) ist mir Vinnie unglaublich sympathisch.

Offenbar haben Martina und Gaspard meine Abwesenheit genutzt und den anderen von meinem peinlichen Ausrutscher am Vortag erzählt. Während des gesamten Frühstücks wird ein Witz nach dem anderen gerissen und in Gedanken sehe ich bereits, wie die Geschichte die Runde macht und irgendwann der gesamte Zeltplatz über mich lacht. Um weiteren Sticheleien zu entkommen, beschließe ich, die Duschen aufzusuchen und mich ein wenig abzukühlen.

Bewaffnet mit Shampoo und Handtuch laufe ich los. Ungünstigerweise trage ich Flipflops, weshalb ich mir bei jedem Schritt selbst eine Ladung Sand in den Hintern katapultiere. Alles andere als anmutig, denke ich mir und versuche, unauffällig und mit so wenig Sandaufwirbeln wie möglich zur Dusche zu gelangen.

Das mit dem Unauffälligsein gestaltet sich als ziemlich schwierig, wenn man die einzige Ein-Meter-Achtzig-Blondine auf dem Festival ist, und so ernte ich einen Blick nach dem anderen. Wenn ich wenigstens ein paar flotte Sprüche auf Französisch draufhätte, könnte ich den platten Anmachen, die mir haufenweise zugerufen werden, wenigstens etwas Geistreiches entgegnen. Stattdessen atme ich erst auf, als ich mich in eine der kleinen provisorischen Duschkabinen geflüchtet habe.

»Duschkabine« ist dabei nur eine euphorische Bezeichnung für die Konstruktion, in der ich mich befinde. Lediglich ein Gerüst aus Bambusstöcken, behangen mit Plastikplanen, thront auf dem schlammigen Untergrund. Zum Waschen reichts, denke ich mir und drehe so lange an dem Hahn, bis ein zarter Strahl eiskalten Wassers auf mich herabprasselt.

Allen Widrigkeiten zum Trotz fühle ich mich nach dem Duschen frisch und entspannt. Mit den Möchtegernmachos da draußen werde ich schon auch noch fertig, vorher muss ich mir allerdings von Vinnie ein paar schlagfertige Kommentare auf Französisch beibringen lassen. Ich stecke meine frisch gewaschenen Haare zu einem Dutt zusammen, wickle mich in mein Handtuch ein und will eben die Duschkabine verlassen, als mir einfällt, dass ich mein Shampoo vergessen habe. Schwungvoll drehe ich mich um. Scheinbar etwas zu schwungvoll, denn während ich nach der Shampooflasche greife, löst sich mein Handtuch und fällt zu Boden. Ich kann nur völlig verzweifelt zusehen, wie es sich langsam, aber sicher mit der braun-grauen Matschepampe auf dem Boden vollsaugt. Nie im Leben nehme ich das mit zurück zum Zelt, denke ich mir. Tatsächlich gleicht mein einst blütenweißes Lieblingsfrotteehandtuch nun eher einem jahrhundertealten durchnässten Putzlappen. Mir wird schlecht bei dem Gedanken, was für Flüssigkeiten sich wohl mittlerweile in dem kleinen Stück Stoff vereinigt haben, und ich muss den Rückweg zum Zelt wohl oder übel nur in knapper Unterwäsche bekleidet antreten.

Über das Ausmaß meiner Handtuchkatastrophe bin ich mir erst im Klaren, nachdem ich ein paar Schritte gegangen bin. Habe ich die vielen Anmachen auf dem Hinweg als unangenehm empfunden, so offenbart sich mir nun eine ganz neue Dimension von Peinlichkeit. Nur, dass ich diesmal niemandem für seine unangemessenen Kommentare böse sein kann. Ich serviere mich den schaulustigen Rastafaris praktisch auf einem Silbertablett. Die Pfiffe und Zurufe hallen mir durch den knallrot gefärbten Kopf, während ich versuche, so schnell wie möglich zurück zum Zelt zu stapfen. Dabei schleudere ich so viel Sand durch die Luft, dass ich direkt noch einmal duschen könnte, doch danach ist mir jetzt keinesfalls. Zumindest einer Sache kann ich mir sicher sein – mein sprachlicher Ausrutscher bei Gaspard und Martina würde nach dieser Aktion wenig Aufmerksamkeit erregen.

An unserem letzten Tag ist es dann endlich so weit: Gyptian spielt auf der Hauptbühne und zusammen mit Martina, Gaspard und Vinnie sehen wir von der ersten Reihe aus zu. Als mein Lieblingslied *Hold You* gespielt wird, legen wir alle die Arme umeinander. Sprachbarrieren und peinliche Zwischenfälle hin oder her, hier in Mini-Jamaika habe ich eine verdammt gute Zeit erlebt und zudem neue Freunde gefunden. Ich bin traurig bei dem Gedanken, morgen das Festival zu verlassen und in die Realität zurückzukehren. Doch eines ist klar: Beim nächsten Garance Reggae Festival bin ich auf jeden Fall wieder dabei. Mit aufgebesserten Französischkenntnissen und einer Wagenladung Reservehandtüchern.

26.

IM RAUSCH VON TAIPEH

Lost in Taiwan

VON ELISABETH RANK

Hong Kong International Airport. Es ist leise und riecht süßlich. Ich habe die Angst, ein Geräusch zu verursachen. Das Dach ist aus Glas, man weiß nicht genau, wo der wolkenverhangene Himmel anfängt und die Flughafenluft aufhört. Man darf stehenbleiben und kommt auf Laufbändern trotzdem voran, ich atme ein und atme aus und wundere mich, dass sich das am anderen Ende der Welt immer noch genauso anfühlt. Dann stehe ich plötzlich an dem Gate, von wo aus das Flugzeug nach Taipeh abfliegen soll. Hinter dem Rollfeld liegt eine Bergwand, graugrüner Stein und davor Säulen aus Wohnsilos, die wie Ufos in der kargen Landschaft herumstehen. Ich versuche, mir vorzustellen, dass darin Menschen leben, die schlafen und essen, die von einer Wohnung zur nächsten gehen und vielleicht gerade fernsehen, ich bemerke erst nach einer Weile die Vielzahl von Antennen und die Abwesenheit meiner eigenen Sprache. Bilder sind nun mein Leitsystem. Ich bin wieder vier Jahre alt, Buchstaben haben keine Bedeutung.

Ein Flugzeug bringt mich nach Taiwan Taoyuan. Das Gepäck ist da, ich schnaufe und grinse. Die Fahrt im schwarzen Bus geht vorbei an Häusern wie Kulissen, Bäumen wie aus dem Regenwald, Tälern, Werbung, Beton – und alle Häuser haben Gitter vor den Fenstern und einen Balkon außen dran, ein winziges Häuschen auf dem Dach. Immer, wenn du denkst, jetzt ist es genug, blickst du um die Ecke und da ist noch mehr. Von allem. Dies ist der letzte Moment, den ich von den anderen klar unterscheiden kann, dies ist der Tellerrand, die Trennlinie, hier beginnt das, was manche als unaushaltbar beschreiben würden, was ich herkam zu finden: das Rauschen einer Stadt.

TAIPEH

Das Straßennamen-System ist undurchschaubar. Ich halte die Karte falsch herum und denke die ganze Zeit, gleich kommt jemand und sagt: »Sie können hier nicht entlanglaufen, Sie können das nicht essen, Sie dürfen so nicht stehen …« Ich habe keine Angst, etwas falsch zu machen, aber ich rechne damit. In meiner einem Babyhund ähnlichen Tollpatschigkeit entdecke ich eine großartige Eigenschaft von Taipeh: Man geht nicht verloren. Und wenn doch, gibt es einen Trick. Man stelle sich mit einem möglichst großen Stadtplan an eine möglichst gut bevölkerte Straßenecke und schaue möglichst hilflos in der Gegend herum, dabei runzele man die Stirn und steige nervös von einem Bein auf das andere. Innerhalb der nächsten dreißig Sekunden hat man einen netten, zuvorkommenden Einheimischen vor sich stehen, der einem helfen möchte.

»Sie müssen in den Zoo!«

»In den Zoo?«

»In den Zoo. Aber mindestens vier Stunden lang.«

Es hilft nicht zu sagen, dass man ein anderes Ziel hat, man bekommt den Weg in den Zoo erklärt und so hangelt man sich durch die Stadt. Einfach stehen bleiben und warten, was einem empfohlen wird.

Hinter einer Mauer, auf die eine Straße gemalt ist, eine Straße mit Tür, finde ich das Wasser, den großen Fluss, auf dessen anderer Seite sich riesige braune Wohnlandschaften türmen. Mein Zeitgefühl kehrt nach und nach zurück, sitzen hilft dabei. Die Banken haben nicht wegen der Mittagspause geschlossen, sondern weil Sonntag ist. Hier erkenne ich andere Touristen sofort.

Mit dem Denken und Schauen, dem Wahrnehmen und Verarbeiten der völlig veränderten Geräusch- und Geruchskulisse komme ich kaum hinterher. Was an einem vorbeifliegt, wenn man mit der Metro fährt, der Dunst und die Kleidung, die auf Bügeln hinter den Gitterfenstern hängt, die Klimaanlage auf Halbmast. Dass man hier scharf und warm zum Frühstück isst, in der Suppe irgendwelche Tierhaare.

Auf dem Flur des Hotels läuft tagsüber immer Dudelmusik, zum Frühstück gesellt sich der eingeschaltete Fernseher dazu, in dem der Nachrichtensprecher die Zeitung vorliest. Die Stadt ist auf drei Seiten von Bergen umgeben, den riesigen Wolkenkratzer Taipei 101 sieht man trotzdem nur selten, wenn man unten auf der Straße steht. Kommt ein Taifun über die Stadt, und das passiert ab und an, dann bleibt er eine Weile, weil er nicht wieder hinausfindet. Es regnet viel, man leiht sich (also auch ich) ganz selbstverständlich riesige Regenschirme im Hotel aus und wird trotzdem von allen Seiten nass. Die Menschen auf den Mofas sind an diesen Tagen nur noch sausende Regencapes, überall plätschert es. Wasser gibt es außerdem in Plastikbechern mit Plastikfolie darüber am Straßenrand zu kaufen, in die man eine Miniteufelsheugabel steckt, um dann einen Strohhalm durch das Loch zu piken. Jeder, der nicht von hier ist, bespritzt sich dabei von oben bis unten.

Wenn man den euphorisch verblendeten Punkt überschritten hat, der am Anfang steht, und wenn man die Müdigkeit und die zeitweilig auftretende Trägheit ignoriert, soweit es geht, dann fällt es nicht mehr schwer, sich in diese Stadt zu verlieben, vor deren Toren ein Fluss liegt, der an seinem Horizont nicht weit vom Eindruck des Meeres entfernt ist.

Dennoch kann einen Taipeh auch fertigmachen, wenn man sich auf den Lärm einlässt und die Geschwindigkeit, wenn man tief einatmet und keine Luft bekommt, das ist genauso einfach wie das Funkeln in den Augen. Aber wenn man sich an die Straßen gewöhnt und einen Weg hat, Gesichter wiedererkennt, wenn man sich nicht mehr von jedem Lächeln ablenken lässt, das einem die Stadt entgegenwirft, nicht mehr über jedes Geräusch stolpert, dann ist es möglich hinzusehen. Zwischen den dichten Wimpern die Haut zu erkennen, die Lücken. Sich zurechtzufinden.

Und wenn in Trainingsanzüge gehüllte Hausfrauen plötzlich auf dem kleinen Platz beginnen, zu *Tequila* choreografisch ausgetüftelte Schritte zu tanzen, fühle ich mich wohl. Denn es ist so leicht, mit roten Wangen auf die Lichter der Stadt zu sehen, vor sich ein Glas süßer Rotwein, während die Nebenstraße den Lärm der auf der Allee sausenden Taxis fast komplett schluckt, und an nichts zu denken. Oder nur an ein bisschen.

Essen wird hier zu meinem Yoga, die meditative Wirkung des Vorgangs der Nahrungsaufnahme ist unglaublich. Man fitzelt sich die Stäbchen in die Finger, balanciert, stochert herum, wurschtelt sich durch, guckt sich exakt von vorn und hinten und oben und unten und von der Seite an, was da auf dem Teller oder in der Pappbox liegt. Man schmatzt, schlürft, kaut, pikt, schiebt und schaufelt, man krümelt und tunkt die ganze Zeit, dass es nur so eine Freude ist.

Nie habe ich beim Essen mehr meine Umwelt vergessen als hier, wo man sich immer lediglich auf das Stapeln des nächsten Happens konzentriert, auf den Transport in Richtung Mund, auf die Motorik der Finger, die mit den Stäbchen eine Symbiose eingehen sollen, jedenfalls theoretisch. Die unbekannten, gruseligen, glibbrigen Teilchen werden aussortiert, an den Rand geschubst, übersehen. Und ansonsten ist man eins mit sich, ruht vor dem Teller. Die Entspannung setzt nicht unmittelbar ein, aber ach. Ich esse hier so gern, nur der Sache wegen, und weiß nun ein bisschen, weswegen manche Leute beim Essen so ungern reden und man sie besser erst wieder ansprechen sollte, wenn ihr Teller leer ist.

Wenn man nach Taiwan fährt, muss man sich auf Extreme einstellen. Das eine ist die Sache mit den Massen. Man glaubt, man würde überrannt, aber eigentlich gilt das nur für die Rushhour und den Nachtmarkt. Tagsüber sind die kleinen Straßen unglaublich leer, nachts auch. Drei Schritte und du landest vom größten Gewimmel in totaler Stille, drei Meter und aus unglaublichem Lärm wird leises Zirpen. Und während man so herumirrt, baut man sich seine eigenen kleinen Welten und Zentren. Der Nachtmarkt ist eine davon. Hier stehen gefälschte »Addidas«, »Nikies«, »Reboks« eingeschweißt in den Regalen, Markennamen werden mal eben hübsch kopiert und stolz belächelt. Der Geruch von stinkendem Tofu liegt in der Luft, direkt neben kandierten Cocktailtomaten und Erdbeeren. Und hier brüllen die Leute. Verkäufer schreien mit und ohne Mikrofon ihre Preise für Massagen in die Menge, als gelte es das Leben. Guaven schwimmen in braunem Glibber und werden in Becher mit Strohhalm abgefüllt. Unter Drogen gesetzte Bonsaihunde vegetieren in gläsernen Boxen vor sich hin, Automaten hupen um ihr Taschengeld. Der alte Mann sammelt die heruntergefallene Pappe ein, Hotdogs werden am Stiel verkauft, getrocknete Tintenfische auch. Der Waffenladen mit riesigen Maschinengewehren an der Wand hat noch geöffnet, daneben steckt sich der Vierjährige ein Stück der stacheligen Frucht in den Mund, deren Namen ich nicht kenne. Jeder Essensstand hat seinen eigenen Gulli, als gehöre der zur Einrichtung, und die Reste fließen in den Untergrund, die Schläuche spucken permanent Wasser und die Frau mit den blauen Augen gähnt.

Abends im Hotel packt es mich doch, das Runterkommen. Erschöpfung setzt sich neben mich auf das weiche Bett, macht sich breit und schaut benommen im Zimmer herum, während es in meinem Körper klickt, an allen Ecken und Enden, weil verarbeitet wird, was ich dieser Tage sehe. Ich kann keinen Brief schreiben, keine Karte. Der Ersttagseuphorieendorphinschub ist aufgebraucht, ich sitze nun eher still, lege den Kopf manchmal minutenlang in den Nacken, um die Augen auszuruhen, um einen Moment Langsamkeit zu klauen. Verschnaufpausen bekommt man in Taipeh nicht geschenkt, die muss man sich selbst suchen, deswegen schläft man, wann immer es geht, in der Bahn, an der Station. Ich denke: Ich kann doch jetzt nicht schlafen. Die Einheimischen haben damit aufgehört, sich zu wehren, und tun es einfach.

Und plötzlich wackelt das Haus.

Das Bett wackelt, die Dusche wackelt, die Kissen wackeln – und vor zwei Monaten saß ich betrunken in London zwischen Laken und Wand, als genau dasselbe geschah. Das erste Mal glaubt man erst einmal sich selbst nicht. Man geht davon aus, in den ersten Sekunden, man denke sich das nur aus, hier spiele einem die eigene Wahrnehmung einen Streich. Aber dann fällt ein Buch aus dem Regal und damit realisiert man, dass man zum ersten Mal ein Erdbeben, das nicht man selbst ist, am eigenen Körper spürt. Dies ist mein zweites Erdbeben in zwei Monaten, auf zwei verschiedenen Kontinenten, und ich bleibe einfach auf dem Rücken liegen und frage mich: Was wäre wenn … ?

Mein Leben macht sich gerade einen Spaß daraus, mit allem auf einmal und unheimlich laut daherzukommen. Ich halte nur die Füße still und höre zu, bin einfach da, mache mit, weil es glücklich macht. Natürlich hab ich Angst, aber das ist doch immer so. Und wenn ich hier aus dem Fenster blicke und dem Regen zuhöre, der in unglaublichen Wellen die Runde macht, von einem Ende der Stadt zum anderen und wieder zurück, der dabei einen Atem hinterlässt, der sich mir schwer auf die Schultern und Lungenflügel legt, wenn im Hintergrund Geoff Farina von den kleinen Feuern singt, dann weiß ich, dass das alles schon ganz richtig ist. Und auch wenn ich hin und wieder die Arme heben muss, weil der Oberkörper schwer wiegt auf dem Marmor, und den Ellenbogen, wenn wieder das brüllende Müllauto kommt und der Moment in den Rinnstein rutscht, dann behalte ich dennoch den Geruch in den Kleidern. Das kleine Aufflackern der Lichter, wenn ich bald schon wieder zu Hause bin und vom Balkon schaue. Die gute Gewissheit: Man hat sich ja selbst doch ganz gut beisammen, auch wenn man sich nicht immer sofort finden kann.

27.

LEGENDEN AUS SHANGRI-LAOS

Das Geheimnis von Südostasien

VON KYRA BRAMBLE

Legenden zufolge liegt irgendwo in den Tiefen des Dschungels ein magisches und mystisches Paradies verborgen. Jeder Backpacker, der durch Südostasien gereist ist, hat schon einmal davon gehört. Durch diesen Ort fließt ein Fluss, auf dem man sich auf riesigen Gummireifen treiben lassen kann und dessen Ufer von zahllosen Bars gesäumt sind. Die Bars sind der Traum der meisten Traveller: Aus den Lautsprechern dröhnt Housemusik, Drinks gibt es im Überfluss und es wimmelt von sexy, durchtrainierten Typen in Badeshorts. Man erzählt sich, dass selbst eine Woche nicht ausreicht, um jede Bar am Ufer des Flusses zu erkunden. In der Dämmerung bewegen sich die Gäste, vom Alkohol und der Sonne berauscht, Richtung Innenstadt, wo die ganze Nacht lang weitergefeiert wird – mit noch mehr Drinks, Feuershows und noch lauterer Musik.

Von diesem Ort habe ich zum ersten Mal vor drei Jahren auf meiner ersten Reise durch Südostasien gehört. Dass er existierte, konnten mir zwar mindestens fünf andere Reisende bestätigen, über seine genaue Lage gingen die Informationen allerdings weit auseinander. Einer war der Meinung, dass er sich irgendwo im Norden Thailands im Dschungel befinden müsste. Ein anderer wiederum hätte schwören können, er läge in Malaysia, und eine dritte Person versicherte mir glaubhaft, dass er mitten im Niemandsland in Laos sei.

Damals hatte ich leider nur einen Monat für Thailand eingeplant, weshalb mir keine Zeit blieb herauszufinden, ob die Gerüchte tatsächlich stimmten. Doch zwei Jahre später reiste ich mit meiner besten Freundin Lorraine wieder dorthin und dieses Mal hatten wir sechs Monate Zeit, um diesen mysteriösen Ort ausfindig zu machen.

Entweder war er in der Zwischenzeit zu einem beliebten Reiseziel geworden oder aber ich hatte bei meinem ersten Aufenthalt nicht ernsthaft genug danach gesucht. Jedenfalls konnte uns dieses Mal jeder genau sagen, wie der Ort hieß und wo er sich befand – und alle waren sich einig: Er hieß Vang Vieng und lag in Laos, in der Mitte zwischen den beiden größeren Städten Vientiane und Luang Prabang.

Nachdem wir bereits drei Monate gereist waren, war es an der Zeit, dem Mythos auf den Grund zu gehen. In Thailand herrschten zu dem Zeitpunkt politische Unruhen, wodurch das Reisen erschwert wurde (Ausgangssperre? Nein danke!). Und so verabschiedeten wir uns mit einem »Läo pop gan mai ka« – Bis dann! – von Thailand und traten unsere lange Reise ins Gelobte Land an.

Unsere Expedition begann mit einer vierstündigen Fahrt von Pai nach Chiang Mai im Norden Thailands auf den kurvenreichsten Straßen, die man sich vorstellen kann. Von dort aus setzten wir unsere Reise mit Bussen fort: zuerst nach Khoen Khan, von da aus nach Udon Thani, dort stiegen wir in einen Bus nach Nong Khai und gelangten schließlich mit einem weiteren Bus nach Vientiane. Inklusive Fahrzeit, Wartezeit, Visumskontrollen und mit allem Drum und Dran brauchten wir 32 Stunden.

Wer schon einmal mit den Bussen vor Ort gefahren ist, weiß, was wir erlitten haben. Wer hingegen noch nicht in den Genuss gekommen ist, kann sich das Erlebnis in etwa so vorstellen: Du versuchst, in deinem Polyestersitz, der für einen Zwerg konzipiert ist, Schlaf zu finden, bist gezwungen, versiffte Toiletten zu benutzen, und schaukelst in einem überfüllten Bus, dessen Klimaanlage macht, was sie will, über gefährliche Gebirgsstraßen. Und das einen ganzen Tag lang. Dann stell dir vor, dass du die ganze Zeit angestarrt und bei jedem Halt angestupst wirst (da nämlich manche Einwohner davon überzeugt sind, dass es Glück bringt, einen Weißen zu berühren). Jetzt musst du nur noch ein permanentes Gefühl von Übelkeit hinzufügen, das vom Essen oder vom Schaukeln oder von einer Kombination aus beidem herrührt, das Ganze mit dem allgegenwärtigen Geruch nach Curry abrunden und du kannst dir ein ungefähres Bild machen. Bei unserer

Ankunft in Vang Vieng waren wir zwei gereizte, zerknautschte und vollkommen erledigte Wracks mit richtig schlechter Laune.

Doch wider Erwarten erlebte ich eine angenehme Überraschung, als ich aus unserem Horrorbus stieg. Wir waren in einer idyllischen kleinen Stadt gelandet. Niedliche alte Frauen mit riesigen Hüten schoben Wagen voller Essen vor sich her, gefolgt von lachenden Kindern. Die Stadt selbst lag mitten in einem wunderschönen Tal, umgeben von Ehrfurcht einflößenden Klippen, die überall aus der Landschaft ragten. Obwohl es in Wirklichkeit heiß und schwül war, ließ der Anblick eher vermuten, es wäre kalt und feucht. Denn über dem saftig grünen Dschungel, der sich am Fuße der Klippen ausbreitete und die Stadt umgab, hing, wie an unsichtbaren Fäden aufgezogen, eine dicke, weiche Nebelschicht. Bisher hatten sich alle Geschichten, die ich über diesen Ort gehört hatte, um seine Partys und das berühmte Tubing gedreht. Als Tubing bezeichnet man das Treibenlassen auf dem Fluss auf riesigen Gummireifen. Niemand hatte auch nur mit einem Wort die Schönheit der Natur erwähnt.

Ich sog sie in mich auf, doch der Moment hielt leider nur eine Sekunde an. Dann brach die Realität in Gestalt meiner Freundin Lorraine über mich herein. »Essen! Schlafen! Duschen!«, jammerte sie. Ich kam wieder zu mir, zerrte meinen riesigen Rucksack aus dem Haufen identischer Exemplare heraus und schwang ihn mir über die Schulter. Wir gingen los und machten uns auf die Suche nach einer Bleibe, egal wo, Hauptsache, wir würden endlich schlafen können.

Natürlich waren wir auch nach Vang Vieng gekommen, um zu feiern, doch wir wollten eine Unterkunft finden, die uns gleichzeitig eine Rückzugsmöglichkeit bot. Irgendwo hatten wir gehört, dass wir nur über eine kleine Fußgängerbrücke laufen mussten, um in eine ruhigere Gegend zu gelangen. Tatsächlich fanden wir die Brücke, überquerten den sprudelnden Fluss – und landeten im Paradies!

Für umgerechnet zwölf Dollar pro Nacht (was, ob ihr es glaubt oder nicht, für uns an Verschwendung grenzte) wohnten wir in einem herrlichen Bungalow mit Klimaanlage, Fernseher, sauberem Badezimmer, Terrasse, Garten und Blick auf den Fluss. Es war friedlich und idyllisch, geradezu perfekt. Nachdem wir geduscht hatten, ließen wir uns in unsere luxuriösen Betten fallen. Denn schließlich mussten wir vor den wilden Partynächten, die uns erwarteten, ein wenig ausschlafen.

Doch kaum hatten wir unsere Köpfe in die Kissen gekuschelt, drangen gruselige Geräusche in unser Zimmer:

Rah, rah, ah, ah, ah
Roma, roma, ma
Gaga, ooh la la
Want your bad romance!

Was um alles in der Welt war hier los? Wie kam es, dass Lady Gaga scheinbar drei Meter von uns entfernt in voller Lautstärke plärrte? Was war nur aus unserer friedlichen Ruheoase geworden?

Wir wälzten uns stundenlang in unseren Betten, während Lady Gaga auf Repeat weitersang. Schließlich bewegten wir unsere Hintern aus den Betten, um herauszufinden, wo die Musik herkam. Unsere Ohrenstöpsel konnten gegen die Lautstärke der Anlage ohnehin nichts ausrichten. Und wenn wir schon nicht gegen die Musik ankamen, konnten wir doch immerhin mitfeiern.

Wir warfen uns in Schale (was, gemessen am Standard eines Backpackers, soviel bedeutet wie: kurze Jeans und enge, saubere Tanktops anstelle von Fischerhosen und weiten, schmuddeligen Tanktops) und folgten der Musik.

Und nun unsere Entdeckung: Offensichtlich hatten wir die falsche Brücke überquert und waren geradewegs auf »Party Island« gelandet, wo der Großteil der Nachtclubs der Stadt angesiedelt war. Unsere »friedliche Ruheoase« war der einzige Bungalow auf einer Insel, die sich vollständig dem Hedonismus hingab. Kein

Problem, dachten wir, am nächsten Tag würden wir einfach auschecken und uns eine ruhigere Bleibe suchen.

Während unseres Nickerchens war ein starker tropischer Regen gefallen und so stapften wir durch den Matsch von Bar zu Bar. Aus Sandkübeln, die bis zum Rand mit Eis gefüllt waren, tranken wir Lao-Lao, den unglaublich starken Reiswhisky aus der Region, und irgendwelche Mischgetränke. Wir saßen direkt neben der »Bamboo Bar«, jener Bar, in der den halben Tag und bis in die Nacht hinein Lady Gaga in Endlosschleife gelaufen war. Gott sei Dank war der nervenaufreibende Soundcheck nach Sonnenuntergang beendet. Danach spielte der DJ Lady Gaga nur noch alle fünf Lieder, zwischen Hits aus den Top Vierzig und Housetracks, die vor zwei Jahren groß gewesen waren.

In einer der Bars nebenan sah ich plötzlich Feuer aufleuchten. Aufgeregt packte ich Lorraine am Arm und stürmte mit ihr hinüber zur »Rock Bar«, um mir die Feuershow anzusehen. Und wow! Ich war vollkommen überwältigt von den Mustern, die das Feuer, den Bewegungen des Künstlers folgend, in der Nacht hinterließ. Da ich viel reiste und von Festival zu Festival pilgerte, hatte ich über die Jahre auch selbst ein wenig die Kunst des Feuertanzes gelernt, aber an den Typen kam ich bei Weitem nicht heran.

Die Musik in dieser Bar war auch viel cooler als in der vorherigen. Lady Gaga lief überhaupt nicht, der DJ legte eine Mischung aus Dub-Step, Breaks und Drum and Bass auf. In San Fransisco arbeitet Lorraine auch als DJ, und nach der typischen Clubmusik, die unsere Reise begleitet hatte, war es eine Wohltat, der elektronischen Undergroundmusik zu lauschen, die uns an zu Hause erinnerte.

Wir freundeten uns in Kürze mit so ziemlich jedem an, auch mit dem englischen Feuertänzer und dem DJ. Freundschaften, die man auf Reisen schließt, haben ihren ganz eigenen Zeitrahmen. Zu Hause dauert es manchmal Wochen, Monate und sogar Jahre, bis sich eine enge Freundschaft entwickelt. Auf Reisen dagegen hat man gar nicht die Möglichkeit, sich näher kennenzulernen, und meistens weiß man ohnehin gleich, mit wem man mehr Zeit verbringen möchte. In unserem Fall genügte es, einen Eimer Happy Shake gemeinsam zu leeren, und die Freundschaft war besiegelt.

Inmitten von Feuershows und dröhnenden Bässen, flackerndem Stroboskoplicht und tropischem Nieselregen heizte sich die Stimmung langsam auf. Die Lichter begannen zu glitzern, Farben entwickelten ein Eigenleben und alles war voller kleiner Regenbögen.

Wir verbrachten den Abend letzten Endes mit einer ganzen Schar Engländer, die in ihren Hängematten vor sich hin kicherten. Betrunken ließen wir uns eine Weile darüber aus, ob wir einen Akzent hatten oder sie. Die Entscheidung, ob man mit Akzent spricht oder nicht, liegt offenbar im Ohr des Betrachters. Abgesehen davon sind meine Erinnerungen an den restlichen Abend ziemlich verschwommen. Ich weiß nur noch, dass wir am nächsten Morgen (oder Nachmittag) zu spät aufwachten, um noch auszuchecken, also beschlossen wir, einen weiteren Tag in unserem schicken Bungalow zu bleiben.

Als die Dämmerung einsetzte, schälten wir uns endlich aus unseren Betten, um etwas Essbares aufzutreiben. Die Restaurants in Vang Vieng sehen eigentlich alle gleich aus: Sie sind mit den gleichen Kissen und den gleichen Speisekarten mit fehlerhafter Schreibweise ausgestattet und bieten schlechte Pizza, aber leckere regionale Gerichte an. Und überall laufen Wiederholungen von *Friends* und *Family Guy*. Wir besorgten uns unseren Schuss, bestehend aus Essen und einer Episode *Friends*, und machten uns bereit für den nächsten Partyabend voller Ausschweifungen.

Lorraine und ich bekamen Jobs in der »Rock Bar«: Für kostenlose Drinks und Happy Shakes machte ich im Gegenzug ein paar Feuershows und Lorraine legte ein paar Stunden lang

Musik auf. Feuer, Lao-Lao, Regen, Trinkspiele, Sonne, Happy Shakes, Gelächter, Kater und *Friends*-Wiederholungen wurden zum festen Bestandteil unserer Zeit in Vang Vieng. Und plötzlich war aus den paar Tagen, die wir hatten bleiben wollen, über eine Woche geworden.

Es war nach einer besonders langen Nacht, dass uns bewusst wurde, wie lange wir schon dort waren. Als wir merkten, dass wir angefangen hatten, die Restaurants danach auszusuchen, wo welche Episode von *Friends* laufen würde, wussten wir, dass es an der Zeit war, weiterzuziehen. Allerdings mussten wir es erst einmal hinbekommen, rechtzeitig aufzuwachen, um überhaupt aus unserem Partybungalow auschecken zu können.

Irgendwie hatten uns die langen Nächte um unsere Tage gebracht und wir konnten kaum glauben, dass wir immer noch nicht dazu gekommen waren, Tubing auszuprobieren!

Also beschlossen wir, einen Abend Party auszulassen, standen stattdessen früh auf, besorgten eine wasserdichte Tasche für unsere Kameras, schlüpften in unsere Bikinis und stiegen in eine Autorikscha. Nachdem wir drei Kilometer am Fluss entlang gefahren waren, kamen wir an der »Q-Bar« an, wo das Tubing losgehen sollte. Es war Mittag und die Party, an der all unsere neuen Freunde teilnahmen, war bereits in vollem Gange. An der Bar gab es eimerweise Mojito zu unglaublich günstigen Preisen, zusätzlich wurden wir mit kostenlosen Shots Schlangenwhisky versorgt. Es gab eine Leiter, die zu einer Seilrutsche führte, man konnte sich einfach dranhängen, durch die Luft sausen und sich schließlich in den schlammigen Fluss hinunterstürzen. Ich vollführte einige Trapezkunststücke auf der Seilrutsche, wir schlugen die Typen beim Beer Pong und tranken mehr als genug von den kostenlosen Shots.

Es gab einen Moment, in dem ich mich ausklinkte und mir das ganze verrückte Schauspiel wie von außen ansah. Ich war leicht durch den Wind von den Exzessen der letzten Woche, doch mein Geist war vollkommen klar. Ja, ich hatte die ganze Woche gefeiert und Spaß gehabt, als gäbe es kein Morgen, aber all das war noch so viel mehr. Dieser Ort war einzigartig, ebenso wie die Erfahrungen, die ich dort gemacht hatte. Ich bin schon an viele unterschiedliche Orte gereist und habe viele Partys gefeiert, aber nichts konnte es mit Vang Vieng aufnehmen. Dort habe ich mich so voller Energie gefühlt, als würde ich mein Leben bis zum Äußersten leben, ohne mich dafür entschuldigen zu müssen.

Wir hatten an dem Tag so viel Spaß in der »Q-Bar«, dass wir dort hängen blieben. Am nächsten Tag verabschiedeten wir uns mit einem »Sôhk dee deuh« von Vang Vieng und stiegen wieder in einen der fiesen Busse, bereit für das nächste Abenteuer.

Manche Dinge werden aus gutem Grund zu einer Legende und Vang Vieng wurde seinem Ruf definitiv gerecht. Es ist ein magischer, mystischer Ort voller Ausschweifungen im tiefsten Dschungel Laos', den man nur über eine lange, gefährliche und magenunfreundliche Busfahrt erreicht. Die Drinks fließen ohne Ende, die Musik hört niemals auf – es ist ein wahres Paradies für Backpacker.

Und ja, es kann passieren, dass man eine ganze Woche dort verbringt und noch längst nicht jede Bar am Ufer des Flusses gesehen hat.

28.

MIT SPUK, CHARME UND PROVENCE

Französischen Geistern auf der Spur

VON KAROLIN LANGFELDT

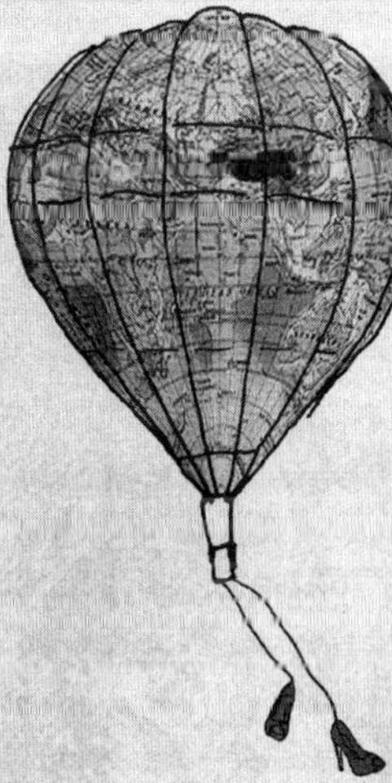

Es ist neun Uhr morgens an einem Sonntag, als mein Handy klingelt. »Salut ma belle, ça va?!«, flötet Louise in mein Ohr. Mein Kopf dröhnt von der letzten Nacht. »Karo, hörst du mich?«, fragt Louise bestens gelaunt. »Schläft du etwa noch?«

»Louise, es ist neun Uhr, natürlich schlafe ich noch. Wo bist du?«

Louise ist in Barcelona, sie hat nette Leute kennengelernt und war heute Morgen schon im Meer schwimmen. Müde antworte ich, mit einem Blick auf den Regen vor meinem Fenster, dass ich mich freue, dass es ihr gut geht, aber dass ich sie, wenn es nichts Wichtiges gibt, lieber später zurückrufe. Ich möchte schlafen.

»Nein, nein«, protestiert Louise, »du machst dir jetzt einen Kaffee und hörst zu: Du kommst nach Frankreich, ich warte dort auf dich. Ich dachte mir, die Reise kann doch jetzt noch nicht zu Ende sein und da habe ich mir ein Flugticket nach Nizza gebucht, das war gerade so günstig …«

Nizza. Sonne. Und Strand. Ich schweige und starre in das Berliner Grau.

Louise hat schon alle Flüge für mich gecheckt, sie könnte einen günstigen für Montagvormittag buchen, jetzt sofort, ich müsste nur noch in den Flieger steigen. »Also, ma poule, was zögerst du? Hast doch eh grade nichts zu tun! Warum in Berlin rumgammeln?«

Ich strample die Bettdecke zur Seite und schaue an mir runter: ein ausgeleiertes T-Shirt, alte Boxershorts, unrasierte Beine.

»Okay, wir sehen uns morgen in Nizza.«

Am Flughafen von Nizza angekommen, ist von Louise weit und breit keine Spur. Ich schwitze in meiner Jeans und meinen Turnschuhen, die Sonne blendet mich – was für eine herrliche Form des Leidens.

Während ich vor dem Flughafengebäude stehe und mich darüber freue, dass sich kleine Schweißtropfen auf meiner blassen Haut bilden, fährt ein weißer Cinquecento vor. Louises rotes

Haar weht im Wind und aus den Boxen dröhnt Katy Perry, als sie dem Flughafenbus die Vorfahrt nimmt und schließlich im absoluten Halteverbot stehen bleibt, bevor sie aus dem Auto springt und mich stürmisch umarmt. Spätestens jetzt schwindet auch der letzte Rest Berliner Herbstmelancholie. Ich bin bereit für Sonne, Wein und Abenteuer!

»Also, ich muss nicht unbedingt nach Nizza, Saint-Tropez und so, allerdings, wenn du möchtest ...«, sage ich vorsichtig, es ist schließlich unser erster gemeinsamer Urlaub. Ich weiß nicht, wie Louise so tickt auf Reisen, aber ich habe keine Lust auf hippe Partys und schicke Hotels.

Erleichterung breitet sich auf ihrem Gesicht aus. »Ach toll, da hab ich auch keine Lust drauf! Lass uns einfach drauflosfahren ... landeinwärts ... Provence ... Und wo es uns gefällt, da bleiben wir.«

Wir entscheiden uns für die Landstraße in Richtung Avignon. Das Verdeck ist geöffnet, die Nachmittagssonne brennt auf unseren nackten Schultern und gemeinsam mit Katy Perry, der einzigen CD auf dieser Reise, besingen wir die Unberechenbarkeit der Männer. Mit jedem Kilometer, den wir zurücklegen, fühle ich mich freier und glücklicher.

Wir fahren an Weinhängen vorbei, die rotgolden in der Sonne schimmern. Die Reben hängen voller fast reifer Trauben. Wir passieren mehrere Dörfchen, eines gefällt mir besonders gut. Es ist nicht das schönste, aber es hat eine ganz eigene Atmosphäre.

Mit der untergehenden Sonne verschwindet auch die Wärme. Nebel hängt über der mit Pappeln gesäumten Straße. Wir halten am Dorfplatz, ich steige aus und atme tief die kalte Luft ein. »Lass uns hierbleiben!« Louise ist einverstanden. Wir begeben uns auf die Suche nach einer Unterkunft für die Nacht. Ein paar alte Männer, die Boule spielen, deuten vage in eine Richtung und murmeln etwas von »Chez Chris«. Eine halbe Stunde später haben wir Chris' Hof gefunden, er liegt etwas außerhalb des Dorfes inmitten der Felder. Das schmiedeeiserne Tor an der Einfahrt ist verschlossen. Dahinter lässt sich ein steinernes altes Gutshaus erahnen. Louise ist mal wieder schneller, steht schon am Tor und klingelt. Wieder und wieder drückt sie auf den rostigen Knopf. Endlich taucht eine Gestalt auf.

»Bonsoir les filles!« Nach dem kurzen Austausch von Höflichkeiten zeigt uns Chris die Gästequartiere, die in den ehemaligen Stallungen untergebracht sind. Die Küche befindet sich im vormaligen Eselstall und wir schlafen darüber im früheren Heuspeicher. Chris selbst wohnt im Gutshaus, außer ihm scheint niemand auf dem Hof zu sein.

Wir schaffen die Einkäufe in die Küche und die Rucksäcke in unser Zimmer. Während ich es mir zusammen mit einer der Hofkatzen unter der Pergola gemütlich mache und den Rotwein probiere, den Chris uns hingestellt hat, höre ich Louise im Stall mit Töpfen hantieren. Auf dem Speiseplan steht Pasta à la Louise – mein Lieblingsessen. Ich dämmere weg, die Sonne, die Luft, der Wein …

Plötzlich springt die Katze fauchend von meinem Schoß, Louises verwirrtes Gesicht erscheint in der Küchentür. »Was ist passiert, hast du das auch gehört?«

»Keine Ahnung, ja, aber ich war es nicht, die geschrien hat.« Die Dunkelheit um den Stall erscheint auf einmal gar nicht mehr behaglich, sondern bedrohlich. »Sollen wir nachgucken?«, frage ich und wünsche mir insgeheim, dass sie Nein sagt.

»Lauf doch mal zum Haus rüber und frag Chris, ob er auch was gehört hat!«, sagt Louise.

»Du könntest gehen und ich koche weiter.«

Louise schüttelt den Kopf. »Nun geh schon, dein Französisch ist besser als meines und außerdem brennt gerade die Soße an …« Sie stürzt zurück in die Küche.

Im Gutshaus ist alles dunkel und ruhig. Ich klingle einmal, zögere, klingle ein zweites Mal. Nichts. Langsam gehe ich die

Treppe wieder hinunter. Auf halbem Weg zu unserer Unterkunft steht unser Gastgeber auf einmal vor mir.

»Karolin, ça va? Tout va bien?« Ich erzähle ihm von dem Schrei. Amüsiert zieht Chris eine Augenbraue hoch. »De quoi tu parles? Je n'ai rien entendu! Mais, tu as peur!« Na klar, habe ich Angst! Und außerdem, wie kann er nichts gehört haben? »Je t'accompagne. Pas de soucis.«

In Begleitung von Chris treffe ich wieder bei Louise ein. Die scheint alles vergessen zu haben und rührt fröhlich in der Soße. »Chris, you want to eat with us? Pasta à la Louise!«

»Merci Louise! But not tonight, I made plans«, entschuldigt sich Chris und fügt, mit einem Seitenblick auf mich, hinzu: »Your friend is scared, give her some wine.«

»Was war denn nun los?«, möchte Louise wissen, als Chris gegangen ist.

»Er hat nichts gehört, keine Ahnung.« Ich bin genervt.

»Unsere erste Nacht in der Provence und schon spukt es«, lacht sie. »Auf unsere französischen Hausgeister!«, prostet sie mir zu.

*

»Karo, wach auf, unsere Crêpes sind weg!« Louise steht vor meinem Bett. Ihr langes Haar ist zerzaust, das weiße Kleid zieren Grasflecken und auf ihrem Dekolleté haben sich rote Flecken gebildet. Triumphierend hält sie ein Stück Plastik in der Hand. »Und das habe ich hinter dem Haus gefunden.« Ich erkenne die Verpackung der Crêpes.

»Dann war heute Nacht jemand in unserer Küche! Fehlt noch etwas?« Bevor Louise antworten kann, bin ich, plötzlich hellwach, schon aus dem Bett gesprungen und an ihr vorbeigestürmt. In der Küche scheint auf den ersten Blick alles wie am Vorabend zu sein. Auf den Knien rutschend, suche ich den Boden nach Spuren ab. Erfolglos.

»Bonjour Karolin!« Ich drehe mich um. Chris steht in der Tür und mustert mich amüsiert, wie ich in meinem gemütlichsten Schlüpfer und einem ausgeleierten Unterhemd mit Häschenmuster auf dem Boden hocke. Verschämt stehe ich auf und erkläre ihm mit dem letzten bisschen Würde, das ich noch besitze, dass die Crêpes, die wir am Vortag zubereitet haben, verschwunden sind. Er nickt und macht wortlos auf dem Absatz kehrt. Schnell flüchte ich ins Bad.

Als ich wieder hinuntergehe, stehen Chris und Louise lachend vor dem Stall, neben ihnen ein großer weißer Hund. »Charles hat die Crêpes gefressen«, erklärt Louise. Aber wenn der Vierbeiner die Crêpes gegessen hat, wer hat dann am ersten Abend geschrien?

Zwei Stunden später sitzen wir im Auto. Kurve um Kurve schlägt sich die Straße durch den Felsen und führt uns entlang der Verdonschlucht. Die Landschaft ist atemberaubend. Zu unserer Linken erheben sich karge Felsen mit spärlicher Vegetation, zu unserer Rechten klafft ein kilometerlanger Spalt im Felsen, von ganz weit unten hört man das wilde Rauschen des Flusses. Wir halten an und setzen uns an die Felskante. Zeit für die Quiche aus der Bäckerei und ein paar am Wegesrand eingesammelte Feigen. Als ich meinen Rucksack öffne, stelle ich erleichtert fest, dass noch alle Lebensmittel da sind.

Auf dem Rückweg halten wir an einem Weingut. Es ist mittlerweile später Nachmittag und die Sonne reflektiert golden im Wasser des Flusses. Ich muss lachen, auf einmal erscheinen mir die Vorgänge der vergangenen Nacht so harmlos.

*

»Machst du das zu Hause auch so?«

Ich stehe in der Küche und koche Pilzrisotto mit Weißwein zum Abendessen. Meine Augen tränen von den Zwiebeln und ich erkenne nicht, was Louise in der Hand hält. »Was ist das?«, frage ich sie.

»Dein angeknabberter Pfirsich, den du heute Morgen auf der Bank liegen gelassen hast. Ich habe mich gerade draufgesetzt!«

»Ich habe keinen Pfirsich gegessen.«

»Ist doch nicht so schlimm.«

»Nein, ich habe wirklich keinen Pfirsich gegessen.«

Sie fasst sich an die Stirn, das tut sie immer, wenn sie nachdenkt. »Wir haben also einen heimlichen Mitbewohner. Mensch oder Tier?«

»Gib mir mal den Pfirsich«, fordere ich sie auf, so langsam kann ich wieder klar sehen. »Schwierig zu beurteilen. Da kann jeder reingebissen haben.«

»Ich würde sagen, das wird eine schlaflose Nacht. Wir legen uns auf die Lauer.« Louise grinst.

Nach dem Essen schlagen wir unser Wachlager auf. Seitlich der Pergola machen wir es uns mit Schlafsäcken gemütlich. Von hier aus haben wir die Küchentür bestens im Blick, als Köder lassen wir einen Teller mit dem restlichen Risotto auf dem Küchentisch. Während wir auf den Täter warten, trinken wir den Weißwein aus. Der Himmel ist wolkenfrei, lange habe ich nicht mehr so viele Sterne gesehen. Louise neben mir spricht immer weniger, bis sie irgendwann ganz verstummt.

Wieder ein Schrei oder schreie ich? Louise stimmt ein, irgendwo klirrt es und ich sehe etwas aus der Küche huschen. Das Hoflicht geht an und Chris kommt auf uns zugestürmt. »Ça va les filles? What is happening?«

Das Risotto liegt auf dem Küchenboden verteilt, der Teller ist zerbrochen, unser Gastgeber steht in Boxershorts vor uns und wir liegen in Schlafsäcken vor unserer Herberge.

Ich fange an zu lachen, Louise ebenfalls, unter Tränen und prustend erkläre ich Chris, dass wir auf der Lauer lagen, um den Lebensmitteldieb zu erwischen. Chris starrt uns ungläubig an, dann fängt auch er an zu lachen, immer lauter, bis plötzlich wieder ein Schrei ertönt.

Das Gelächter bleibt mir im Hals stecken, auch Chris hält kurz inne, guckt uns an, er scheint etwas begriffen zu haben, dann krümmt er sich vor Lachen, muss sich hinsetzen, kann gar nicht mehr aufhören. »Citygirls, citygirls.«

Wir sind ratlos, langsam werde ich ungeduldig. »C'était quoi, Chris?« Könnte uns dieser schöne, halb nackte Franzose, der sich so köstlich über uns amüsiert, endlich mal aufklären?

»You are scared of the screams ... have you never heard a fox screaming when she is in heat?«

Eine liebeshungrige Füchsin ist es also, die uns um unseren Schlaf gebracht und unser Essen vernascht hat. Verlegen suche ich nach einer Rechtfertigung, dann sehe ich aber Louises verdutztes Gesicht, unseren Wachposten und den Gastgeber in Boxershorts und da ist es auch um mich geschehen. Die nächsten zehn Minuten verbringen wir gemeinsam lachend und nach Luft schnappend.

Anscheinend ist nicht nur Paris die Stadt der Liebe, auch der Rest des Landes schreit sich die Kehle aus dem Hals vor lauter Gefühlen.

29.

FAHRT DURCH TAUSEND NÄCHTE

Im Nachtbus nach Bangkok

VON SOPHIE SAINT

Wenn die Dämmerung einsetzte, sah man in den Seitenstraßen Thailands die Nachtbusse herumstehen, monströse Doppeldecker voller Geheimnisse. Auf den Gehwegen um sie herum saßen Gruppen von Backpackern. Die Fahrzeuge waren in grellen Farben lackiert und ihre Fenster säumten die kleinen Quasten hübscher orangefarbener Vorhänge. Von außen wirkten diese Busse urgemütlich und kuschelig und vor allem geräumig. Sie schienen verdammt bequeme, günstige Reisen zu versprechen, auch wenn ich bezweifelte, dass das Innere genauso toll sein würde wie das abgefahren psychedelische Discobus-Äußere.

Über diese Gefährte kamen mir nach und nach die unterschiedlichsten Horrorstorys zu Ohren. Doch sie konnten nur zu fünf Prozent wahr sein, die restlichen 95 Prozent waren bestimmt durch »Stille Post« unter den Travellern entstandene moderne Reisemythen. Meistens begannen sie mit: »Weißt du, was der Zwillingsschwester der Freundin vom Bruder vom Freund meiner Schwester passiert ist?« Geschichten von raffinierten Dieben – von gelenkigen kleinen Kindern, die unter den Sitzen hindurch kriechen, um die Brieftaschen ahnungsloser, vor sich hin dösender Reisender zu plündern, bis hin zu Männern, die sich im Gepäckfach verstecken, um sämtliche Gepäckstücke aufzuschlitzen und dann bei der nächsten Pause mit dem Diebesgut aus dem Bus zu stürzen. Es gingen sogar Gerüchte von Dieben um, die durch die Klimaanlage Schlafgas in den Bus leiteten, um sich anschließend an einem reichhaltigen »All you can steal«-Buffet voller Pässe, Geld und Mobiltelefone zu bedienen.

Arm und ängstlich, wie ich war, hörte ich mir die Geschichten aufmerksam an, verarbeitete sie, dachte darüber nach und nickte höflich – nur um mir, sobald ich einen günstigen Langstreckentransport brauchte, doch ein Ticket zu holen. Es wird schon alles gut gehen …

Ich befand mich gerade auf der Insel Ko Phi Phi und wollte nach Bangkok, um dort Weihnachten mit meiner Schwester zu verbringen. Die Freundin, mit der ich vorher gereist war, ließ ich am Strand zurück, wo sie zusammen mit ein paar Australiern entspannte. Doch allein das Ticket zu kaufen, war ein Abenteuer für sich. Alle Reisebüros boten die gleichen Fahrkarten nach Bangkok an, allerdings zu den unterschiedlichsten Preisen. Dann wäre es wohl am schlausten, das billigste zu kaufen, dachte ich. Andererseits traute ich der Sache nicht so recht. Vielleicht stimmte damit etwas nicht. Am Ende waren es Fahrscheine für eine Fähre, die mich ans andere Ende der Insel bringen würde, wo ein selbstgebasteltes Schild mit der Aufschrift »Bangkok« stand. Meine Paranoia vor Betrügern wurde schlimmer. Als ich das Reisebüro betrat, musterte ich alle Angestellten, die unschuldig vor ihren Telefonen und Landkarten an ihren Schreibtischen saßen, genauestens, als wären sie verdächtig. Doch schließlich gab ich auf, verließ mich auf mein Glück und kaufte einem kleinen Mann bei P.P. Family Co., LTD. ein Ticket für sechshundert Thai Baht (ungefähr zwölf Euro) ab. Der Mann hatte am glücklichsten von allen ausgesehen und mit seinem Lächeln hätte er mich ohne Weiteres reinlegen können. Aber als ich mich mit zwei Dutzend anderen Reisenden auf die Fähre begab, fand ich heraus, dass mein Ticket dem Durchschnittspreis entsprach. Ich verbarg jedoch meine Genugtuung darüber, dass ein junger Holländer das Doppelte bezahlt hatte. Glück gehabt!

Als ich allein in den Bus stieg, wurde ich plötzlich nervös. So wie am ersten Tag an einer neuen Schule, wenn man das Bedürfnis nach jemandem hat, der einem das Händchen hält. Solange man niemanden kennt, kommt man sich immer vor wie ein Idiot.

Ich musterte meine unmittelbare Umgebung. Alle Fensterplätze waren belegt, also setzte ich mich schnell neben einen Typen mit langen Beinen und einer langen Nase. Er trug ein makelloses T-Shirt und einen geglätteten Pony, was seine Ähnlichkeit mit dem Sänger der Band Franz Ferdinand verstärkte. Ich dachte kurz darüber nach, ob er wohl ein Glätteisen in seinem Rucksack hatte. Alles in allem konnte ich mit ihm als Nebenmann jedoch nichts falsch machen: Er hatte kein Geruchsproblem, war schmal gebaut, sodass er problemlos auf seiner Seite bleiben konnte, er hatte nur einen Kopf und wirkte auch sonst ganz normal. Ich musste mir also keine Sorgen machen, dass es mit ihm stressig werden würde. Und da hinter mir immer mehr Passagiere zustiegen, hatte ich ohnehin keine andere Wahl, als mich rasch hinzusetzen.

»Hallooo, ich bin Artur. Wer bist du?« Seine Begrüßung wurde von einer schnellen Kopfbewegung begleitet, mit der er die Haare zurückwarf, um dann mit der Hand seinen Pony zu ordnen.

»Mir gehts gut, danke.« Ich machte eine Pause und wunderte mich über meine eigene Antwort, die nichts mit seiner Frage zu tun hatte. »Ich wollte eigentlich sagen: Ich bin Sophie. Wie gehts?«

»Mir gehts gut. Aber du sitzt auf dem Gurt von meiner Tasche.« Im selben Moment begann er, wie verrückt daran zu ziehen, und ich hob schnell meinen Hintern ein paar Zentimeter an. Mit seinen kleinen Augen begutachtete er den Gurt, als hätte ich irgendetwas mit meinem Gewicht kaputt machen können, dabei war er aus Stoff. Oh Mann, das fing ja gut an.

Ich richtete mich auf meinem kleinen Sitzplatz ein, legte den Rucksack auf meinen Schoß und einen Pulli über meine Knie, da zusammen mit dem Motor auch die voll aufgedrehte Klimaanlage startete. Plötzlich merkte ich, dass Artur mich beobachtete. Als ich ihm zulächelte, verdrehte er nur die Augen, schüttelte seinen Pony zurecht und vertiefte sich in sein Buch. Er hatte vielleicht keine überragenden sozialen Fähigkeiten, aber egal! Ich konnte mich wunderbar zehn Stunden lang selbst unterhalten.

Die Plätze waren inzwischen alle besetzt und um mich herum unterhielten sich die Leute angeregt. Vor mir saß ein irisches Paar, das sich Witze erzählte und lachte. Ich hörte noch amerikanische und norwegische Akzente, und als ich den Gang hinunterblickte, tat sich ein Meer aus bunten Fischerhosen auf. Draußen setzte langsam die Nacht ein, die Umrisse der exotischen Bäume verschwanden nach und nach. Unser Bus kam mir vor wie eine kleine, schwarze, gemütliche Box voller Reisender. Von vorn hörte ich jemanden halbherzig jubeln, als sich das Gefährt erstaunlich sanft in Bewegung setzte. Die Reise konnte beginnen!

Ein paar Stunden später hatten Artur und ich bereits einige Gesprächsversuche hinter uns gebracht. Sie endeten jedoch allesamt damit, dass er mich entweder beleidigte oder damit angab, wie überlegen er mir im Denken war. Artur kam aus Schweden, machte einen Monat Urlaub in Thailand und wollte seine letzte Woche im Norden verbringen. Er legte sein Buch nicht aus der Hand, fast krampfhaft schien er sich auf die Wörter zu konzentrieren, ohne dabei ein einziges Mal umzublättern. Ich holte meine Kopfhörer heraus, um mit meinem iPod Musik zu hören und Artur eine Weile auszublenden.

»Hörst du jetzt Musik?«

»Ja, Artur, genau das«, erwiderte ich betont geduldig durch zusammengebissene Zähne. »Ich will ein bisschen entspannen.«

»Also, ich hör ja nie Musik, wenn ich reise. Ich will nicht, dass diese Erfahrung und meine Wahrnehmung von der Musik beeinflusst werden. Ich will die natürliche Schönheit um mich herum aufnehmen und sie nicht mit irgendwelcher Musik assoziieren, die ich gerade höre.« Sichtlich stolz strich er sich den Pony aus den Augen. Ich lächelte. Es war göttlich, mit anzusehen, wie er sich schüttelte und zusammenzuckte, wann immer er meinte, irgendwo eine Kakerlake zu spüren. Im Gang und auf den Vorhängen hatten wir schon drei entdeckt, genug, um einen paranoid werden zu lassen.

Als es spät wurde, versuchten die meisten Passagiere, ein wenig Schlaf zu finden. Sie legten sich Schals und T-Shirts über die Augen, steckten sich Ohrenstöpsel in die Ohren und benutzten Sarongs als Decken. Offenbar wurde auch ein wenig mit rezeptfreien Schlaftabletten nachgeholfen, die in Thailand recht billig waren und ziemlich stark sein konnten. Die Irin vor mir war Krankenschwester und verteilte großzügig Valiumtabletten, als handelte es sich um Süßigkeiten. Meine Mutter wäre sicherlich stolz gewesen, hätte sie sehen können, wie dankbar ich Drogen von einer Fremden annahm. Mir war alles recht, was die Nacht erträglicher machte und hoffentlich ein wenig Schlaf brachte, zumal die Beinfreiheit ziemlich eingeschränkt war.

»Valium? Ich hab was viel Besseres«, merkte Artur an. »Ich hab diese Schmerztabletten aus Schweden mitgebracht. Die machen einen so platt, dass man ganz schnell einschläft!« Mit diesen Worten schluckte er zwei von seinen »besseren« Pillen. »Wenn du willst, kannst du auch welche haben. Das wäre schon okay, denke ich.« Wie großzügig, dachte ich. Doch ich traute Arturs wissenden Worten nicht so recht. Vor allem, seit sich herausgestellt hatte, dass sein iPod in Wirklichkeit kaputt und seine Entscheidung, beim Reisen die Stille vorzuziehen, keine freiwillige war. Ich lehnte mich in meinem Sitz zurück. Die Valium zeigte überhaupt keine Wirkung. Nebenbei bemerkte ich, wie Artur neben mir auf seinem Sitz herumrutschte und noch mehr Tabletten nahm. Eine halbe Stunde später ging der Schlamassel los.

»Oh Gott, oh Gott! Ich glaub, ich hab zu viele genommen. Ich hab zu viele genommen! Aber ich kann mich nicht mehr erinnern, wie viele es waren! Was soll ich machen? Was soll ich denn jetzt *machen*?!« Artur drückte sein transpirierendes Gesicht in den Vordersitz. Im Bus war es jetzt still, nur das gleichmäßige Geräusch des Motors war zu hören, das die anderen Passagiere in den Schlaf zu wiegen schien. Doch Arturs nasale, aufdringliche Stimme wurde mit jedem Wort schriller, und das, obwohl er im Begriff war, sich im Vordersitz selbst zu ersticken.

»Ich fühl mich nicht gut. Seh ich okay aus? Ich fühl mich nicht okay! Was, wenn die Tabletten meine Atmung beeinträchtigen und ich keine Luft mehr kriege? Oder wenn ich einschlafe und nie wieder aufwache?« Er streckte seinen Hals und blickte wie wild um sich. Es dauerte nicht lange, bis er mich am Arm rüttelte. Sein Gesicht war zwei Zentimeter von meinem entfernt, als er schrie: »Ich muss was machen! Ich muss *irgendwas* machen!!!« Peinlich berührt zog ich den Kopf ein, als sich die Leute um uns herum zu regen begannen. In dem schwarzen Fenster hinter seiner Schulter konnte ich die Reflexion meines müden Gesichts sehen. Langsam mussten wir doch mal ankommen! Nahm diese Nacht denn überhaupt kein Ende? Ich hatte weder eine Ahnung, was er genommen, noch wie viele Tabletten er geschluckt hatte. Die Irin vor mir war anscheinend im Valiumhimmel, von ihrem Kinn hing ein dünner Speichelfaden. Sie würde in nächster Zeit sicherlich niemanden retten.

»Beruhig dich, Artur«, redete ich auf ihn ein. »Denk doch noch mal nach. Wie viele hast du genommen?«

»Ich muss was essen, ich muss was in den Magen kriegen, damit die Pillen absorbiert werden.« Schon fing er an, hektisch in seiner Tasche zu kramen. Mein Angebot, ihm zu helfen, bemerkte er gar nicht. Zum Glück hatte er sich beim letzten Halt mit haufenweise Bananen eingedeckt. Sein Mund kaute wie verrückt, während er mich aus weit aufgerissenen Augen panisch anstarrte.

»Schon gut, Artur, es wird alles gut. Du musst dich nur beruhigen und ein bisschen entspannen. Probier doch mal, dich zu übergeben, wenn du dir sicher bist, dass du zu viele genommen hast ... Uff!« Schon stieg er umständlich über mich drüber, um zur Toilette zu gelangen, nicht ohne überall klebrige Bananenspuren zu hinterlassen. Er blieb ziemlich lange weg. Allmählich begann ich, mir Sorgen um ihn zu machen. Bei meinem letzten Toilettengang hatte ich festgestellt, dass die Toilette kaputt war und sich darin eine bedenkliche, undefinierbare Lache gebildet hatte. Mit jeder Kurve war das Wasser gefährlich hin und her geschwappt. Plötzlich ertönte dramatische Musik aus den Lautsprechern, schlagartig waren alle hellwach.

»Was zum Teufel soll die Scheiße?«, rief eine körperlose Stimme aufgebracht. Was solls, dachte ich nur. Mein Valium wirkte ohnehin nicht und so, wie es um Artur stand, würde ich in absehbarer Zeit auch keinen Schlaf finden. Aber wenigstens konnte ich mir den neuesten *Terminator*-Film angucken, der uns in voller Lautstärke präsentiert wurde. Artur krabbelte auf seinen Sitz zurück, nachdem er erfolglos probiert hatte, sich zu übergeben. Mit geschlossenen Augen lehnte er sich zurück. Er hatte versucht, seinen Vater in Schweden anzurufen, um ihn um Rat zu fragen, aber niemand war ans Telefon gegangen. Nun fing er an, mit sich selbst zu reden. »Ich fass es nicht, dass ich das gemacht hab. Ich werde nicht mehr aufwachen, das Zeug wird mir den Magen verätzen. Ich glaub es einfach nicht ...«

Langsam, aber sicher bekam ich es mit der Angst zu tun. Was, wenn er einen Anfall bekam? Was, wenn er seine Mischung aus Bananen und Tabletten über mich drüber kotzte? Ich hatte mir wegen Dieben, Räubern und irgendwelchen gewieften Knastbrüdern einen Kopf gemacht und am Ende würde ich vielleicht neben einer Leiche aufwachen!

»Oh mein Gott«, flüsterte er dramatisch.

»Was ist los, Artur?« Meine Stimme war heiser vor Angst, dass er mir sein Ableben ankündigen würde.

»Oh mein Gott ... es ist, es ist ...« Ich wartete mit angehaltenem Atem. »Es ist *Terminator* 4!« Um einen Schweden am Rande der Überdosis wieder auf die Beine zu bringen, genügten also Christian Bale und ein paar Roboter. Den Rest der Nacht ließ sich Artur dankbar von dem Film fesseln, und als er anfing, sich zu beschweren, dass er den Bildschirm nicht richtig sehen konnte, wusste ich, dass er sich auf dem Weg der Besserung befand. Also ignorierte ich ihn, drehte mich um und schlief bis Bangkok durch.

Die Gegend um die Khaosan Road, auch als »Backpackers central« bekannt, war bei unserer Ankunft um fünf Uhr morgens gespenstig ruhig. Der Bus schlängelte sich durch Rudel streunender Hunde, die nachts die Straßen beherrschten, und Abfallberge, welche betrunkene Reisende hinterlassen hatten, hindurch. Abends war diese Gegend bevölkert von Urlaubern, feilschenden Markthändlern und kleinen, alten Thai-Frauen, die Frösche aus Holz verkauften. Überall standen Essensstände, in der Luft lag der Geruch nach frittiertem Essen und lautstark wurden »Ping Pong Shows« für Erwachsene angekündigt. Es war eine wilde, verrückte und aufregende Gegend, doch als wir ankamen, schien der Ort vollkommen verlassen. Um diese Zeit und durch nüchterne Augen betrachtet, wirkte er einfach nur deprimierend und fremd.

Ich hatte überhaupt nicht daran gedacht, mir für den Morgen der Ankunft ein Bett zu organisieren. Aber mit meinem Rucksack auf dem Rücken und meinem wirren, schläfrigen Kopf schien mir ein Morgen auf der Straße wenig einladend. Doch Artur nahm sich meiner an. Er lotste uns die Straße hinunter um die letzten, noch stehenden Betrunkenen herum, bis wir eine Gasse mit Gästehäusern erreichten. Anscheinend erwischten wir das letzte Zimmer in Bangkok. Als wir von einem kleinen Einkauf zurückkehrten, trafen wir vor unserem Hotel, dem »My House«, auf unsere niedergeschlagenen Mitreisenden.

»Ha ha, ha ha! Wir haben das letzte Zimmer gekriegt! Ihr habt keinen Schlafplatz und wir schon!«, sang Artur voller Schadenfreude und schüttelte seinen Pony. Wieder zog ich aus Scham meinen Kopf ein, als ich das irische Paar entdeckte, das sich wahrscheinlich fragte, warum ich mich mit so einem Vollidioten abgab. Nur noch ein paar Stunden mit ihm, nur noch ein paar Stunden, sagte ich mir im Stillen wie ein Mantra vor. Aber immerhin war Artur jetzt wieder auf der Höhe und hatte mir ein Bett besorgt. Ich schob ihn schnell durch die Tür ins Gästehaus. Als wir uns in unserem trostlosen, weiß gefliesten Zimmer in unsere getrennten Betten legten, versteckte er mit einer überdeutlichen Geste sein Portemonnaie und seinen Pass unter seinem Kopfkissen. Ach Artur, du Witzbold! Glaubst du im Ernst, ich würde dich ausrauben, nach allem, was wir heute Nacht schon zusammen durchgemacht haben?, dachte ich.

Trotz seiner Schrullen und seltsamen Verhaltensweisen anderen gegenüber hatte Artur mich immerhin von meiner Angst, nachts allein Bus zu fahren, abgelenkt. Mir wurde klar, wie unnötig meine Paranoia vor dem Unbekannten gewesen war! Es ist gut, umsichtig und vorsichtig zu reisen, doch ich war froh, all die Gerüchte vergessen zu können, auch wenn ich es damit bezahlt hatte, dass mir Artur auf den Geist gegangen war, und ich mich um seine Gesundheit hatte sorgen müssen.

Und doch: Die Leute, die ich unterwegs kennengelernt habe, sowohl die schrägen als auch die wundervollen, waren die Essenz meiner Reisen und der Mittelpunkt meiner Erfahrungen. Wenn ich jetzt zurückblicke, kann ich wirklich sagen, dass die Reise manchmal aufregender ist als das Ziel – und ich habe sie mit Sicherheit besser überstanden als Artur. Eine höllisch lange Nacht lag hinter mir, aber in dem Gästehaus schlief ich wie ein Baby, mein Portemonnaie und mein Pass unter meinem Kopfkissen (das kann ich nämlich auch, Artur!), während die Khaosan Road zum Leben erwachte.

30.

KRACH, BUMM, PENG!

Unfall in Peru

VON LORNA STOKES

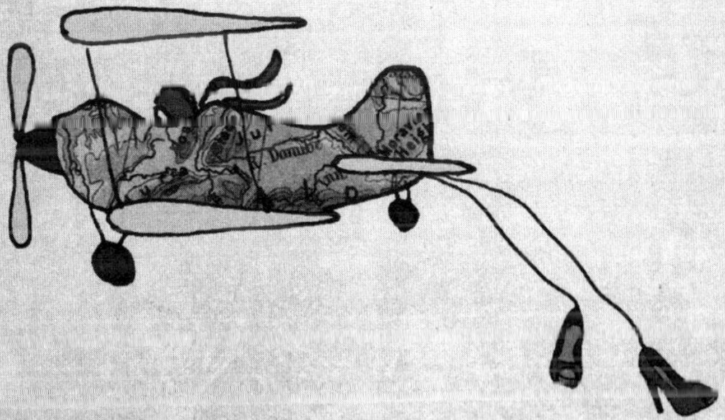

»Lorna, Lorna, kannst du mich hören?«

Ich bekam meine Augen nicht auf und hatte höllische Kopfschmerzen. Was war das für Lärm?

»Lorna, du bist in einem Rettungswagen. Es wird alles gut.«

Rettungswagen? Was hatte das zu bedeuten? Warum? Scheiße, tat mir der Kopf weh.

»Du wurdest von einem Auto angefahren, aber mach dir keine Sorgen, wir bringen dich jetzt direkt ins Krankenhaus. Hast du irgendwo Schmerzen?«

Ich brauchte eine Weile, um die Worte zu begreifen. Was? Vom Auto angefahren? Krankenhaus?

Umgeben von piepsenden Apparaten und dem Lärm der Sirene, inmitten der Sanitäter, die um mich herumschwirrten, kam plötzlich die Erinnerung zurück. Da sich mein viermonatiger Aufenthalt in Peru dem Ende neigte, hatte ich meinen letzten Abend in Lima voll und ganz auskosten wollen. Begonnen hatten wir ihn in der Cocktailbar »Dr Jekyll & Mr Hyde« in Miraflores mit Pisco Sour, dem peruanischen Nationalgetränk. Als wir die Bar verließen, waren wir in bester Stimmung und leicht angetrunken. Unser nächstes Ziel war mein Lieblingsclub Mochileros im Bezirk Barranco, dort hatten wir Salsa tanzen wollen. Wir standen an der Ampel, um die Straße zu überqueren, und sobald sie auf Grün schaltete, lief ich los. Dann hörte ich plötzlich das laute Reifenquietschen und wildes Gehupe. Danach nichts mehr.

»AbichsprchSpansch«, versuchte ich zu sagen.

»Lorna, kannst du das noch mal wiederholen? Ich habe dich nicht verstanden.«

Wieder drangen meine Worte nicht zum Sanitäter durch. Endlich nahm er mir die Sauerstoffmaske ab und dieses Mal verstand er mein Murmeln: »Aber ich spreche doch Spanisch!«

Bei diesen Worten brach der Sanitäter in lautes Gelächter aus. »Dann kann es dir ja nicht allzu schlecht gehen, wenn das Einzige, worum du dir Sorgen machst, die Sprache ist. Jetzt ruh dich ein wenig aus. Dein Spanisch läuft dir nicht davon!«

Vor dem Krankenhaus hielt der Rettungswagen an und die Türen öffneten sich. Die Sanitäter sprachen mit den Krankenschwestern vor Ort, und auch wenn ich kurz zuvor noch darauf bestanden hatte, dass ich Spanisch konnte, verstand ich nun kein Wort mehr. Ich war verwirrt und hatte Angst. Wo waren meine Freunde? Plötzlich wurde mir bewusst, dass ich quasi ganz allein in Südamerika war, weit weg von meiner Familie, dass ich die Sprache nur teilweise beherrschte und mich in einem fremden Krankenhaus befand, in dem ich die Abläufe nicht kannte. Ob es in Peru wohl Morphium gab? Wenn ja, hätte ich definitiv welches vertragen können.

Vorsichtig wurde die Krankenbahre aus dem Rettungswagen ins Innere des Gebäudes manövriert. Da ich flach auf dem Rücken lag, während ich die Gänge hinuntergeschoben wurde, sah ich nichts als die grellen Krankenhauslichter über mir. Ich versuchte, meinen Kopf zu bewegen und mich ein wenig umzusehen, aber mein Hals steckte in einer Halskrause und ich konnte mich kein Stück bewegen. Ein gut aussehender, allerdings relativ junger Arzt untersuchte meine Verletzungen. In meinem Kopf konnte ich schon die Stimme meines Vaters hören: *Sind Sie sicher, dass Sie dafür qualifiziert sind, junger Mann?*

»Okay, Lorna, wir sorgen für dich. Zuerst kümmere ich mich um deinen Kopf und die Blutungen.« (Meinen Kopf? War was mit meinem Kopf nicht in Ordnung? Oh Gott, ich will nicht aussehen wie Frankensteins Braut, wenn ich hier rauskomme.) »Danach werden wir ein paar Untersuchungen machen, um einschätzen zu können, wie es um dich steht. Bleib einfach ruhig liegen und entspann dich.«

Eine der Krankenschwestern machte sich mit der Schere an meinem Hosenbein zu schaffen. Anscheinend wollte sie nachsehen, in welchem Zustand sich mein Bein befand. Da überkam mich die erste Schockwelle: War ihr eigentlich klar, dass sie gerade Designerhosen zerschnitt? Dann die zweite: Wann hatte ich mir das letzte Mal die Beine rasiert? Dann die dritte: Ach du Scheiße, hoffentlich hatte ich halbwegs ansehnliche Unterwäsche an!

Die nächsten Stunden verschwammen, da die Betäubung einsetzte. In meinem Kopf wimmelte es von Albtraumbildern: Medizinmänner, die um mein Bett herum einen Stammestanz aufführten und dabei mit Räucherstäbchen wedelten, in der Hoffnung, dadurch meine vielen gebrochenen Knochen heilen zu können. Ob ich wohl die letzte Ölung von einem Lama erhalten würde?

In der Zwischenzeit kamen meine Freundinnen Natalie und Gen im Krankenhaus an und durften mich besuchen. Dass sie entsetzt aufschrien und blass wurden, als sie mich sahen, wirkte nicht gerade beruhigend. Andererseits konnte ich es ihnen nicht übel nehmen, denn ich sah tatsächlich so aus, als wäre ich geradewegs einer Backpacker-Horrorstory entsprungen. Trotz allem tat es gut, dass sie bei mir waren, mich ablenkten und ich nicht vollkommen allein blieb.

Natalie war ein Mensch, der sich ständig um alles Mögliche Sorgen machte. Die Erfahrung des Reisens hatte sie immerhin ein bisschen lockerer gemacht, aber sie hatte es noch nicht so ganz geschafft, die wunderbaren Freiheiten, die man auf Reisen verspürt, wirklich zu genießen. Bevor sie das Krankenhaus betrat, hatte sie sich mit einer Flasche Desinfektionsmittel ausgestattet und zwang nun alle Krankenschwestern, die sich mir auf fünf Meter näherten, es zu benutzen.

»Ich weiß zwar nicht, ob sie in Peru Probleme mit Krankenhauskeimen haben, aber du kannst dir sicher sein, dass du keine kriegen wirst, solange ich hier Dienst schiebe.«

Gen war in unserer kleinen Gruppe der Hippie, sie trug immer eine Batikwickelhose und ein oder zwei Dreadlocks im Haar. Ihr Survival Pack für das Krankenhaus bestand aus einem Six-pack Cusqueña-Bier, einer Flasche Pisco und Spielkarten. »Na ja, ich dachte mir, bevor mir langweilig wird, während ich hier herumsitze und darauf warte, dass du gesund wirst ...« Grinsend öffnete sie sich ein Bier. Wie gern hätte ich auch eines getrunken!

Um auf andere Gedanken zu kommen, redeten wir über unsere Erlebnisse der letzten vier Monate. Wir hatten uns überwunden, Meerschweinchen zu essen (ich hatte mein Dasein als Vegetarierin nach zwei Monaten im Reis-Bohnen-Fleisch-Land Peru aufgegeben), und hatten zusammen mit leicht unheimlichen, aber unglaublich zuvorkommenden Einheimischen Salsatanzen gelernt. Außerdem waren wir nun für den Rest unseres Lebens mit Strickpullis, Strickhüten und Stricktaschen eingedeckt. Und wir hatten langsam, aber sicher den Vier-Tages-Marsch über den Inka-Pfad bewältigt, inklusive des berüchtigten Warmiwañusca-Passes, dem Pass der Toten Frau.

Meine Unfalldiagnose fiel alles andere als rosig aus: innere Blutungen, gebrochener Kiefer, gebrochene Rippen, einseitig gebrochene Hüfte, eine beachtliche, 15 Zentimeter lange Kopfverletzung sowie jede Menge andere Schnittverletzungen und Schürfwunden. Die Krankenschwester hatte meine ACNE-Hosen zerschnitten und zu allem Überfluss hatte ich irgendwann meine roten Lieblingsbirkenstocks – ein Geschenk Gottes für jeden Reisenden – verloren. Aber wenn man bedachte, dass die Fahrerin des Autos die Promillegrenze weit überschritten hatte und viel zu schnell gefahren war, hatte ich richtig Glück gehabt. Ich hätte tot sein können. Langsam begann ich, an eine Art Schutzengel für Reisende zu glauben.

Es dauerte zwei Wochen, bis ich mich dazu durchringen konnte, meine Familie anzurufen und ihr von dem Unfall zu erzählen. Ich hätte ihnen den Schock und die Sorge um ihre lädierte, bettlägerige Tochter, die sich in irgendeinem peruanischen Krankenhaus aufhielt, am liebsten erspart. Außerdem hatte ich Angst davor zuzugeben, dass ich ihre Hilfe brauchte. Kaum war ich

18 Jahre alt geworden, verließ ich mein Zuhause, um mich nach Südamerika auf Entdeckungsreise zu begeben. Danach wollte ich als erwachsene Frau zurückkehren, die für sich selbst sorgen und ihre eigenen Entscheidungen treffen konnte. Ich wollte jedenfalls nicht wie ein kleines Mädchen sofort meine Eltern anrufen, sobald irgendetwas schiefging. Doch letzten Endes beschloss ich, eine Ausnahme von der Regel zu machen, denn schließlich ist es vollkommen in Ordnung zuzugeben, wenn man Hilfe braucht. Vielleicht hatte meine Entscheidung auch damit zu tun, dass das peruanische Krankenhausessen ebenso ungenießbar ist wie das britische. Gedanklich hatte ich bereits die längst überfällige Flucht in ein Restaurant in Lima geplant, in dem wir »lomo saltado« bestellen würden – eine köstliche regionale Spezialität, die aus mariniertem Steak, Gemüse und Bratkartoffeln besteht.

Gen schob mich zum Münztelefon. Ich warf ein paar Nuevo Soles in den Schlitz und tippte langsam die Nummer ein.

»Hallo, Stokes am Apparat.«

»Dad, bistdus? Ichmussdirwassagen. IchhatteeinenUnfall undbinjetztineinemperuanischenKrankenhaus. Ichhabmiralle-Knochengebrochen. Wünschteduwärsthier.« Ich erzählte ihm in Lichtgeschwindigkeit von meinem Unfall, in der Hoffnung, dadurch die Reaktion meines Vaters beschleunigen zu können. Ich fühlte mich plötzlich wie eine Achtjährige, die ihren Eltern gesteht, dass sie beim Frisbeespielen deren Lieblingsvase kaputt gemacht hat, obwohl sie von vornherein wusste, dass sie im Haus nicht Frisbee spielen durfte.

»Dad? Bist du noch dran?« Stille. Ich klopfte mit dem Hörer gegen die Wand. War das Telefon kaputt? Diese verfluchte südamerikanische Technik!

»Ja, ich bin noch dran.« Er machte eine Pause. Oh, oh! Gleich dreht er durch, dachte ich. Stattdessen fragte er: »Warst du betrunken?« Und daraufhin brachen wir beide in Gelächter aus.

Ich musste noch ganze vier Wochen in Lima bleiben, um mich von dem Unfall zu erholen, bevor ich nach England zurückfliegen konnte. Meine Knochen waren immer noch gebrochen, aber wenigstens war mein Spanischwortschatz um einige medizinische Fachbegriffe reicher geworden. Und ich war stärker geworden. Nachdem ich das alles allein durchgestanden hatte, konnte mir kaum mehr etwas Angst machen – schlimme Dinge passieren, aber sie sind nicht das Ende der Welt. Man muss einfach wieder aufstehen und weitermachen.

Wenn ich jetzt, Jahre später, auf meine Zeit in Peru zurückblicke, prägt der Unfall dieses Erlebnis immer noch am stärksten, sowohl in körperlicher als auch in geistiger Hinsicht. Einige beachtliche Narben habe ich behalten und seltsamerweise hat mein Gesicht seitdem nicht mehr dieselbe Form. Es ist aber nicht so, dass ich jetzt einen Hass auf Peru habe, und den Lamas gebe ich schon aus Trotz keine Schuld. Dieser Unfall hätte genauso gut auf der Hauptstraße bei mir zu Hause passieren können und er würde mich auch niemals davon abhalten, wieder zurückzugehen, meine Freunde zu besuchen und die wunderschönen Orte noch mal zu besichtigen. Durch ihn ließ ich mir auf keinen Fall meine Erinnerungen an Peru verderben. Wenn ich an eines glaube, dann an Karma, und dass alles aus einem Grund geschieht. Was mein Unfall für einen Sinn hatte, weiß ich immer noch nicht ganz genau – vielleicht wollte mir jemand sagen, dass ich langsamer machen sollte oder dass meine Zeit in Peru noch nicht vorbei war. Oder aber jemand wollte mir ein Zeichen geben, dass ich keine Angst davor haben sollte, zu sagen, wenn ich Angst hatte. Mich hat diese Erfahrung jedenfalls stärker und unabhängiger gemacht und ich habe begriffen, dass man nie wissen kann, was passieren wird, egal, ob man zu Hause ist oder auf Reisen. Warum sollte man also nicht einfach für den Augenblick leben, sich in ein Taxi schwingen und mitfahren, wohin auch immer die Reise geht?

31.

AUFFALLEN LEICHT GEMACHT

Japanische Fettnäpfchen

VON ASTRID WEISS

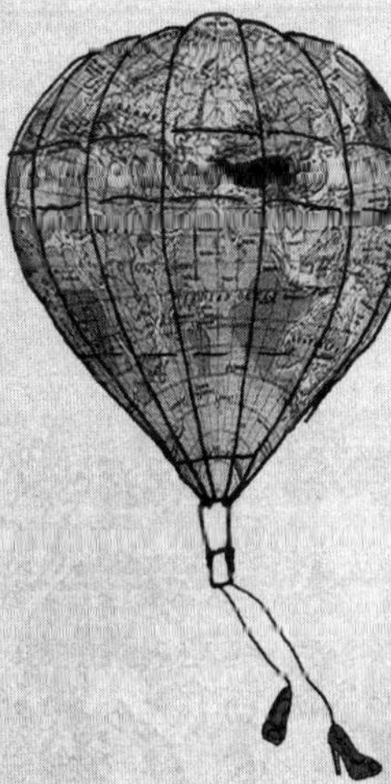

Für meine Begriffe hätten wir – meine Freundin Simone und ich – nicht weiter weg von zu Hause sein können als in dem Moment, in dem wir japanischen Boden betraten. Sicher, ich weiß, dass es Länder gibt, die noch weiter entfernt von Deutschland liegen, doch für mich war diese Reise die größtmögliche Überwindung. Ich liebe es zu reisen, aber ich hasse es zu fliegen. Entsprechend abgekämpft kam ich an jenem Augusttag nach einem eintägigen Flug im Fernen Osten an.

Die schier unerträgliche Schwüle in der japanischen Großstadt Osaka tat ihr Übriges dazu, dass ich mich so unglaublich fremd fühlte. Des Japanischen nicht mächtig, konnte ich kein einziges Schild, keine einzige Reklametafel lesen, geschweige denn irgendeinen Sinn erahnen. Getreu dem japanischen Motto »Lächle, lächle, lächle« lächelten auch wir mit übergroßem Grinsen über unser Unverständnis hinweg.

Am nächsten Morgen würde es noch einmal mit dem Flugzeug weitergehen, nach Kagoshima auf der Südinsel Kyūshū. Dort lebte Simones Onkel Johann, dem nach mittlerweile fünfzig Jahren die Sprache und Kultur Japans vertrauter waren als die deutsche. Vorerst aber machten wir eine Nacht Zwischenstopp in Osaka.

Wir waren völlig unvorbereitet gen Osten geflogen, voller Vertrauen auf die Gastfreundlichkeit und Hilfe von Simones Onkel. Irgendwie schafften wir es trotzdem in das Hotel in Osaka, das er für uns gebucht hatte, und machten uns wenig später auf zum Onsen – dem hoteleigenen Schwimmbad.

Ratlos traten wir in den dunklen, dampfenden Raum. Die in den Duschen stehenden weißen Hocker schienen uns suspekt und wir beschlossen, ungeduscht ins Wasser zu gehen. Dort hatte es sich bereits eine Japanerin gemütlich gemacht, seltsamerweise mit ihrem Handtuch auf dem Kopf. Bemüht, nicht aufzufallen, machten wir es ihr nach, auch wenn das nicht ohne Weiteres gelingen wollte. Mein Handtuch fiel sofort ins Wasser und Simone lachte auf. Die ältere Dame warf uns einen kritischen Blick zu.

Eine weitere Japanerin kam in den Raum und erst jetzt fiel uns auf, dass beide Frauen nackt waren. Wir schauten an unseren Badeanzügen hinab.

»Ich zieh den keinesfalls aus«, sprach Simone aus, was ich dachte, und so knieten wir uns angezogen in das Wasser. Ich hatte mich nach dem langen Flug auf eine Sporteinheit gefreut, doch daraus wurde nichts. Die Maße des Minibeckens und die Wassertiefe ließen weder einen Startsprung noch mehr als einen Schwimmzug zu, und obwohl die beiden Damen irgendwann ihre kritischen Blicke ablegten und uns höflich anlächelten, hielten wir es nicht lange aus.

Später las ich im Reiseführer, den ich trotz schlechter Vorbereitung mitgenommen hatte, dass es ein echter Fauxpas war, in einem japanischen Bad nicht nackt zu entspannen. Außerdem musste man sich vor dem Baden auf einem der erwähnten Hocker sitzend gründlich abduschen und reinigen.

Na prima, hatten wir denn auch irgendetwas richtig gemacht? Zum Glück hatte ich wenigstens auf meinen Startsprung ins Becken verzichtet.

Am nächsten Morgen wollten wir es auf jeden Fall besser machen. Motiviert machten wir uns für das Frühstück zurecht und entschieden, dass wir sogar die bereitstehenden Hausschlappen anziehen würden, um guten Willen zu zeigen. Kein herausragendes Fashion Statement, aber zumindest ein kleiner Schritt in Richtung Völkerverständigung. Dachten wir.

Wieder einmal kam alles anders. Außer uns trug niemand die braunen Schlappen und ich traute mich kaum, mehr als einmal durch den Frühstücksraum zu gehen, da ich die Blicke sämtlicher anwesender Japaner auf mir spürte. Wozu standen diese hässlichen Dinger im Zimmer, wenn man dann doch mit Straßenschuhen zum Buffet ging? Einige Tage später ermahnte uns Johann, stets die in jedem Haus bereitstehenden Toilettenschlappen zu tragen, wenn man als Gast irgendwo ein WC benutzte. Noch im Nachhinein wurden wir rot und schämten uns für unseren zweiten kulturellen Patzer innerhalb nicht einmal eines Tages.

Zum Glück konnten wir uns am nächsten Tag in Johanns Obhut begeben. Er erwies sich als zauberhafter Reiseführer und Chauffeur gleichzeitig. Wir hatten eine Menge Spaß mit dem in die Jahre gekommenen humorvollen und redseligen Mann und freuten uns darauf, zumindest einen Teil des Landes mit seiner Hilfe zu erkunden. Die Schönheit der Natur dort wuchs uns dabei sehr ans Herz. Viele Stunden lang fuhren wir durch sattgrüne Reisfelder, entlang traumhaft schöner Häuser, deren Baustil so ganz anders war als alles, was wir bisher gesehen hatten. Jede Tempelanlage kam uns schöner als die vorherige vor, jede Pagode entlockte uns einen Ausruf des Erstaunens und unzählige wunderbar angelegte und gepflegte Gartenanlagen weckten unser Interesse. Stets begleitete uns auf diesen Fahrten ein Vulkan, der dem bekannten Fuji ähnelt und deswegen »Fuji des Südens« genannt wird. Ich erkor ihn sofort zu meinem Lieblingsberg.

Meistens jedoch, wenn wir auf die Japaner selbst losgelassen wurden und nicht träumerisch die atemberaubenden Landschaftsbilder bestaunten, liefen wir Gefahr, durch unser Unwissen aufzufallen. Da war zum Beispiel die hypermoderne, multifunktionale Toilette in einem Restaurant noch das kleinste Problem. Dass ich erst nach unzähligem Fehldrücken mir absolut unbekannter Knöpfe und Tasten die Klospülung fand, fiel vielleicht nur meiner mir zum Glück unbekannt gebliebenen WC-Nebensitzerin auf, die sich sicher über die Ausrufe des Erstaunens aus dem Nachbarklo wunderte. Ich selbst war niemals so sauber aus einer öffentlichen Toilette gekommen wie aus dieser.

Johann lebte in einer Kleinstadt nahe Kagoshima, der südlichsten Stadt auf Kyūshū, wo wir niemanden trafen, der Englisch sprach, wo wir die einzigen Weißen waren, wo es keine Pizzeria gab, keinen Kebab-Stand und kein uns bekanntes westliches Geschäft.

Japan war für uns kein einfaches Land. Und wir waren für die Japaner in unserem direkten Umfeld wohl auch keine einfachen Gäste. Wenn wir zu Fuß unterwegs waren, fühlten wir uns zwar sicher, aber äußerst fremd. Selbst morgens, wenn ich in aller Frühe joggen ging, war alles anders als daheim. Auf meiner Runde wurde ich erschreckt von überlauten Lautsprecherdurchsagen, deren Aussagen ich nicht verstand. Später erfuhr ich, dass es sich um Motivationsfloskeln für die Arbeiter handelte, denn auch diese kamen mir alsbald in Grüppchen joggend entgegen. Zunächst wirkte das auf mich seltsam, doch je öfter ich die rennenden Belegschaften traf, umso mehr verstand ich, was ich in der Schule über den Erfolg der japanischen Wirtschaft gelernt hatte.

Auch die Tatsache, dass Simone und ich von allen möglichen Freunden Johanns zum Essen eingeladen wurden, war zwar anstrengend, aber dennoch eine positive Erfahrung überaus großer japanischer Gastfreundschaft. Keine der Gastgeberinnen (Johann hatte noch immer viele Verehrerinnen und ab und zu vermutete ich, dass wir nicht unseretwegen eingeladen wurden) konnte auch nur ein Wort mit uns sprechen, doch es wurde stets kräftig auf uns eingeredet und eingelächelt. Am Ende unseres Urlaubs hatte jede dieser älteren Damen unzählige Fotos von uns, wir hatten bis hin zum Kimono allerlei Geschenke bekommen (obwohl wir nach japanischer Sitte ihnen etwas hätten schenken müssen) und auch die japanischen Tischregeln kannten wir nach anfänglichen Schwierigkeiten irgendwann. Dass man sich beispielsweise selbst kein Bier einschenkte, sondern es sich einschenken ließ, führte zum ersten Bierrausch meines Lebens.

Eines Abends, als wir mal wieder bei einer netten Dame aus Johanns inoffiziellem Fanclub zum Essen eingeladen waren, hatte ich mir vorher von Simones Onkel im Schnellverfahren die wichtigsten Verhaltensregeln erklären lassen. Hängen geblieben war mir die Rat, nie direkt Nein zu sagen, der mir noch zum Verhängnis werden sollte. Ich hatte nicht verstanden, was man stattdessen erwiderte, und so wurde ich prompt von der Gastgeberin missverstanden, als ich ihr deutlich machen wollte, dass ich kein Bier mehr wollte. Da ich Bier absolut nicht vertrage, war das Fiasko vorprogrammiert. Anfangs bemühte ich mich noch, meiner großzügigen Gastgeberin irgendwie deutlich zu machen, was ich meinte, aber als das absolut nicht klappen wollte, gab ich es auf, ergab mich meinem Schicksal und trank ein Bier nach dem anderen.

Irgendwann war ich so betrunken, dass ich mich kaum über das Mikrofon in meiner Hand wunderte. Karaoke war angesagt! Ich kann viel, aber beim Singen bin ich absolut talentfrei.

»My loneliness is killing me«, trällerte, oder sagen wir lallte, ich ins Mikrofon, welches in regelmäßigen Abständen ohrenbetäubend fiepte. »I still beliiiiieeeve – still believe.« Ich sang aus voller Kehle, schwang mit dem Oberkörper feinfühlig jenseits des Takts von links nach rechts und streckte – auf dem Höhepunkt meiner gefühlten Rockstarkarriere – in leidenschaftlicher Pose meinen Arm aus zu meinem peinlich betroffen blickenden Publikum. »Hit me baby one more time.«

Dann plötzlich Stille. Betretene Gesichter sahen mich mit großen Augen an, der ein oder andere zwang sich zu einem verkrampften Lächeln. Simone klatschte leise mit verhaltenem Grinsen, während ich mich auf meinen Platz setzte, so als wäre nichts passiert.

Das Bier war schuld, sage ich mir heute noch. Würde ich wieder einmal gen Osten fahren, ich würde rücksichtslos diese seltsame Nicht-Nein-Sage-Regel missachten.

Es blieb uns vieles fremd, doch es war nicht mehr befremdlich. Wir versuchten während unseres Aufenthalts bewusster, uns, vielleicht gerade wegen unserer anfänglichen No-Gos, an das Fremde zu gewöhnen und uns damit auseinanderzusetzen. Und wir schlossen Johanns liebenswerte Freundinnen ins Herz.

Zwei lehrreiche Wochen in Japan, abseits der touristisch erschlossenen Gebiete. Horizonterweiterung nennt man das vielleicht.

32.

INSTANBUL FÜR ANFÄNGER

Der Türkei-Insider

VON GESA NEITZEL

Nein, nein, nein, ich brauche wirklich kein Brautkleid, danke! ... Nein, auch nicht nur den Schleier! ... Nein, wirklich nicht!«, sage ich freundlich, aber mit fester Stimme, zu einem Händler, der wild gestikulierend auf mich einredet. Unglaublich! Zehn Minuten auf dem Großen Basar in Istanbul und schon will Mann mir ein Brautkleid andrehen und mich danach wahrscheinlich zwangsverheiraten! Aber keine Chance! Sollte ich den Bis-ans-Ende-aller-Tage-Schwur tatsächlich jemals gegenüber einem Türken leisten, habe ich bereits einen Anwärter dafür: Mein türkischer Freund und Gastgeber Koray fragt mich jedes Mal, wenn wir uns sehen, wann ich endlich Ja sage. Doch das tut er nicht etwa, weil er unsterblich in mich verliebt wäre – nein, dafür liebt Koray die Frauen im Allgemeinen viel zu sehr –, sondern weil er als mein Göttergatte jederzeit nach Deutschland ausreisen könnte, ohne den umständlichen und teuren Weg eines Visa-Antrags gehen zu müssen. Denn vor allem liebt Koray die deutschen Frauen und Heidi Klum im Besonderen. Die hätte es inmitten der engen Gassen und bunten Verkaufsstände mit ihren blonden Haaren aber wahrscheinlich noch schwerer als ich. Mit meinen 1,81 Metern Körpergröße und dunklen Haaren war ich sicher, mich heute ohne meinen türkischen Begleiter in diesem Wirrwarr zurechtfinden zu können, aber weit gefehlt! Alle Gassen sehen genau gleich aus, an den Marktständen werden völlig überteuerte Waren angeboten und das mit dem Feilschen klappt schon mal gar nicht. Meine deutsche Herkunft steht mir anscheinend in fetten Leuchtbuchstaben auf der Stirn geschrieben. Ich laufe mit einem riesengroßen Fragezeichen über dem Kopf herum, stets darauf bedacht, niemandem – schon gar nicht einem Mann – direkt in die Augen zu sehen. Der könnte ja vielleicht meinen hilfesuchenden Blick als ernsthaftes Interesse an seiner Person deuten und wegen meiner nicht vorhandenen Türkischkenntnisse willige ich dann aus Versehen ein, ihn zu heiraten und mit ihm nach Kappadokien zu ziehen, wo ich für den

Rest meines Lebens Ziegen melken und mich immer an den Tag erinnern werde, an dem ich in meiner Hochmütigkeit glaubte, ich könnte allein auf dem Großen Basar um eine Sonnenbrille feilschen. Ich hätte einfach in Korays Wohnung warten sollen, bis sein Seminar vorbei ist.

Koray studiert an der Kunstuniversität in Istanbul und absolvierte vor zwei Jahren sein Auslandssemester in Berlin. So lernten wir uns kennen. Ich war zunächst skeptisch, waren alle türkischen Jungs, die ich bis dato getroffen hatte, doch von der Sorte, die am Kottbusser Tor rumhängt, Bushido laut über ihr Handy abspielt und einen Minirock grundsätzlich als Aufforderung zu peinlichen Anmachsprüchen versteht. Koray war anders. Koray war ... einfach cool! Weit gereist, immer ein Grinsen auf dem Gesicht, liebte sein Motorrad, gutes Essen und Balkanmusik (bei der er einen Hüftschwung an den Tag legte, von dem Shakira nur träumen kann). Nachdem er nun schon vor einer Weile nach Istanbul zurückgekehrt ist, war es nun einfach höchste Zeit, dass ich ihn in seiner Heimat besuchte.

In einer kleinen Zweizimmerwohnung am äußeren Rand von Kadıköy – dem Berlin-Mitte von Istanbul – lebt Koray zusammen mit seiner drei Jahre älteren Schwester Ayfer. Weder er noch sie halten besonders viel von den Zwängen des Islam. Sie führen einen modernen türkischen Haushalt mit PlayStation, Laptops und einer bemerkenswerten Quentin-Tarantino-DVD-Sammlung. Ayfer war es auch, die mich herzlich in Empfang nahm, sich dann aber leider verabschiedete, weil sie zur Arbeit musste. Nachdem ich mich kurz in der Wohnung umgesehen hatte, schnappte ich mir den Stadtplan, den Koray auf dem Wohnzimmertisch für mich drapiert hatte und auf dem sämtliche Touristenattraktionen verzeichnet sind (»Den Touri-Kram machst du schön allein – ich zeige dir nur das wahre Istanbul!«, hatte Koray noch am Telefon verkündet), und machte mich auf den Weg. Doch kaum vor die Haustür getreten, schlug mir plötzlich ein lautes Gejaule entgegen, das aus einem Verstärker dröhnte. Von einer Sekunde auf die nächste herrschte reger Betrieb auf den Straßen. Aus allen Ecken und Türen eilten Menschen zu einem großen Gebäude auf der anderen Straßenseite. Erst als ich den reich verzierten spitzen Turm auf dem Dach erblickte, begriff ich, was der Katzenjammer sollte: Koray wohnte direkt gegenüber von einer Moschee. Es war Mittag und der Muezzin rief zum »Salat«, dem rituellen Gebet, das ein Moslem fünfmal am Tag zu absolvieren hat. Fasziniert beobachtete ich, wie Männer und Frauen sich die Schuhe auszogen, bevor sie durch getrennte Eingänge die Moschee betraten – die Männer durch den Haupteingang, die zum Teil komplett verhüllten Frauen eine Treppe hinauf, die in die obere Etage der Moschee führte. Völlig unbedarft näherte ich mich dem Haupteingang, um einen Blick auf das Innere der Moschee zu erhaschen – keine gute Idee, denn prompt wurde ich von einem alten Mann mit langem Bart lautstark verscheucht. Er brüllte noch hinter mir her, als ich schon längst in ein Taxi gestiegen war. Na toll, mein erster Tag in Istanbul und schon werde ich angebrüllt, dachte ich frustriert und sagte in gebrochenem Türkisch: »Kapalı Çarsı, lütfen« – Großer Basar, bitte!, zum Taxifahrer. Alles, was meine Laune noch heben konnte, war eine ausgedehnte Shoppingtour.

*

»Der hat mich von vorn bis hinten beschissen, Koray! Und ich hab es erst gemerkt, als ich schon um zwei Ecken gebogen war und dann hab ich den Weg zurück nicht mehr gefunden und den verflixten Marktstand von diesem Aufschneider schon gar nicht. Warum müssen die auch alle gleich aussehen?« Mit beiden Händen Korays Hüften umklammernd, sitze ich hinter ihm auf seinem Motorrad und versuche, ihm durch den Fahrtwind, den Verkehrslärm und meinen Motorradhelm zuzubrüllen, wie schamlos ich von einem Straßenhändler (der bestimmt in die Hölle gekommen wäre, hätte er in meinem religiösen Team gespielt) übers Ohr gehauen wurde. Fünfzig Lira, also umgerechnet zwanzig Euro, hatte ich für eine gefälschte Ray-Ban-Sonnenbrille bezahlt, die ich dann an einem anderen Stand für die Hälfte des Preises entdeckt hatte. Wie konnte man die Naivität eines freundlichen jungen Mädchens wie mir bloß so schamlos ausnutzen?

»Du musst immer handeln, verstehst du? Immer! Wenn der Händler dir einen Preis nennt, kannst du sicher sein, dass er dreimal so hoch ist wie der tatsächliche Wert. Die erwarten von dir, dass du handelst«, entgegnet Koray, während er sein Motorrad in einer Seitengasse parkt.

»Was machen wir denn hier? Ich dachte, wir fahren nach Hause?«, frage ich verwirrt.

»Ich habe eine Überraschung für dich.« Koray klingt geheimnisvoll und grinst verschwörerisch. Normalerweise bin ich ja ein großer Fan von Überraschungen, aber nach meinem Großer-Basar-Desaster will ich mich nur noch vor der Welt verstecken. Für heute habe ich wirklich genug Überraschungen erlebt. Ich bin müde, mir tun die Füße weh und ich habe einen Mordshunger.

Istanbul und ich hatten einen miserablen Start und in mir hat sich bereits jetzt das Gefühl verfestigt, dass unsere Beziehung zum Scheitern verurteilt ist. Koray führt mich in eine dunkle Gasse und plötzlich setzt mein instinktiver Panikmelder ein. Ich werde misstrauisch, denn die Gegend sieht alles andere als freundlich aus. Wie gut kenne ich Koray eigentlich wirklich?, geht es mir durch den Kopf, als er eine Hintertür öffnet und mich hindurchschiebt. Ich bin ja auch selbst schuld. Was habe ich mir bloß dabei gedacht, ihn hier allein zu besuchen? Und wo führt er mich jetzt hin? Ich kann gar nichts mehr sehen. Und was riecht hier so? Oh Gott, ich bin so dämlich, dämlich, dämlich!

Wir gehen durch einen dunklen Gang, an den Wänden hängen Tierfelle und abgewetztes Leder. Jetzt kriege ich es wirklich mit der Angst zu tun. Koray packt mich fest an der Hand, zieht mich um eine Ecke und im nächsten Moment schlägt mir ein plötzlicher Begeisterungsruf entgegen. Wir stehen in einem von Kerzenlicht erhellten Atelier, die Wände sind über und über behängt mit Malereien und kunstvollen ledernen Skulpturen, es riecht nach angebratenen Zwiebeln und frischen Kräutern. Im Nu bin ich von freundlichen Gesichtern umgeben, Koray und ich werden von einem Dutzend Frauen und Männern herzlich gedrückt und geküsst. Eine lange Tafel in der Mitte des Raumes ist festlich gedeckt mit den sogenannten Meze – türkische Vorspeisen, die aber gut und gerne eine ganze Mahlzeit ersetzen. Allein bei dem Anblick läuft mir das Wasser im Mund zusammen: mit Schafskäse gefüllte Paprika, gegrillte Garnelen und Champignons, frisch gebackenes Pide, gefüllte Weinblätter in Olivenöl, diverse Salate und Baklava-Gebäck mit Pistazien. Sofort werden mir sämtliche Speisen angeboten, nachdem Koray mich begeistert vorgestellt hat. Niemand spricht auch nur ein Wort Deutsch und mein Türkisch beschränkt sich nach wie vor auf »Hallo«, »Bitte«, »Danke«. Aber das ist egal. Als Neuankömmling werde ich neugierig beäugt und Koray versucht, so gut es geht, zu übersetzen, während am Tisch passioniert über Kunst, Politik und Kochrezepte diskutiert wird. Alle hier scheinen begeisterte Verehrer von Mustafa Kemal Atatürk, dem Vater der Türken, zu sein. Obwohl bereits 1938 verstorben, gilt der Gründer der Türkei auch heute noch als Symbolfigur eines modernen, westlich orientierten Landes und wird vor allem in Istanbul geradezu kultartig verehrt. In der ganzen Stadt findet sich sein Bild wieder und auch hier prangt ein riesiges Gemälde von ihm an der Wand. Der Gastgeber Onur – ein älterer Mann mit weißem Bart und Brille, der mit seiner ruhigen Stimme und seiner bedächtigen, aber dennoch leicht verrückten Art stark an Professor Dumbledore erinnert – achtet stets darauf, dass alle mit ausreichend Rakı versorgt sind und schenkt auch mir immer ordentlich nach.

Doch während die trinkfesten Türken den nach Lakritze schmeckenden Schnaps wie Wasser runterkippen, komme ich mit jedem weiteren Schluck einem Brechreiz gefährlich nahe. Aber ablehnen kann ich nicht, wie unhöflich wäre das denn? Als keiner hinsieht, kippe ich darum flink einen großen Schluck Wasser aus einer Karaffe in mein Glas. Was für ein Anfängerfehler! Augenblicklich verfärbt sich der eben noch glasklare Schnaps zu einer milchigweißen Brühe und enttarnt mich als verweichlichte deutsche Rakı-mit-Wasser-Trinkerin. Bevor das jemand bemerkt, kippe ich hastig den gesamten Inhalt meines Glases mit einem Schluck runter. Alles klar, lallt es danach in meinem Kopf. Jetzt bin ich bin betrunken … Hicks.

Koray ist vertieft in ein Gespräch mit Onur und auch alle anderen unterhalten sich angeregt. Ich sitze nur grinsend da, nippe an meinem Rakı und beobachte leicht beschwipst die Szene vor mir, als Onur plötzlich beherzt aufspringt und ein türkisches Volkslied anstimmt, in das sofort alle anderen einfallen. Auch wenn ich die Worte nicht verstehe, begreife ich, dass es sich um ein trauriges Lied handeln muss, die Stimmen klingen wehmütig, klagend, wunderschön. Als sie enden, klatsche ich begeistert in die Hände und lächele anerkennend in die Runde.

Onur wendet sich mir zu und stellt eine Frage auf Türkisch. Koray übersetzt: »Sie wollen wissen, was man in Deutschland für Lieder singt.«

Dann bittet mich Jemre, Onurs Tochter, in gebrochenem Englisch: »Singst du uns ein deutsches Lied?« Dabei sieht sie mich mit dunkelgrünen Augen durchdringend an und alle anderen klatschen begeistert in die Hände. Panisch winke ich ab. Ich werde ganz bestimmt nicht singen! Wie peinlich wäre das denn? Doch als ich in die erwartungsvollen Mienen rund um den Tisch blicke, merke ich, dass meine Zurückhaltung fehl am Platz ist. Denn hier geht es um mehr als falsche Scheu oder die Angst davor, sich zu blamieren. Hier geht es um zwei Kulturen, die eigentlich verdammt wenig voneinander wissen und an diesem Abend völlig unverhofft an einem Tisch gelandet sind – und ich dabei! Ich nehme also noch einen großen Schluck Rakı, hole tief Luft und fange mit zitternder Stimme an zu singen – das erste Lied, das mir einfällt, das Klischee eines deutschen Popsongs, auf der ganzen Welt bekannt und von mir eigentlich zutiefst verabscheut: *99 Luftballons* von Nena. Mit trockener Kehle und vor Scham erröteten Wangen hangele ich mich von »Hast du etwas Zeit für mich« zu »auf ihrem Weg zum Horizont«, fange dann wieder von vorn an, weil ich die restlichen Strophen nicht kenne, und konzentriere mich dabei auf ein Gemälde am anderen Ende des Raumes, während ich sämtliche Blicke auf mir spüre. Schließlich verheddere ich mich endgültig im Text und gebe auf, indem ich beschämt lächelnd abwinke – und möchte am liebsten im Boden versinken, als meine Zuhörer auch noch begeistert applaudieren.

Bis in die frühen Morgenstunden sitzen wir in Onurs Atelier, reden, lachen, trinken ausgelassen und erst als die Kerzen ganz heruntergebrannt sind, machen Koray und ich uns auf den Heimweg. Den Roller lassen wir stehen, stattdessen spazieren wir durch die noch leisen Straßen, die ersten Sonnenstrahlen bahnen sich schüchtern ihren Weg vorbei an Minaretten und Kirchtürmen. Es funkeln dieselben Lichter in der Dunkelheit, die ich bei meiner Ankunft ehrfürchtig aus der Luft betrachtet habe. Die Stadt ist noch dieselbe. Und doch ist sie anders, denn jetzt bin ich ein Teil von ihr. Auf einmal bin ich nicht mehr außen vor. Auf einmal bin ich mittendrin. Morgen gehe ich noch mal zum Großen Basar. Wäre doch gelacht, wenn ich das mit dem Feilschen nicht noch hinkriege …

33.

NORDLICHT

Der Himmel Islands

VON RABEA EDEL

In Island kann man den Himmel anfassen«, sagt Bjarni stolz, streicht sich über den roten Bart und schaut mich an.

»Und wie fühlt er sich an, der Himmel?«, frage ich. Bjarni überlegt und dreht den Kopf zum Fenster, ich folge seinem Blick.

Wir sitzen in der »Icelandic Bar«, zwischen uns ein großer Teller, beladen mit dünnen Pfannkuchen und Blaubeermarmelade.

Auf der anderen Seite der Bucht ragt Esja in die Höhe. Der Berg ist zerklüftet, die Hänge mit Moos und Schnee bedeckt, Gesichter darin, die zu uns herübersehen. Esja, das klingt wie eine schöne Frau mit langem Haar, in dem Seevögel nisten, eine, die ein bisschen trotzig ist. Hinter Esjas Rücken beginnt der Rest dieses leeren Landes, das auf der Karte so winzig aussieht. Eine Insel im Nirgendwo, einer dieser Felsen, an denen Europa endet, so wie Gibraltar, nur kommt danach nur noch Eis, es beginnt keine neue Welt. Das hier ist der ultimative Außenposten, Ultima Thule. Hier gibt es Papageientaucher, fermentierten Hai oder Rentier zu essen und im Kino werden Popcorn und Stockfisch geknabbert. Die Einwohnerzahl der gesamten Insel ist vergleichbar mit einer mitteldeutschen Kleinstadt, hinzu kommen nur noch mindestens fünfhundert Trolle und Elfen; zu Lavasteinen erstarrte Trolle, die zu lange am Sonnenlicht waren, nicht mitgezählt. Aber das Nachtleben auf dieser Insel ist unendlich und die Kellnerin in der »Icelandic Bar« macht den besten Kaffee von ganz Reykjavík, ein wenig bitter, mit viel Crema, als säßen wir irgendwo in einem malerischen Fischerdorf an der italienischen Amalfiküste. Aber dort kann man den Himmel nicht anfassen und genau deswegen bin ich hier. Und weil ich das Nordlicht suchen will. Gleich hinter Hekla. Irgendwo dort draußen.

Im Mittelalter galt der Vulkan Hekla als unergründlicher Schlund, aus dem Menschen auftauchten, die kurz zuvor ertrunken waren und die auf Bitten ihrer Freunde, wieder mit heimzukommen, nur seufzten und einfach wieder im Berg versanken. Es gab Wale so groß wie Berge, die Schiffe zum Kentern brachten und mit leeren Fässern, die man nach ihnen warf, jonglierten; so erzählte man. Die Sterne hier gingen nicht unter, Arktos, der Große Bär, hielt sich an kein Naturgesetz und blieb einfach am Himmel stehen. Das Nordlicht erschreckte die Seefahrer, sodass sie reihenweise über Bord gingen und ertranken oder in den Armen irgendeiner Meerjungfrau landeten.

»Warum fährst du nicht nach Iowa, wenn du Einsamkeit willst, da hast du Kornfelder. Oder in die Wüste, da ist es wenigstens warm und du verstehst die Sprache«, sagte eine Freundin vor meiner Abreise und schüttelte den Kopf, als ich ihr von meiner Idee erzählte, einmal auf der Ringstraße um die Insel zu fahren; allein. »Weil ich das Nordlicht sehen will. Und das gibts nicht in Iowa oder in der Sahara.« Dass es hier aber auch Fata Morganas gibt, wie in jeder ordentlichen Wüste, erfahre ich erst zwei Tage, nachdem Bjarni mich an der »Icelandic Bar« verabschiedet hat.

»Also, da drüben«, Bjarni nickt zur Bergspitze, die in den Wolken verschwindet, »da fühlt der Himmel sich an, als würdest du die Hand ins Gefrierfach legen.«

»Aha. Na toll ...«

»Und dort«, er zeigt in Richtung Südosten, »dort wie Zuckerwatte, aber nicht so klebrig, eher weich und ein bisschen wie Badeschaum.«

»Das klingt schon besser.«

»Und da im Nordosten ist es so, als würdest du deine Hand in Wasser tauchen.«

»Kaltes oder warmes?«

»Sehr angenehm. Lauwarmes.« Bjarni grinst.

Der gemietete Jeep steht unten an der Straße. Vollgetankt, mit Allradantrieb, Proviant für eine Woche, Tütensuppen, Zelt, Isomatten, Schlafsack und eine extraimprägnierte Jack-Wolfskin-Allwetterjacke, falls ich mitten im September in einen Schneesturm geraten sollte, eine Gummistiefelhose, falls ich durch Flusstäler waten muss. Sogar ein Schweizer Taschenmesser, das ich noch kurz vor der Abreise in Frankfurt am Flughafen gekauft habe. Und Wodka. Mit Blaubeergeschmack. Ich habe vor, an irgendeiner malerischen Steilküste zu picknicken und mindestens eine Nacht im Auto zu schlafen, um auf das Nordlicht zu warten. Zwei bis drei Wasserfälle stehen auf dem Programm, heiße Quellen, in denen ich baden will, und der schönste schwarze Strand Europas, den ich mir mit Papageientauchern teilen werde.

»Dort wird das Wasser in einer der Buchten mit Geothermalwärme erhitzt«, erzählt Bjarni, »damit man im Eiswasser des Meeres baden kann.« Wie praktisch. Ich sehe mich schon in einem Meerwasserbecken schwimmen, ringsum tosende Wellen und über mir Seevögel. Ich rutsche unruhig auf dem Stuhl hin und her, ich will los, wir sitzen schon viel zu lange hier, aber Bjarni hat die Ruhe weg. Er streicht Marmelade auf einen Pfannkuchen, rollt ihn zusammen und hält ihn mir hin.

»Ich will lieber Zuckerwatte!«, sage ich.

Bjarni nickt zufrieden. »Sehr gut. Dann fährst du am besten gegen den Uhrzeigersinn um die Insel.«

Als die Sonne durch die Wolken bricht, hat das Licht plötzlich einen lilafarbenen Schimmer, die Schatten der Menschen, die auf der Straße entlangspazieren, als sei Hochsommer, sind blau, nicht schwarz. Auch die Kellnerin hat es plötzlich eilig, an die Sonne zu kommen. Sie steht an der Straße, mit hochgekrempelten T-Shirt-Ärmeln, und raucht, es sind gerade einmal zehn Grad Celsius. Die Friseurin gegenüber hängt ein Schild in die Tür, »Wegen des Wetters geschlossen!«, und fährt davon, vermutlich geht sie irgendwo schwimmen.

»Pass auf dich auf«, sagt Bjarni und drückt mir ein Buch mit Islandsagas auf Englisch und ein flaches Päckchen in die Hand. »Wir sehen uns in einer Woche.« Diese Insel ist so gut zu mir, denke ich da noch.

*

Fünf Tage später stehe ich an einem dünnen Rinnsal inmitten schwarzer Lavafelder irgendwo im Nordosten der Insel. Auf der erkalteten Lava wächst neongrünes Moos, das irgendwie giftig aussieht. Ringsum brodelt und blubbert es. Schlamm wird in die Luft gespuckt. Aus einer Erdspalte rechts von mir dampft es.

Die Straße hört hier einfach auf.

Kurz vor dem größten Lavabrocken ist Schluss. Dahinter fließt Wasser und dahinter erstreckt sich von Wasserdampf umwehtes Gelände. Das stand so aber nicht auf der Karte und auch mein Navi zeigte das nicht an. Vermutlich hat der verdammte Große Wagen den Satelliten verwirrt. Ich habe noch drei Flaschen Wasser im Auto liegen, zwei Tütensuppen, etwas trockenes Brot, den Wodka und ... Stockfisch, Bjarnis Reisegeschenk. Ausgerechnet. Der Himmel über mir: Schichten aus Grau, die ineinanderfließen. Ich mache einen vorsichtigen Schritt nach vorn, es zischt, ein Schwall eiskaltes Wasser schwappt in meine Turnschuhe. Ich hüpfe mit nassen Füßen an den blubbernden Schlammlöchern vorbei, bis ich ratlos auf dem Vulkanfeld stehe. Die Straße geht tatsächlich nicht weiter. Hier ist Ende. Ultima Thule. Die Lavasteine, von denen die meisten, glaubt man den alten Märchen in Bjarnis Buch, einst viel zu neugierige Trolle waren, die im Sonnenlicht erstarrten, liegen auf schillerndem Moos, das plötzlich nicht mehr giftig, sondern kuschelig aussieht. Der Dampf aus den Erdspalten zeichnet die Umrisse weich, der Himmel ändert seine Farbe von Grau zu Blau zu Violett. Abgesehen von dem leisen Blubbern und Zischen, das aus der Erde aufsteigt, ist es still. Sogar der isländische Windgeist hält die Luft an. Es riecht nach Schwefel.

Es ist, als ob ich zu früh gekommen wäre. Wenn ich in einer Million Jahren noch einmal hier vorbeischauen würde, dann wäre dieser Teil der Erde fertig. Es ist wunderschön. Hier gibt es weder Tiere noch andere Reisende. Aber wahrscheinlich verirrt sich leider auch kein Isländer hierher, den ich nach dem Weg fragen könnte.

Ich setze mich auf einen der Felsen und schließe die Augen. Ich öffne die Augen. Die Erde trifft sich mit dem Himmel. »Wow«, flüstere ich, weil es mir seltsam erscheint, laut zu sprechen. Vielleicht habe ich auch Halluzinationen von dem Dampf, der aus der Erde aufsteigt, aber wenn ich mich jetzt auf einen der Felsen stellen und ganz weit strecken würde, dann könnte ich den Himmel anfassen und er würde sich anfühlen wie …

Mit ohrenbetäubendem Zischen bricht ein Wasserstrahl aus dem Stein neben mir und schießt meterhoch in die Luft. Ich habe die Felsspalte übersehen, falle rückwärts an den Rand eines Schlammlochs, eiskaltes Wasser spritzt nach allen Seiten, kleine Steinbrocken fliegen durch die Luft, feuchter Dampf, ich halte mir den Arm übers Gesicht und genauso plötzlich ist die Fontäne wieder verschwunden.

Dafür lacht hinter mir jemand. Als ich mich aufrapple und umdrehe, ist das Lavafeld leer. Das Moos leuchtet. Ein Schwarm Graugänse zieht im Formationsflug vorbei. Ich schüttle mich, laufe im Zickzack um die Schlammlöcher herum zum Auto zurück, ziehe mich bis auf die Unterhose aus, wickle mich in eine Decke, setze mich in den Jeep, schlage die Tür zu und drehe die Standheizung an. Es dämmert bereits. Als ich das Navi anschalte, findet das Gerät keinen Satelliten. Die Karte hilft mir auch nicht weiter. Zu allem Überfluss fängt es zu regnen an. Und in der Dunkelheit vor mir bewegt sich etwas, das langsam, aber sicher auf mein Auto zusteuert …

Bevor die Straße plötzlich im Nirgendwo endete, bin ich vom Südwesten in den Osten gefahren, in Mýrar sah ich den Papageientauchern zu, aß Lakritze mit Schokolade, trank Brennivín, verwechselte Nacht und Tag, weil die innere Uhr irgendwann ausgeschaltet war. Ich beobachtete den Horizont, der sich nur langsam verschob, der manchmal kippte und mir vorgaukelte, ich würde auf einen Rand zufahren, hinter dem nichts mehr käme, aber die Straße ging immer weiter. Die Flusstäler entlang der Küstenebene dieser Abschnitte der Ringstraße waren nur dünn besiedelt. Von der Farm Bjarnanes soll eine Trollfrau namens Ketillaug einen goldenen Kessel zum Schwemmkegel Ketillaugarfjall hinaufgetragen haben. An einem bestimmten Tag im Jahr könne man versuchen, ihr den Kessel wieder zu entwinden; die meisten würden dabei jedoch von Halluzinationen heimgesucht: Die unterhalb liegende Farm stehe oft in Flammen, hieß es, aber wenn man zurückliefe, wäre dort nichts geschehen. Ich kletterte ein Stück weit hinauf, ich sah kein Feuer. Aber auch kein Nordlicht. Nur der Himmel war noch etwas näher gekommen.

Ich schlief in Hütten, badete in heißen Quellen, manchmal mit anderen Reisenden, doch am Morgen fuhr ich immer allein weiter. Drei Wasserfälle, in deren Nebel sich Regenbögen bildeten, vier Stunden Warten an einer Tankstelle, bis der Tankwirt vom Mittagessen zurückkam, mir Kuchen in die Hand drückte und den Kanister auffüllte, zwei Stunden Ausritt auf einem absurd kleinen Islandpferd. Aber keine einzige Sekunde Nordlicht. Weder im Süden noch im Osten. Noch nicht einmal der Große Wagen ließ sich blicken, und wenn ich mich streckte, um den Himmel anzufassen, fehlte immer ein Stück.

Irgendwo an einem See war das Wasser spiegelglatt, der Himmel über mir war dort der Boden, auf dem ich stand, und umgekehrt. Alles spiegelte sich. Irgendwann hörte ich auf zu fotografieren.

*

Ich schalte die Autoscheinwerfer an, die Lichtkegel treffen auf schwarzen Stein und Wasserdampf. Das, was da draußen herumläuft, hält sich noch vom Jeep fern, also ist es nicht hungrig. Ich lasse die Türverriegelung einrasten und schalte den Scheinwerfer aus.

»Es gibt hier keine Schlösser oder Ruinen, die man bestaunen kann. Es gibt nur dieselbe Landschaft wie vor hundert Jahren«, hatte Bjarni in der »Icelandic Bar« gesagt und in seinen Pfannkuchen gebissen. »Und das mit den Elfen«, hatte er hinzugefügt, »das ist so. Aber irgendwie auch nicht. Wir ertragen diesen Elfenzirkus halt. Ich glaube nicht daran. Aber ich würde auch nicht bestreiten, dass es sie gibt, sonst hab ich mir es ja womöglich mit ihnen verdorben, bevor ich sie kennenlerne.« Vermutlich habe ich zu viel Schwefeldampf eingeatmet und das, was dort draußen im Dunkeln zwischen den Felsen herumhuscht, ist irgendein Elf, den es nicht gibt, aber dann eigentlich doch. Ich schließe die Augen, weil ich sowieso nichts erkenne und hier übernachten werde.

Als ich aufwache, ist es stockfinster, die Wolken sind verschwunden, der Himmel sternenklar. Ich ziehe mich an, zwei Pullover, darüber die Allwetterjacke, dann die Mütze, und schalte die Scheinwerfer wieder ein. Vor mir auf dem Boden im Schlamm sind so etwas wie Pfotenabdrücke einer sehr kleinen Katze. Ich öffne trotzdem die Autotür, steige aus und blicke vorsichtshalber unter das Auto, aber das Tier ist nicht zu sehen. Der Elf ist vermutlich ein Polarfuchs, der sein Revier verlassen hat. Dann drehe mich um und da ist es: ein dünnes Flackern, das über den Himmel zieht, ein Flimmern und Leuchten, das immer heller wird, Zickzackbahnen zieht und die Farbe wechselt. Minutenlang brennt der Himmel, grün, lilafarben, weiß.

*

»Und, wie fühlt sich der Himmel an?«, fragt Bjarni drei Tage später, als wir am letzten Tag meiner Reise in der Blauen Lagune auf Schaumstoffmatratzen herumtreiben, halb im Wasser, halb an der kalten Luft, es nieselt.

»Keine Ahnung«, sage ich.

Bjarni lacht. »Was hast du denn die ganze Zeit getrieben?«

»Ich hab das Nordlicht gesucht.«

»Aha, ja und?«

Ich sah dem Flackern am Himmel zu, bis es dämmerte, dann wendete ich das Auto und fuhr zurück auf die Ringstraße.

»Ja«, sage ich und dann nichts mehr, weil ich weder Fotos gemacht habe vom Nordlicht über dem letzten Außenposten, dort im Nirgendwo, noch einen Vergleich finde, der passen würde. Bjarni nickt, paddelt auf mich zu, gibt meiner Matratze einen Stoß und lacht, als ich hinunterrutsche, ins warme Wasser.

DIE AUTORINNEN

KATJA HENTSCHEL war die erste aller Travelettes, als sie das internationale Online-Reisemagazin www.travelettes.net im August 2009 gründete. Mit diesem Projekt hofft sie, Mädchen und Frauen aus aller Welt dazu zu inspirieren, ihren Lippenstift auf- und ihre Rucksäcke anzulegen und einfach loszugehen. Ursprünglich aus einer Kleinstadt in Sachsen-Anhalt, hat sie acht Jahre lang im Ausland verbracht, über vierzig Länder bereist, vier Fremdsprachen gelernt und die Kunst des Backpacking in Heels verfeinert. Nachdem sie in Paris und London Psychologie studierte, lebt sie seit Anfang 2009 in ihrer Lieblingsstadt Berlin.

NINA HÜPEN-BESTENDONK ist Grafikdesignerin und holt sich die Inspiration für ihre Illustrationen und Texte auf ihren Reisen. Als Kleinstadtmädchen zog es sie schon früh in die große, weite Welt. Mit Zwischenstationen in Dortmund und Barcelona lebt sie heute in Berlin, doch das Pulsieren einer Großstadt ist nicht ausreichend, und so leben ihre Geschichten vom Drang, alles zu sehen, was sehenswert ist. Frei nach Janosch: »Das Glück liegt in der Ferne. Und die Ferne ist immer dort, wo man gerade nicht ist.«

KATHRINE OPSHAUG-BAKKE wurde, wie die meisten Norweger, mit Skiern an den Füßen geboren. Beim Übertreten von Landesgrenzen werden diese gelegentlich gegen High Heels, ein Surf- oder Snowboard, Wanderschuhe oder ein Fahrrad eingetauscht, denn sie liebt das große Abenteuer. Kath hat in Portugal und Deutschland gelebt und studiert und nutzt jede freie Minute, um die weite Welt für sich zu entdecken. Wenn sie drei Wünsche frei hätte, würde sie sich ein Round-the-World-Ticket wünschen, einen lebenslangen Vorrat an Caipirinha und Weltfrieden.

YVONNE ZAGERMANN liebt backpacken, auch wenn sie ihren Rucksack liebevoll »Monster« nennt. Doch selbst der schwerste Backpack wird sie nicht davon abhalten, weiter die Welt zu bereisen. Trips nach Jamaica, Kuba und Südafrika haben in ihr das Reisefieber immer höher steigen lassen und sie träumt davon, eines Tages dem Alltag den Rücken zu kehren und zu einer ausgiebigen Weltreise aufzubrechen. Sollte sie ihre Karriere als TV-Reiseredakteurin an den Nagel hängen, dann nur, um eine Kokosnuss-Bikini-Fabrik an einem menschenleeren Strand in Thailand aufzumachen.

SOPHIE SAINT verließ England gleich nach ihrem Uniabschluss, um sich hinein ins große Asienabenteuer zu stürzen. Zurück nach Hause ging sie nie, denn mit dem Backpackerleben kam auch die große

Liebe, für die sie kurze Zeit später nach Melbourne zog. Dort lebt sie und liebt neben ihrem Freund auch die süßen Cafés, die vielen Vintageläden, die großen und kleinen Märkte und die unverwechselbare Kunst der Einheimischen, einen Flat White zuzubereiten. Die einzige Travelette in Australien will nie wieder von dort weg.

MARIE-THÉRÈSE PFISTERER hatte einen Zukunftsplan: Studium und Leben in Deutschland, Heirat mit ihrem langjährigen Freund, gefolgt von einem durchschnittlich guten Standardleben. Doch ein Solo-Backpack-Trip durch Peru, Bolivien und Ecuador brachte ihre Zukunft ins Wanken und so kam es, dass Marie-Thérèse in London zu studieren begann, dann ein Auslandssemester in der Sonnenstadt San Diego verbrachte und später eine weitere Reise durch Zentralamerika unternahm. Eines Tages will Marie ans Meer ziehen, um jeden Tag surfen gehen zu können.

KYRA BRAMBLE liebt ihre Heimat San Francisco, wo sie am liebsten im Park Bier trinkt, bis zum Morgen tanzen geht oder in ihrer WG-Küche leckere Gerichte zusammenköchelt. Wenn der Regen mal wieder über die Stadt hereinbricht, rennt sie der Sonne entgegen, um ihre Urlaubsbräune möglichst lange zu erhalten. Ihre liebsten Reiseziele sind Italien, Thailand, Costa Rica, Indonesien und natürlich Kalifornien. Wenn sie auf Reisen ist, findet man sie am ehesten in der nächsten Hängematte lesend, ums Lagerfeuer tanzend oder neue Kochrezepte ausprobierend.

LORNA STOKES hat den besten Teil ihres Lebens mit Reisen verbracht. Wohin die Reise geht, bestimmen einzig ihr Bankkonto, Pass und Appetit, denn Lornas Lieblingsbeschäftigung auf Reisen ist Essen. Aufgewachsen auf dem Land in England, trinkt sie gern Tee, lernt Fremdsprachen und hat eine besorgniserregend große Sammlung an Strickpullis. Sie träumt davon, eines Tages nach Montreal zu ziehen, um dort alt zu werden. Aber bis dahin ist es ihr sehr recht, herauszufinden, was ihr der Rest der Welt zu bieten hat.

INA FISCHER findet den Begriff »Heimat« ziemlich dehnbar. Als Diplomatentochter lebte sie unter anderem in Belgrad, New York, Berlin und Athen, bevor sie zum Studieren nach England zog. Wenn Ina verreist, dürfen drei Dinge nicht fehlen: ihre Kamera, ein riesiger Hut und ein gesunder Appetit, um möglichst viel der landestypischen Küche auszuprobieren. Sei es mit dem Fahrrad die Alpen zu überqueren oder in der Wüste von Sinai mit Beduinen Tee zu trinken, Ina ist für jedes Abenteuer zu haben und immer auf der Suche nach neuen Herausforderungen.

GESA NEITZEL versucht bereits seit dem Gymnasium, den Sinn des Lebens zu entdecken. Seit dem Abitur hat sie sich als Schauspielerin, Fotografin, Regisseurin und Uniprofessorin versucht, alles mehr oder weniger erfolgreich. Sie liebt ihre

Gitarre, alte Bücher und jedes Land, in dem Schnee ein Fremdwort ist. Immer auf der Suche nach dem einzig wahren Schicksal, der großen Liebe oder einfach dem Weg, ist sie zu Hause in der Welt und in den Straßen Berlins. Alle drei Dinge sind irgendwo da draußen, sie muss sie nur finden.

KAROLIN LANGFELDT wurde in Rio de Janeiro geboren und machte ihre ersten Schritte am Strand der Copacabana. Das Gefühl des warmen Sandes unter ihren Babyfüßen prägte ihr Leben. Seitdem kann sie nicht mehr genug bekommen von exotischen Ländern und anderen Kulturen. Als Kind reiste sie viel mit ihren Eltern und nach dem Abitur in Hamburg gehörte die Welt ihr. In den letzten Jahren lebte, studierte und arbeitete sie in Michigan, Málaga, Mexico City, Paris und New York.

RABEA EDEL flog schon kurz vor ihrer Geburt im Bauch der Mutter auf eine Insel in der Karibik und kam beinahe irgendwo in der Luft zur Welt. Klar also, dass nur dauerhaftes Fernweh ihr zu dauerhaftem Glücksgefühl verhelfen würde. Auf der Suche nach Geschichten braucht sie nur ihr Notizbuch, ein Flugticket und ihr kleines Schwarzes. Mittlerweile ist sie, nach einem Studium in Italien, Autorin zweier Romane mit Homebase in Berlin, hat aber kein Zuhause, denn als Schriftstellerin ist ihre Heimat die ganze Welt. Mehr über Rabea gibt es auf www.rabeaedel.com.

KATJA DITTRICH musste sämtliche Urlaube ihrer Kindheit in Schleswig-Holstein verbringen, was sie als Studentin durch lange Reisen in Südostasien, Europa und den USA zu kompensieren versuchte. Sie ist selbstständige Kommunikationsberaterin, Bloggerin, Autorin und alleinerziehende Mutter zweier Katzen. www.katjaberlin.com

ANNA PEUCKERT arbeitet als Journalistin in Köln. Als Kind schleppten ihre Eltern sie zu wahrscheinlich jeder römischen Ausgrabungsstätte Europas, was sie damals hasste und heute toll findet. Sie verbrachte ein Jahr in Kanada, lebte in London und bereiste die Welt. Mode ist ihr Job und ihre Leidenschaft, außerdem liebt sie lange Nächte, viel Musik, gute Lektüre, spannende Kunst und tolle Fotografien. Anna betrachtet sich selbst als Expertin für Kartoffelchips aus aller Welt.

ELISABETH RANK wurde im Oktober 1984 in Berlin-Mitte geboren, und als die Krankenschwester sie kurz nach der Geburt beinahe fallen ließ, lernte Elisabeth, mit sich rapide verändernden Geschwindigkeiten und Höhenmetern zu leben. Ihren ersten Roman *Und im Zweifel für dich selbst* veröffentlichte sie 2010, ihren zweiten schreibt sie gerade, hauptberuflich arbeitet sie als Online-Konzeptionerin. Wasserfälle sind ihr die liebsten Sehenswürdigkeiten, gerne würde sie als Nächstes in Südamerika danach suchen.

CHRISTINE NEDER mag fremde Betten, das Leben aus dem Koffer und Extremsituationen. Nach ihrem Buchprojekt *90 Nächte, 90 Betten* (Schwarzkopf & Schwarzkopf), für das sie neunzig Tage lang bei ihr völlig fremden Menschen in Berlin übernachtete, ist sie immer noch in der Welt unterwegs und berichtet über die absurdesten Begebenheiten und witzigsten Gedanken auf ihrem Blog www.lilies-diary.com. Reisen bereichert und bringt immer genug Schreibstoff mit sich. Es wird also nie langweilig.

LEA HAJNER ist gebürtige Wienerin und wird einmal hundert Jahre alt werden. Mit 15 verbrachte sie ein Jahr in Neuseeland und nach Abschluss ihres Journalismusstudiums reiste sie acht Monate lang allein um die Welt. Vor zwei Jahren schloss sie sich dem tripwolf-Rudel an und ist dort als Reiseführerin für PR und Social Media zuständig. Auf ihrem privaten Blog www.vanilleah.at schreibt sie seit 2006 über Design, Mode und Musik. Für die kommenden 74 Jahre wünscht sie sich weltweites W-LAN, lebenslange Gratisflüge und einen eigenen Gemüsegarten.

BEATRICE GRUNDHEBER verließ ihre Heimatstadt Trier mit 18 Jahren, um für ein Jahr als Au-pair nach New York zu gehen: der Startschuss zu einem neuen Leben als leidenschaftliche Weltenbummlerin. Nach einer längeren Reise durch Südamerika und einem wilden Jahr in Paris entwickelte sie schließlich eine Faszination für Russland und begann, Russistik und Osteuropäische Geschichte zu studieren. Ihre slawischen Freunde nennen sie liebevoll Beatschka und für eine Runde Schaschlik und Wodka ist sie jederzeit zu haben.

FRANZISKA GRAMMES musste als kleines Mädchen in den Miniclubs der verschiedenen All-inclusive-Resorts, in die ihre Eltern sie verschleppten, immer wieder den Ententanz tanzen. Damals schwor sie sich: »Wenn ich mal groß bin, will ich anders reisen.« Gleich nach dem Abitur ging sie nach New York. Später bereiste sie Guatemala und half dort, Kindern Englisch beizubringen. Dabei verliebte sie sich nicht nur in die Menschen, sondern auch in Zentralamerika. Für ein Auslandssemester ging sie nach Costa Rica und entdeckte ihre Leidenschaft fürs Surfen und lateinamerikanische Musik. Heute tanzt sie lieber Salsa statt den Ententanz.

ASTRID WEISS wurde schon früh von einem mehrmonatigen Aufenthalt in Schottland geprägt, somit zieht die Realschullehrerin die kühleren Gebiete den heißeren vor. Reisen nach Mexiko, Japan, Tunesien, Kenia und andere wärmere Länder hat sie zwar heil überstanden, allerdings immer mit dem Wunsch, doch lieber wieder zurück in die rauen schottischen Highlands zu flüchten. Ihre Schreibleidenschaft begann im zarten Alter von sieben Jahren mit Kurzgeschichten über die kleine Welt eines Kindes. Sie wohnt und arbeitet auf der Schwäbischen Alb.

travelettes
backpacking in heels
www.travelettes.net

Katja Hentschel (Hrsg.)
IN HIGH HEELS UM DIE WELT
20 Weltenbummlerinnen erzählen von ihren aufregendsten, schönsten und skurrilsten Abenteuern
Ein Travelettes-Buch

ISBN 978-3-86265-110-8
 Folgende Geschichten wurden von Marion Oechsler aus dem Englischen übersetzt: *Der Umweg ist das Ziel*, *Das geheime Leben einer Apfelpflückerin*, *Alles kommt anders*, *Legenden aus Shangri-Laos*, *Fahrt durch tausend Nächte*, *Krach, bumm, peng!*